Literatur,
die Geschichte schrieb

Herausgegeben von
Dirk van Laak

Vandenhoeck & Ruprecht

Mit 10 Abbildungen

Bibliografische Information der Deutschen Nationalbibliothek

Die Deutsche Nationalbibliothek verzeichnet diese Publikation in der
Deutschen Nationalbibliografie; detaillierte bibliografische Daten sind
im Internet über http://dnb.d-nb.de abrufbar.

ISBN 978-3-525-30015-2

Umschlagabbildung:
Unruhen bei der Uraufführung des Films »Im Westen nichts Neues«, Berlin, 1930
© SZ-Photo / Scherl

Inhalt

Dirk van Laak

Einleitung

Über einen Kanon wichtiger Werke der Literatur, die prägend waren, lässt sich trefflich streiten. Listen der literarischen Bedeutsamkeit gibt es daher zuhauf. Doch sagen sie noch nichts über die tatsächliche *Wirkung* von Literatur aus. Diesem Buch liegt eine andere, nämlich eine *historische* Perspektive zu Grunde: Welche Romane, Dramen oder Gedichte haben Diskussionen angestoßen, die konkrete Veränderungen in Politik, Gesellschaft oder Kultur nach sich zogen? Welche Literatur hat in diesem Sinne *Geschichte geschrieben?*

Es überrascht, dass diese Frage bislang kaum einmal gestellt wurde. Dabei fallen oft unmittelbar bestimmte Titel ein: War nicht Beaumarchais' Komödie „Der tolle Tag oder Figaros Hochzeit" mit dafür verantwortlich, dass der Adel vor der Französischen Revolution dramatisch an Ansehen verlor? Hat nicht der Roman „Onkel Toms Hütte" zum Ausbruch des amerikanischen Bürgerkriegs beigetragen? Oder Solschenizyns „Archipel Gulag" zum Untergang des sowjetischen Imperiums? Und prägte nicht Nietzsches „Also sprach Zarathustra" in fataler Weise einen „Übermenschen" vor, dem das „Dritte Reich" dann nacheiferte? Fragen wie diese sind zwar für einzelne Werke immer wieder gestellt worden. Eine vergleichende Übersicht zu „schöner" Literatur, die „geschichtsmächtig" wurde, gab es bislang nicht.

Dabei geht es nicht um solche Werke, die eine lang andauernde Wirkung in der Literatur- oder Geistesgeschichte entfalteten wie etwa die Epen Homers, die Dramen Shakespeares oder Schillers. Bisweilen nahm Literatur die reale Geschichte vorweg, wie es

etwa der utopischen oder der Science Fiction-Literatur seit Mary
Shelleys „Frankenstein" attestiert wird oder auch den Romanen
Jules Vernes, Aldous Huxleys oder George Orwells. Darum soll es
aber ebenso wenig gehen wie um Dichter, die dann zu Politikern
wurden, etwa Benjamin Disraeli, Johannes R. Becher oder Vaclav
Havel, oder um Historiker, die sich dann im Genre der „schönen
Literatur" äußerten wie etwa Nikolai Gogol, Sten Nadolny oder
Doron Rabinovici. Und es sind auch weder solche Werke gemeint,
die „bloß" den Nerv ihrer Zeit trafen, noch solche Autoren, die
für ein nachträgliches Bild vom „Zeitgeist" bestimmter Epochen
prägend waren, wie etwa Mika Waltari für das alte Ägypten, Felix
Dahn oder Edward Bulwer-Lytton für die Antike oder Walter
Scott für das Mittelalter. Und es handelt sich auch nicht um Bücher, die durch die Verletzung von Tabus Skandale provozierten –
wofür es endlos viele Beispiele gäbe.

Vielmehr geht es in diesem Band um „geschichtswirksame"
Literatur in dem Sinne, dass sie für politische, soziale, rechtliche
oder kulturelle Veränderungen *ursächlich* war und dadurch den
Gang der Geschichte beeinflusste. Und dieses Auswahlkriterium
erfüllen letztlich nur erstaunlich wenige fiktive Texte – und
zudem auf sehr unterschiedliche Weise. Trennscharf ist „Wirkung" freilich nie zu bestimmen, und viele der im Buch vorgestellten Werke weisen Überschneidungen zu den gerade angeführten Grenzbereichen auf. Um sie besser einordnen zu können,
lohnt es sich, auf das komplexe Verhältnis zwischen den Sphären
der Literatur und der Geschichtsschreibung näher einzugehen.

Literatur und Geschichte – eine Beziehungsanalyse

Dichtung und Geschichtsschreibung möchten sich zwar gern
voneinander unterscheiden, können aber doch nicht voneinander lassen. Ihre gemeinsamen Ursprünge verlieren sich im Nebel
der Vorgeschichte. Lange ging man in Europa davon aus, dass
„Geschichte" erst mit einem Bewusstsein des Menschen seiner
selbst und mit dem Beginn von Schriftlichkeit begann. In überwiegend mündlichen Kulturen war die moderne Vorstellung von
Geschichte als etwas, das für sich selbst existiert, noch nicht

vorhanden. Noch bei Herodot waren Geschichte und Geschichten bunt miteinander verwoben. Doch begann der Gründervater der griechischen Geschichtsschreibung bereits damit, ausführlich über die Glaubwürdigkeit seiner Quellen nachzudenken und damit *Wahrheit* und *Wahrhaftigkeit* voneinander zu trennen. Es war bezeichnend, dass die Griechen schon zwischen *Kalliope,* der Muse für die Dichtkunst, und *Clio,* der Muse für die Geschichtsschreibung unterschieden. Aristoteles stellte in seiner „Poetik" allerdings fest:

> „Der Geschichtsschreiber und der Dichter unterscheiden sich nicht dadurch voneinander, dass sich der eine in Versen und der andere in Prosa mitteilt – man könnte ja auch das Werk Herodots in Verse kleiden, und es wäre in Versen um nichts weniger ein Geschichtswerk als ohne Verse –; sie unterscheiden sich vielmehr dadurch, dass der eine das wirklich Geschehene mitteilt, der andere, was geschehen könnte. Daher ist Dichtung etwas Philosophischeres und Ernsthafteres als Geschichtsschreibung; denn die Dichtung teilt mehr das Allgemeine, die Geschichtsschreibung hingegen das Besondere mit."

Hier zeigte sich eine Hochschätzung der Dichtkunst, die auch für die folgenden Jahrhunderte beispielhaft blieb. Die antike und mittelalterliche Geschichtsschreibung dienten weniger dazu, ein getreues Bild der Vergangenheit zu zeichnen, als vielmehr der Legitimation von Herrschaft. Sie stellten Vergangenheit, Gegenwart und Zukunft in den Kontext einer „Heilsgeschichte" oder entwarfen Welten, in denen sich Geschichte, Erzählung und Mythos miteinander verschränkten, geradezu beispielhaft etwa in der über viele Jahrhunderte hinweg variierten Artus-Epik.

Im Zeitalter der Aufklärung schwächte sich der Zusammenhang von Religion und Geschichte immer weiter ab. Zunehmend verlor sich eine Funktion der Geschichtserzählung als eine Sammlung von exemplarischen, weil überzeitlich gültigen Situationen. „Historia magistra vitae", die Historie als Lehrmeisterin des Lebens, wurde zunehmend durch eine Vorstellung von Geschichte ersetzt, die sich durch ihre Einmaligkeit und ihre Fortschritts-Orientierung auszeichnete. Die Klärung des Verhältnisses von historischer Forschung, Deutung und ansprechender Darstellung blieb seither nicht nur ein Dauerproblem der Geschichtstheorie, sondern auch das praktische Alltagsproblem eines jeden Historikers.

Was der „Geschichte" in diesem Verständnis als etwas Eigenständiges bis heute anhaftet, ist die Erwartung, dass sie die Vergangenheit vor das Gericht der Gegenwart, manchmal auch der Zukunft zieht. Leopold von Ranke, der herausragende Vertreter des sogenannten Historismus, meinte dagegen 1824 in einer berühmt gewordenen Formulierung: „Man hat der Historie das Amt, die Vergangenheit zu richten, die Mitwelt zum Nutzen zukünftiger Jahre zu belehren, beigemessen: so hoher Ämter unterwindet sich gegenwärtiger Versuch nicht: er will bloß zeigen, wie es eigentlich gewesen." Man kann diese Äußerung Rankes als Gründungsformel der wissenschaftlichen Forderung nach Objektivität und kritischer Quellenarbeit lesen. Die Geschichtswissenschaft seither definierte sich in ausdrücklicher Abgrenzung zur spekulativen Philosophie, zur moralsuchenden Theologie, zur auf Gesetzen beruhenden Naturwissenschaft, aber auch zur Beliebigkeit der bloßen Unterhaltungsliteratur.

Doch bezog die Geschichtsschreibung ihre Autorität zu einem großen Teil noch immer aus der „gelungenen" Erzählung des Erforschten. Nur selten waren Literatur und Geschichte so eng miteinander verschränkt wie im Werk des Historikers und Dichters Friedrich Schiller. Denn in der Tat: Als was soll man die „Geschichte des Abfalls der vereinigten Niederlande von der spanischen Regierung" im Verhältnis zum Drama „Don Carlos" bezeichnen, wie seine „Geschichte des Dreißigjährigen Krieges" im Verhältnis zum „Wallenstein"? Noch für die großen Geschichtsschreiber des 19. Jahrhunderts, für die großen Werke eines Ranke, eines Alexis de Tocqueville, eines Jacob Burckhardt oder eines Theodor Mommsen hat man feststellen wollen, dass sie den erzählerischen Grundmustern einer Romanze, einer Satire, einer Komödie oder einer Tragödie folgten. Jedenfalls scheuten sie nicht davor zurück, gute Literatur zu schreiben. Deshalb erhielt der „Tragiker" Theodor Mommsen im Jahr 1902 den Literatur-Nobelpreis für seine „Römische Geschichte" mit der Begründung, er sei der „gegenwärtig größte lebende Meister der historischen Darstellungskunst".

Dennoch war die Trennung von Kunst und Wissenschaft mit

ihrer fortschreitenden Spezialisierung nicht aufzuhalten. Seit dem 19. Jahrhundert galt Kunst meist als ein sinnlicher und individueller Akt der Intuition, Wissenschaft dagegen als arbeitsteiliges Analysieren und Kategorisieren. Mit der Anlehnung der Geschichtswissenschaft an diese Art des „Begreifens über Begriffe" verlor sie freilich die Fähigkeit der Poesie, viele verschiedene, auch logisch widersprüchliche Merkmale zu komplexen und anspielungsreichen Einheiten zusammenzufassen und dabei so etwas wie Lebhaftigkeit, ja Rührung zu erzeugen.

Lediglich ein Seitenstrang der „populären" Geschichtsschreibung hielt unverdrossen daran fest, dass die Geschichte selbst als Roman anzusehen und folglich als ein solcher darzustellen sei. So meinte Stefan Zweig 1927 im Vorwort zu seinen „Sternstunden der Menschheit": „Denn in jenen sublimen Augenblicken, wo sie vollendet gestaltet, bedarf die Geschichte keiner nachhelfenden Hand. Wo sie wahrhaft als Dichterin, als Dramatikerin waltet, darf kein Dichter versuchen, sie zu überbieten."

Literatur als Lehrmeisterin des Lebens?

Parallel hierzu wandelte sich die – ursprünglich dem mündlichen Vortrag verpflichtete – Dichtung, ob Epik, Lyrik oder Dramatik, seit dem 18. Jahrhundert immer stärker zu individuell konsumierten Schriftwerken. Besonders Romane, deren Hochzeit nun begann, präsentierten exemplarische Lebensläufe in Auseinandersetzung mit den Zeitläuften. In ihren gehaltvollsten und überzeitlich gültigen Werken, so könnte eine Hypothese lauten, spiegelte die große Roman- und Dramenliteratur des 18. bis 20. Jahrhunderts das Erbe der Geschichtsschreibung als einer „literatura magistra vitae" wider.

Bis in die Gegenwart hinein zieht sich jedoch die Debatte, ob Literatur jenseits einer vermeintlich autonomen Sphäre der Kunst auch eine historische und politische „Relevanz" besitzt. Hier ist gar nicht einmal nur die Rolle des Buchdrucks bei der Verbreitung von Reformation und Humanismus gemeint. Dabei hatte sich schon kurz nach der Wende ins 16. Jahrhundert mit

den „Dunkelmännerbriefen" eine erste publizistische Fehde
entsponnen, deren Wirkung durchaus Geschichte schrieb.

Politisch ebenso wichtig war für das 18. und 19. Jahrhundert
die Vorstellung, dass sich Völker, Kulturen und Zeiten jeweils in
charakteristischen Werken der Dichtkunst niederschlagen. Gerade in Liedern, Sagen oder Märchen glaubte Johann Gottfried
Herder, glaubten die Romantiker oder die Gebrüder Grimm so
etwas wie authentische und unverbildete Kerne eines verschütteten „Volksgeistes" zu entdecken. So wurde etwa das Nibelun-
genlied erst jetzt als deutsches Ur-Epos wiederentdeckt, weil es
wie eine mythische Gründungslegende aus germanischer Vorzeit
erschien.

Geschichtliche Überlieferung und Ursprungsmythen gingen
dabei leicht durcheinander. Dichter wie Lord Byron, dessen Geschichte diesen Band eröffnet, konnten vor diesem Hintergrund
eine weitreichende internationale Wirkung entfalten. Im Zeitalter des Nationalismus „konstruierten" sie heroische Vergangen-
heiten, und sie verwurzelten damit die oft jungen Nationen in
einer mythischen Vorzeit. Das fiel Byrons „hellenischen" Versepen nicht so schwer wie etwa dem Arzt Elias Lönnrod, der Mitte
des 19. Jahrhunderts die nach mündlicher Überlieferung komponierte – und überaus spröde – Versdichtung „Kalevala" un-
verrichteter Dinge zum finnischen Nationalepos aufwertete. Der
Anspruch, dass eine politische oder kulturelle Gemeinschaft sich
in einem sinnstiftenden Werk der literarischen Hochkultur wi-
derspiegeln müsse, findet sich bis heute.

Die allzu starke Identifikation zwischen Fiktion und Faktizität
konnte sich aber auch als Fluch erweisen, wenn es einem Volk
nicht mehr gelang, das von einem erfolgreichen Buch scheinbar
gültig vermittelte Bild eines „Volks-Charakters" wieder abzuschütteln. Das traf lange Zeit etwa auf die Iren zu, die dem Rest
Europas wohl stärker aus der Literatur als aus eigener An-
schauung bekannt waren. Und wer kann an Transsilvanien denken, ohne dass ihm gleich Bram Stokers Roman „Dracula" von
1897 einfiele? Besonders prägend war hier „Der brave Soldat
Schwejk" von Jaroslav Hašek, zu dem die Tschechen bis heute in
einer ambivalenten Beziehung stehen, aber auch Nikos Kazan-
takis' 1946 veröffentlichter Roman „Alexis Sorbas", der ein sicher

populäres, aber auch schwer zu erschütterndes Bild „des Griechen" prägte. Wiederum andere Werke zeichneten bewusst verzerrte Bilder von Völkern und Regionen, um die Notwendigkeit zu deren „Ordnung" von außen nahezulegen. Dies traf etwa auf die Charakterisierung des europäischen Ostens in Gustav Freytags Roman „Soll und Haben" zu, der 1855 erschien.

Schriftsteller und andere Künstler versuchten aber nicht nur affirmativ in den Geschichtsverlauf einzugreifen. Geradezu legendär wurde an der Wende ins 20. Jahrhundert der Essay „J'accuse" des französischen Schriftstellers Émile Zola, der die Dreyfus-Affäre öffentlich machte. Damit prägte Zola das Muster eines „Intellektuellen", der sich als tragender Teil einer aufgeklärten Öffentlichkeit verstand, der sich „einmischte" und das Recht auf freie politische Meinungsäußerung verteidigte. Vorausgegangen waren dieser Entwicklung zeitkritische Romane wie „Onkel Toms Hütte" (1851/52) in den USA, „Max Havelaar" (1860) in den Niederlanden oder „Die Waffen nieder!" (1889) in Österreich, die in diesem Band porträtiert werden. Bei allen drei Autoren hatten persönliche Erfahrungen dazu geführt, soziale Missstände aufzugreifen und sie einem lesenden, oft weiblich dominierten Publikum im Medium der Erzählung nahezubringen.

Dieser Tradition folgten um die Jahrhundertwende die ausdrücklich progressiven und investigativ recherchierten Romane der amerikanischen „muckraker", deren erfolgreichster Upton Sinclairs „The Jungle" von 1905 wurde. Eindeutiger als jedes andere hier vorgestellte Werk bewirkte es unmittelbare Veränderungen, indem Lebensmittel-Gesetze reformiert und die Arbeitsbedingungen in den Schlachthöfen Chicagos deutlich verbessert wurden. Das gilt in weniger konkreter und weitreichender Weise auch für manche der sozialkritischen Romane des New Deal, etwa „Grapes of Wrath" („Früchte des Zorns", 1939) des späteren Literatur-Nobelpreisträgers John Steinbeck. Dessen einflussreiche Verfilmung von 1940 endet mit einem Satz, der später in einem anderen Zusammenhang Geschichte machen sollte: „Wir sind das Volk!"

Überhaupt handelt es sich bei der Zeit vom ausgehenden 19. bis zum Ende des 20. Jahrhunderts um die gleichsam klassische

Zeit „geschichtswirksamer" Literatur. Sicher eher auf den männlichen Teil des Lesepublikums zielten dabei die ins Utopische hinüber spielenden Romane des Engländers Herbert George Wells, besonders „The First Men in the Moon" (1901) sowie die Erzählung „Altneuland" (1902) des österreichischen Journalisten Theodor Herzl. Beide Autoren dürfen als große Visionäre gelten, der eine in Bezug auf verschiedene, nicht nur technische Entwicklungen des 20. Jahrhunderts, der andere in Bezug auf den Staat Israel. Bei dessen Gründung am 14. Mai 1948 wurde Herzls Porträt sogar demonstrativ in die Feierlichkeiten mit einbezogen. Aus einer „Wiener Kaffeehausutopie" war über den Zionismus – und nicht zu vergessen: den Holocaust – tatsächlich ein gleichsam real existierendes „gelobtes Land" geworden.

Als ebenso vorausweisend stellte sich die Wirkung des Romans „Heart of Darkness" (1902) von Joseph Conrad heraus. Wie auch Multatulis „Max Havelaar" gilt er aus heutiger Warte als Meilenstein der Kritik am europäischen Kolonialismus. Beide Werke trugen mittelbar nicht nur zu einem Wandel der Kolonialpolitik bei, sie erlauben es heute, auf differenzierte Weise auf das Zeitalter des Imperialismus zurückzublicken. In diese Kategorie gehören auch Erzählungen wie „Noli me tangere" (1887) des Filipino José Rizal. Der Roman steht für die große Anzahl an literarischen Werken, die für das Selbstbewusstsein von ehemals kolonisierten Völkern eine bedeutende Rolle spielten. Hierzu ist auch die Literatur der sogenannten „Négritude" zu rechnen, mit der sich seit den 1930er Jahren ein wachsendes kulturelles Selbstvertrauen im frankophonen Afrika verknüpfte.

Trotz Zola und der Tradition kritisch-engagierter Literatur gingen die meisten Schriftsteller weiterhin von einem fundamentalen Unterschied zwischen der Sphäre der Kunst und der Politik wie der Geschichte aus. Dass Schriftsteller sogar öffentliche Ämter bekleiden, man denke an die zeitweiligen Kulturminister Frankreichs und Spaniens, André Malraux und Jorge Semprún, war nicht eben geläufig. Eine auf nahezu *allen* Gebieten der Poesie wie Praxis erfolgreiche Persönlichkeit wie Winston Churchill, die 1953 dann auch noch den Literatur-Nobelpreis erhielt, ist den Deutschen jedenfalls bislang versagt geblieben.

Charakteristischer für die deutsche Geschichte war vielmehr, dass zunächst oft ausdrücklich *unpolitische* Schriftsteller wie Thomas Mann sich später dazu genötigt sahen, ihr symbolisches Kapital in die Waagschale der Politik zu werfen. Solche „Vernunftrepublikaner" standen in der ersten Hälfte des 20. Jahrhunderts gegenüber den Versuchungen des totalitären Zeitalters aber meist auf verlorenem Posten. Debattiert wurde nach 1945 nicht nur das politisch zweifelhafte Verhalten der in diesem Band vertretenen Schriftsteller Artur Dinter oder Hans Grimm. Auch der Italiener Gabrielle d'Annunzio, der Franzose Louis Ferdinand Céline, der Amerikaner Ezra Pound, der Russe Maxim Gorki oder der Norweger Knut Hamsun standen im Verdacht einer allzu engen „Kollaboration" mit der Macht.

Die Zwischenkriegszeit darf als die Phase der vielleicht intensivsten Debatten um Literatur gelten. Neben den bereits erwähnten Werken „Die Sünde wider das Blut" (1916/17) des Antisemiten Artur Dinter und „Volk ohne Raum" (1926) des völkischen Autors Hans Grimm betraf dies vor allem die Bewältigungsliteratur des Ersten Weltkriegs. Walter Flex' Erzählung „Der Wanderer zwischen beiden Welten" erschien 1917 nach dem frühen Tod seines Autors. Die Erzählung verklärte eine Schützengraben-Gemeinschaft, von der viele der am Krieg Beteiligten noch lange beeinflusst waren, und insbesondere das Gedicht „Wildgänse rauschen durch die Nacht" hatte eine lange Nachgeschichte. Dem auch international diskutierten Roman „Im Westen nichts Neues" (1929) ging es dagegen um eine umfassende Kritik des „Fronterlebnisses". Im scharfen Kontrast zu Flex oder Ernst Jüngers heroisierenden Erzählungen wurde Erich Maria Remarques Roman – mehr noch seine Verfilmung im Jahr darauf – zu einem auch auf der Straße heftig umkämpften Symboltext der Distanzierung vom Krieg.

Im Zeitalter der politischen Extreme gerieten engagierte Schriftsteller wie Remarque fast notwendig zwischen die Fronten, und der Band erinnert mit Musa Dschälil an ein weiteres sprechendes Beispiel hierfür. Sein heute eher geringer Bekanntheitsgrad erweist sich bei näherem Hinsehen als eine Frage der Perspektive. Im realsozialistischen System des Ostblocks wurde der sowjet-tatarische Dichter mit einer gewissen Verzögerung zum Märtyrer und Helden des Widerstands gegen den Faschismus erhoben, nach dem öffentliche Gebäude und Straßen, ja ganze Städte benannt wurden.

In Reaktion auf die Debatten um die Kollaboration einzelner Schriftsteller mit dem Faschismus oder dem Kommunismus kultivierten Autoren wie Gottfried Benn fortan ihre Distanz zu allem Politischen. Die Mitglieder der schriftstellernden „Gruppe 47" dagegen zogen aus der braunen Vergangenheit gerade umgekehrt den Schluss, dass man sich für demokratische Werte aktiv einsetzen müsse. Günter Grass, Heinrich Böll und andere aus dem Kreis meldeten sich als „kritische Intellektuelle" immer wieder zu Wort. Nicht jedem war dies freilich willkommen: Als einige Autoren in den 1960er Jahren damit begannen, sich auch parteipolitisch zu engagieren, wurden sie erst von Ludwig Erhard als „Schmutzfinken" und „Pinscher" beschimpft und später von Franz-Josef Strauß sogar als „Ratten" und „Schmeißfliegen".

Solche Kritik aus den Reihen der Politik verhalf manchen Autoren freilich zu einem umso höheren Ansehen. Hierzu zählten etwa Albert Camus und Jean-Paul Sartre, die einer ganzen Generation zu Rollen-Vorbildern wurden, für andere wiederum zu Musterfällen politischer „Verblendung". Die Haltung zum Kommunismus wurde unter den Vorzeichen des Kalten Krieges zu einem entscheidenden Maßstab erhoben, und ein Roman wie Arthur Koestlers „Sonnenfinsternis" von 1940, in dem er mit seiner sowjetfreundlichen Lebensphase abrechnete, hat auf viele Intellektuelle eine vielleicht nachhaltigere Wirkung erzielt, als jede politische Analyse des Stalinismus.

Tatsächlich gab es in den realsozialistischen Ländern des Ostblocks fortgesetzte Spannungen zwischen den Bereichen der Literatur und der Politik. Mit der Ausbürgerung des Liedermachers Wolf Biermann kam es etwa in der DDR im November 1976 zu einem bleibenden Riss zwischen literarischer Intelligenz und Staatsführung, so dass man in einer pointierten, aber auch übertreibenden Weise davon gesprochen hat, die Ausbürgerung des unbequemen Poeten sei der Anfang vom Ende der DDR gewesen.

Ähnliches könnte man in Bezug auf Alexander Solschenizyns „Archipel Gulag" (1974 ff.) und die Sowjetunion konstatieren, aber auch in Bezug auf die sogenannte *Samisdat*-Literatur, die von ihren osteuropäischen Lesern oft überaus aufmerksam auf politische Kritik im literarischen Gewande hin gelesen wurde. Die Rolle der Literatur in der Endphase des Realsozialismus, auch deren verschlungene Rezeptionswege über die Bande einer westeuropäischen Öffentlichkeit, ist aber erst wenig erforscht. Sie stellt eines der spannendsten Kapitel im Verhältnis von Literatur und Geschichte dar.

Zu den etwas bekannteren Kapiteln dieses Verhältnisses zählt dagegen die Rolle der Zensur, der Indizierung und der demonstrativen Bücherverbrennung, mit der in unterschiedlichen politischen und weltanschaulichen Systemen gegen die politische Sprengkraft von Literatur vorgegangen wurde. Man muss also kontrafaktisch auch fragen, wie viel Literatur erfolgreich daran *gehindert* wurde, Geschichte zu schreiben – auch durch die Selbst-Zensur der berühmten „Schere im Kopf".

So fällt etwa auf, dass die großen und wirkmächtigen Theater-Ereignisse der Nachkriegszeit nicht einer ostdeutschen Kapazität wie Bertolt Brecht gelangen, sondern sehr viel unbekannteren westdeutschen Autoren wie Rolf Hochhuth mit seinem Stück „Der Stellvertreter" (1963) oder Peter Weiss mit „Die Ermittlung" (1965). Thomas Bernhards „Heldenplatz" schloss im Jahr 1988 unmittelbar daran an. Der seit langem schon „unbequeme" Autor nötigte die Österreicher damit zur Selbstbesinnung auf ihre eigene Vergangenheit. Der Beitrag über Camus und Sartre in diesem Band erinnert im Übrigen daran, dass auch Opern Geschichte zu schreiben vermögen: Im Jahr 1830 löste eine Aufführung von Daniel Aubers „Die Stumme von Portici" in Brüssel einen Aufstand aus, an dessen Ende schließlich die Unabhängigkeit Belgiens stand.

Während das Theater immer schon eine gesellschaftspolitische „Relevanz" für sich beanspruchte, wirkt die erzählende Prosa nicht immer unmittelbar, vermag aber dennoch den Boden für gesellschaftliche Veränderungen zu bereiten: Der Historiker Wolfgang Hardtwig deutete eine Reihe von deutschen Nachkriegsromanen als Symptome der Auseinandersetzung zwischen individueller Selbstbestimmung und totalitärem Herrschaftsmissbrauch. Seiner Ansicht nach gelang es der Belletristik nach 1945 oft sehr viel besser als der professionellen Zeitgeschichte, die Ebenen der persönlichen Erinnerung zu treffen und damit einen authentischeren, humaneren und machtkritischeren Anspruch einzulösen.

Besonders in den 1960er bis 1980er Jahren funktionierte die deutsche Geschichtswissenschaft professionell gesehen zwar reibungslos, befand sich aber auch in einem krassen Spannungsverhältnis zur erzählenden Literatur. Es war Außenseitern wie Golo Mann vorbehalten, seine Wallenstein-Biographie von 1971 ausdrücklich als eine „Erzählung" zu kennzeichnen, sich aber – trotz oder gerade wegen des „Büchner-Preises", den er für sein Werk erhielt – auch viel despektierliche Kritik seiner Fachkollegen anhören zu müssen. Auch wenn der Historiker Hans-Ulrich Wehler solche „Narrativisten" gegenüber den eher analytischen Historikern einmal als „rundum gescheitert" bezeichnete: Aus heutiger Warte erscheint in vielerlei Hinsicht das genaue Gegenteil der Fall zu sein.

Annäherung und Verwechslung

Seit vielen Jahren äußert sich ein neu erwachtes Interesse an ebenso eingängiger wie bildhafter Erzählung von „Geschichte", das lange Zeit über eher von Journalisten wie Joachim Fest oder Sebastian Haffner bedient wurde. Auch weiß man inzwischen über die Form der menschlichen Erinnerung, die Wirkungsweise des Gedächtnisses und kulturelle „Erzählmuster" immer mehr. Die zentrale Erkenntnis lautet, dass man für ein volles Verständnis der Geschichte eben nicht nur berichten darf, wie es eigentlich gewesen ist, sondern stets einbeziehen muss, wie etwas wahrgenommen und verarbeitet wurde.

Dass es dabei gelegentlich zu einer Überblendung zwischen Realität und Fiktion kommt, wurde etwa für die fiktive *und* die wissenschaftliche Literatur über den Orient nachgewiesen. Deren exotische wie erotische Stereotype sagten mehr über die Schreiber als über die Beschriebenen aus. Gerade in der europäischen Literatur über fremde Weltgegenden verschwammen die Grenzen zwischen faktischem Berichten und fiktivem Erzählen fortwährend. Statt realer Räume schilderten Reise-schriftsteller meist eher ihre inneren Seelenlandschaften.

In diesem Zusammenhang sei auch an den Fall Binjamin Wilkomirski erinnert. Als im Jahr 1995 dessen Buch „Bruchstü-cke" erschien, wurde es als ungemein authentische Erinnerung eines Kindes an Kriegszeit und Holocaust gefeiert. Kurz darauf stellte es sich jedoch als reine Fiktion heraus, das Werk musste aus den Sachbuch-Abteilungen in die Belletristik umgestellt werden. Im Grunde war dasselbe Phänomen schon vor 400 Jahren von Miguel de Cervantes im „Don Quixote" karikiert worden, nämlich die stete Gefahr, dass ein Zuviel an Lektüre fiktiver Texte die Erinnerung an selbst Erlebtes durchaus zu trüben vermag. So hatte der „Ritter von der traurigen Gestalt" die mit Herzblut gelesenen Ritterromane schlichtweg für real gehalten.

Seit der allgemeinen Verfügbarkeit von Büchern im 18. Jahr-hundert wurde daher insbesondere dem weiblichen Lesepubli-kum unterstellt, einer „Lesemanie" verfallen zu sein und zwi-schen „Dichtung und Wahrheit" nicht mehr unterscheiden zu können. Doch selbst ein Titan der deutschen Klassik wie Goethe war vor solchen Irrtümern nicht gefeit: Zwar scheint die an den „Werther" anschließende Selbstmordwelle unter liebeskranken Jugendlichen eine Legende gewesen zu sein. Die in seinen Erst-lings-Roman eingearbeitete „Ossian"-Dichtung, die Goethe als gälische Ursprungs-Legende präsentierte, stellte sich später je-doch als freie Dichtung eines Zeitgenossen heraus.

In gewissem Sinn traf solch eine Verwechslung auch auf das letzte hier vorgestellte Werk zu, „Die Satanischen Verse" aus dem Jahr 1988. Nach seinem Erscheinen zog der Roman Salman Rushdies die bislang weltweit umfassendste Wirkung eines fik-tiven Buches nach sich. Diesmal erwuchs sie aus der *willentlichen* Ignorierung des fiktiven Charakters eines Romans durch fun-damental-islamische Leser, die das Werk in aller Regel gar nicht gelesen hatten. Ob die hier skizzierte *klassische* Phase von Lite-ratur, die Geschichte schrieb, damit vorerst zum Abschluss ge-kommen ist, kann nur vermutet werden. Der an den Fall Rushdie gemahnende Umgang mit Autoren wie Orhan Pamuk oder Roberto Saviano spricht nicht unbedingt dafür, denn die Wirkung eines Buches kann in der Gegenwart unmittelbar zu einem globalen Ereignis werden.

Ein neuer Historismus?

Heute haben sich Literatur und Geschichte unzweifelhaft wieder einander angenähert. Individuelle und kollektive Erfahrung sowie öffentliche Erinnerungskulturen können nicht immer sorgfältig in „Erdichtetes" und „Geschehenes" getrennt werden, gerade dann, wenn Emotionen im Spiel sind. Die Grenzverläufe zwischen Vergangenheit und Gegenwart, Geschichte, Literatur und Ästhetik verschwimmen momentan zusehends. Der enorme Bedeutungszuwachs medialer Vermittlung hat zu einer ständigen Präsenz und Verfügbarkeit von Erzählungen aller Art geführt, die auf den freien Meinungsmärkten der Weltkultur miteinander konkurrieren. Geschichte ist dadurch jederzeit verfügbar und zum Gegenstand von „Histotainment" geworden. Historiker rivalisieren heutigentags mit allen, die auf der Klaviatur der Kulturindustrie zu spielen verstehen und dabei die Popularität des Geschichtlichen wittern und nutzen. Es mehren sich Diagnosen eines neuen Zeitalters des Historismus, der *jeder* Geschichte ihr Recht einräumt, Hauptsache, sie ist gut erzählt.

Nicht von ungefähr gehören daher historische Romane seit langem zu den erfolgreichsten Genres auf dem Buchmarkt. Der amerikanische Romancier E.L. Doctorow hat sie mit einem Verweis auf die Bestseller Dan Browns zwar als „kitschige Unterhaltungstexte" bezeichnet, „die mit den ihnen zugrundeliegenden Recherchen prunken, ihre Gestalten passend kostümieren und ihren Lesern weismachen möchten, es wäre wunderbar abenteuerlich gewesen, in der geschilderten Epoche zu leben". Doch votierte Doctorow zugleich für die Möglichkeiten des Schriftstellers, keiner Wissenschaft anzugehören und daher imstande zu sein, „frei über die Demarkationslinien zwischen den Disziplinen hinwegzupendeln." Im Grunde pflege der Schriftsteller „die universelle Neigung zum Denken in Geschichten als dem allerersten Erkenntnismittel".

Tatsächlich bietet allein das 20. Jahrhundert ein schier endloses Reservoir an satirischen, komödiantischen, dramatischen und tragischen Geschichten aller Art, um den ungeheuren Hunger nach Erzählung und nach einprägsamen Bildern zu bedienen. Auch Figuren der deutschen Geschichte sind dabei zu literatur- und filmtauglichen Typen geronnen, die inzwischen weltweit verstanden werden, man denke nur an die kultiviert-abgründige Figur des SS-Intellektuellen Maximilian Aue in Jonathan Littells „Tatsachen"-Roman „Die Wohlgesinnten" aus dem Jahr 2006. Dass über dessen Wirkung auf öffentliche Geschichtsbilder inzwischen professionelle Historiker debattieren, gehört zur Grenzverwischung zwischen „Fakten und Fiktionen" (Ruth Klüger) ebenso hinzu wie der Boom an Geschichten im Konjunktiv, die danach fragen, was wohl geschehen wäre, wenn dieses oder jenes historische Ereignis anders verlaufen wäre.

Unterscheiden sich Geschichte und Literatur überhaupt vom Gegenstandsbereich und vom Erkenntnisinteresse her oder sind die Ähnlichkeiten nicht sehr viel stärker? Loten nicht beide in sehr ähnlicher Weise das „Menschenmögliche" aus und schulen das, was der Schriftsteller Robert Musil einmal den „Möglichkeitssinn" nannte? Sind Literatur und Geschichte nicht einfach komplementäre Weisen der Welterzeugung? Der Autopionier Henry Ford soll einmal gesagt haben: „Geschichte ist Mist", weil er glaubte, dass die Vergangenheit ihm nicht dabei helfe, die Zukunft zu gestalten. Man kann stark vermuten, dass er auch kein Romanleser war.

Was Literatur und Geschichte zweifellos gemeinsam haben, ist der Anspruch, über bloß nutzbares Wissen hinaus zu so etwas wie „Bildung" beizutragen. Der Schweizer Historiker Jacob Burckhardt brachte dies einmal auf die Formel, bei der Beschäftigung mit historischer Erfahrung wolle man nicht klug für ein andermal werden, sondern weise für immer. Hierzu gehört die Fähigkeit, Personen, Tendenzen und Ereignisse mehrdimensional einzuschätzen – als nüchterne Fakten ebenso wie als fiktive Möglichkeiten und in ihren symbolischen Werten ebenso wie in ihren irrationalen Zügen.

Die Literatur hat dabei sicher den gravierenden Vorteil, immer alles wissen zu können, während der Historiker demgegenüber stets dem „Vetorecht der Quellen" (Reinhart Koselleck) unterworfen bleibt. Auch gibt es namentlich in der Zeitgeschichte gewisse Tabus. Sie gehen auf den politischen Willen zurück, bestimmte gesellschaftliche Konflikte still zu stellen, indem man Gras über eine Sache wachsen lässt und damit „heilsame" Prozesse der Distanzierung befördert.

Doch gibt es auch Vorzüge der Geschichtswissenschaft: So weiß sie schon seit längerem, dass jede Zeit ihre Geschichtswerke *neu* schreiben muss. Und bei all ihrem Spürsinn für Indizien, unterschiedliche Versionen und Wahrheiten unterliegt sie nicht dem Zwang, in dem etwa Kriminalromane befangen bleiben, nämlich am Ende doch eine erzählerische Katharsis ansteuern und einen eindeutig Schuldigen abführen zu müssen. Und dass Geschichte auf Literatur einwirkt, steht außer Frage. Umgekehrt trifft dies sehr viel seltener zu.

Die Auswahl

Die folgende Auswahl an Werken ist das Produkt eines kollektiven Nachdenkens, dem durchaus etwas Spielerisches anhaftete. Sie geht auf eine Vortragsreihe des Zentrums für Medien und Interaktivität an der Justus-Liebig-Universität in Gießen zurück, die Beiträger sind oder waren allesamt an dieser Hochschule tätig. Unter Beteiligung des städtischen Publikums und zahlreicher Studierender wurde ein Jahr lang darüber diskutiert, von welchen Werken sich tatsächlich sagen lässt, dass sie Geschichte geschrieben haben. Sehr viel mehr als die hier aufgeführten sind dabei nicht benannt worden, die Liste solcher Werke bleibt letztlich recht exklusiv.

Natürlich kann man sich darüber streiten, was mit „Literatur" und mit „Geschichte schreiben" jeweils genau gemeint ist. Ausgesondert blieben jedoch von vornherein solche Werke, die eher der Sachbuchliteratur zuzuordnen sind, auch natur- und geschichtswissenschaftliche oder philosophische Bücher sowie Zeitanalysen aller Art. Hierüber gibt es selbst geradezu klassisch gewordene Werke wie John Carters und Percy H. Muirs „Bücher, die die Welt veränderten" (1967), die fast ausnahmslos auf wissenschaftliche Werke verweisen.

Dabei gibt es sicher Grenzfälle des literarischen Genres wie den eingangs erwähnten Friedrich Nietzsche. Auch weist die hier präsentierte Auswahl einen stark westlichen Akzent auf und berücksichtigt insofern zweifellos nicht die gesamte „Weltliteratur". Mit Musa Dschälil ist immerhin ein östlicher Repräsentant vertreten, mit Joseph Conrad oder Salman Rushdie national kaum noch zurechenbare Autoren, wie sie zur Gegenwart hin immer häufiger vorkommen. Auch die übrigen hier aufgeführten Autoren waren meist auffallend polyglott.

Der Erscheinungs-Zeitraum der ausgewählten Werke liegt zwischen etwa 1820 und 1990 – die vorhergehenden Literaturepochen sind freilich nicht systematisch auf weitere denkbare Beispiele hin befragt worden. Doch bestätigt sich ohnedies der Eindruck, es hierbei mit einer Epoche zu tun zu haben, in der Lyrik, Dramatik und Prosa eine ungewöhnliche Bedeutung für die Formung des kulturellen Gedächtnisses und kollektiver Bewusstseinsinhalte besaßen. Sie wurden in der Öffentlichkeit jeweils genau registriert und unter Umständen auch heiß diskutiert. Ob diese Ära eines spezifischen Umgangs mit Literatur als eine realitätsverändernde Kraft weiter anhält, wäre zu fragen – möglicherweise haben wir es selbst wieder mit einem historisch gewordenen Phänomen zu tun.

Wirkungs-Geschichten

Die Beiträge dieses Bandes beantworten die Frage nach der historischen *Wirkung* von Literatur in unterschiedlicher Weise, und sie tragen dabei die individuelle Handschrift des jeweiligen Autors. Auch divergieren die Beiträger notwendiger Weise in ihrer Einschätzung, worin genau diese Auswirkungen bestanden. Bisweilen war es, wie in den Fällen Lord Byrons, Albert Camus' und Jean-Paul Sartres, vornehmlich die Figur des Autors, die „stilbildend" wirkte oder sich zu einer Art von Gesamtkunstwerk entwickelte, weil sie mit ihrem Leben und Schreiben Stichworte für einen Zeitgeist gaben, der beides begierig aufgriff.

Im Falle von „Uncle Tom's Cabin", „Max Havelaar", „Die Waffen nieder!" und „The Jungle" haben die jeweiligen Autoren mit ausdrücklicher Wirkabsicht, nur eben in literarischer Form, auf unhaltbare Zustände hingewiesen und Widerspruch bewusst einkalkuliert. Dabei scheint es zum Gestus gerade von solch engagierten – bisweilen auch geltungsbedürftigen – Schriftstellern zu gehören, die eigene Wirkmacht rückblickend eher pessimistisch einzuschätzen. So ging es jedenfalls Desmond Douwes Dekkers („Multatuli"), Bertha von Suttner und letztlich auch Upton Sinclair.

Theodor Herzl dagegen war selbstsicher genug, sich unmittelbar für eine historische Figur zu halten. Kurz nach dem ersten Zionistenkongress im Jahr 1897 schrieb er in sein Tagebuch: „Heute habe ich den Judenstaat gegründet." Der Roman „Altneuland" verfuhr eher konstruktiv entwerfend als skandalisierend, und er wurde von seinem Autor dem Essay „Der Judenstaat" an die Seite gestellt, um die spezifische Anschaulichkeit der Literatur im Sinne einer „Lehrdichtung" zu nutzen. Sein Motto lautete: „Wenn Ihr wollt, ist es kein Märchen". Dass H. G. Wells' Romane zahlreiche Elemente der Zukunft präzise vorauszusagen vermochten, war ebenfalls kein Zufall, denn auch er bemühte sich um möglichst „realistische" Prognosen. Noch unmittelbarer geschichtswirksam als Wells' Romane wurde allerdings die von Orson Welles erstellte Hörspielfassung von „Der Krieg der Welten": Deren Ausstrahlung am 30. Oktober 1938 löste im Osten der USA eine Panik aus, weil sie eine Spur zu „realistisch" über den Äther kam.

Noch heftiger fielen die Auseinandersetzungen um Salman Rushdies „Satanische Verse" aus, die schließlich sogar das Leben mehrerer Übersetzer des Romans sowie das einiger Demonstranten kostete. Zudem erwies sich die Debatte um das Buch als hochsymbolisch für das Heraufziehen neuer globaler Konfliktlinien; zugleich forderte die Haltung gegenüber der Fatwa eine neue Art von Zivilcourage heraus.

Die Fälle der eifernden Schwarmgeister Hans Grimm und Artur Dinter verweisen darauf, dass „Wirkung" beileibe nicht immer nur positiv zu verstehen ist. Dabei steht freilich übergreifend in Frage, wie man „Wirkung" von Literatur bemisst und bei wem konkret von einer solchen Wirkung gesprochen werden kann: Sind es die berühmten „breiten Schichten der Bevölkerung" oder ist es die kleine Schicht der „Einflussreichen" und „Zuständigen"? Welche Bedeutung haben dabei die jeweiligen Aufführungen oder Verfilmungen gehabt? Sollte eine kurzzeitige nicht von einer längerfristigen Wirkung unterschieden werden? Und waren es, wie in den Fällen Byrons, Dschälils oder Camus', bisweilen nicht eher die Literaten selbst als ihre Literatur, die Geschichte schrieben?

Die anschließend vorgestellten Werke verdeutlichen jedoch, dass es wiederkehrende Indizien für ein erfolgreiches Wirken von Literatur gibt. Dazu gehört die Suggestion von „Authentizität" und unmittelbarer „Lebensnähe" innerhalb des fiktiven Textes. Besser als jede abstrakte Analyse macht sie eine Vergegenwärtigung von Zuständen und Missständen oft einfacher und besser nachvollziehbar. Oft hat die Publikation eines Textes durch eine medial gesteigerte Öffentlichkeit zu Debatten geführt, die von niemandem mehr kontrollierbar waren. Reaktionen „zuständiger Kreise" folgten einer Veröffentlichungen oft unmittelbar, vermochten jedoch die Dynamik der sich selbst verstärkenden Wirkung nicht mehr aufzuhalten. Es erwies sich als zwecklos, darauf hinzuweisen, das Beschriebene sei ja nur „erdichtet". In einzelnen Fällen wurde die Langzeit-Wirkung eines Werks abgemildert, indem – wie im Fall „Onkel Toms" – entschärfende „Jugendfassungen" oder – wie im Fall des „Schweijk" – Auszüge der gemütlichsten Schnurren in Umlauf kamen, die den Anarchisten zu einem wirklich „braven" Soldaten verharmlosten. Umgekehrt waren manche der Romane, wie wiederum „Onkel Toms Hütte", „Der Dschungel" oder „Herz der Finsternis", zunächst als Fortsetzungsromane in Zeitungen erschienen, und so vermochten sie es unter Umständen, erste Leserreaktionen bereits in die Texte mit einzubauen und die erwünschten Effekte gezielt zu verstärken.

Zur längerfristigen Wirkung gehörte auch die oft kanonische Tradierung der Werke – oder zumindest, wie im Fall „Volk ohne Raum", ihrer Titel –, das Aufgreifen bestimmter Motive und Sujets durch andere Autoren oder die Fortschreibung eines angeschlagenen Themas in anderen Bereichen der Kunst, namentlich auch der Filmkunst. Natürlich ermisst sich die Wirkung letztlich auch, wenn auch nicht hinreichend, über die Auflagenzahlen der Werke. Sie lassen immerhin darauf schließen, dass ein Buch zu seiner Zeit als „relevant" erkannt und seine Kenntnis – oder doch zumindest sein Besitz – als notwendig erachtet wurde. Vielleicht kann hier auf die bilanzierende Formel zurückgegriffen werden, nach der die Wirkung vieler Werke einfach darauf beruhte, dass sie als die richtigen Texte zur richtigen Zeit erschienen sind.

105 Prozent

Natürlich kann die hier aufgeworfene Fragestellung jederzeit weitergezogen und die Auswahl dadurch erweitert werden: Hat nicht Daniel Defoes „Robinson Crusoe" nach seinem Erscheinen im Jahr 1719 zu einer Welle europamüder Emigranten geführt und dadurch „Realität" beeinflusst? Haben nicht seit „Onkel Toms Hütte" auch andere Werke, etwa die Romane James Baldwins, Ralph Ellisons, Toni Morrisons oder Philipp Roth', mit dazu beigetragen, einen farbigen US-Präsidenten zu ermöglichen? Hat nicht erst Franz Werfels Roman „Die 40 Tage des Musa Dagh" von 1933 den Völkermord an den Armeniern öffentlich gemacht? Welchen konkreten Einfluss hat die Science Fiction auf die Vorstellungsgabe von Erfindergeistern ausgeübt, und inwieweit war etwa das amerikanische Mondfahrt-Programm von den Romanen Arthur C. Clarkes inspiriert? Hat nicht die Kinderbuchautorin Astrid Lindgren durch ihr 1976 in einer Tageszeitung veröffentlichtes Märchen „Pomperipossa in Monismanien" zu einer Änderung der schwedischen Finanzgesetzgebung geführt, die Lindgren damals zu 105 Prozent besteuerte?

Wie gesagt: Die hier vorgestellte Zusammenstellung ist nicht frei von Zufällen, diskutierbar und jederzeit erweiterbar. Aber sie ist repräsentativ für ein breites Spektrum an historischen Wirkungsmöglichkeiten von Literatur, die in den folgenden Beiträgen – neben Autor, Werk und Kontext – im Zentrum stehen. Vielleicht vermag sie dazu anzuregen, über zusätzliche Beispiele, die Kriterien von Wirkung wie auch die geschichtliche Macht von Literatur weiter nachzudenken.

Weiterführende Literatur

E.L. Doctorow: Roman und Geschichte. Über die Blutsverwandtschaft zwischen Erzählern und Historikern, in: Lettre International, Frühjahr 2008, S. 67–71.

Wolfgang Hardtwig: Fiktive Zeitgeschichte? Literarische Erzählung, Geschichtswissenschaft und Erinnerungskultur in Deutschland, in: ders.: Hochkultur des bürgerlichen Zeitalters, Göttingen 2005, S. 114–135.

Hans-Ulrich Wehler: Literarische Erzählung oder kritische Analyse? Ein Duell in der gegenwärtigen Geschichtswissenschaft, Wien 2006.

Ruth Klüger: Dichter und Historiker: Fakten und Fiktionen, Wien 2000.

Rainer Liedtke

Philhellenismus und griechischer Nationalstaat

Die Versepen von George Gordon Lord Byron (1820er Jahre)

Nicht nur Literatur, sondern auch ein Literat kann Geschichte schreiben. Im Unterschied zu den meisten später im Sammelband vorgestellten Werken geht es in diesem Beitrag nicht um ein spezielles Buch, sondern einerseits um das Gesamtwerk des Autors, noch mehr aber um die historische Wirkungsmacht von dessen Persönlichkeit. George Gordon Lord Byron hat eine Vielzahl von Gedichten und Versepen geschrieben, die Griechenland und seine Geschichte, Kultur oder Literatur thematisieren. Sein Gesamtwerk, mehr noch seine Lebensgeschichte, haben nicht unerheblich dazu beigetragen, dass Griechenland, das zum Zeitpunkt des Todes des Poeten noch gar nicht als Staat existierte, in seinem Unabhängigkeitskampf bestehen konnte.

Byrons Kindheit und Jugend ließen kaum vermuten, dass sich hier jemand entwickelte, der später an einem Nationenbildungs-Prozess aktiven Anteil nehmen sollte. Catherine Gordon of Gight, eine von Haus aus nicht unvermögende Angehörige des schottischen Hochadels, gebar ihren Sohn George am 22. Januar 1788 in einem gemieteten Haus in London, welches sie wenig später aus finanzieller Not wieder verlassen musste. Die Ursache der Geldprobleme war ihr Ehemann, Captain John Byron, Offizier der Königlichen Marine und Sohn eines Admirals. Als Trinker und Frauenheld lebte er bevorzugt vom Geld seiner Angetrauten. Vor seiner Ehe mit Catherine hatte Captain John, der sich des Beinamens „Mad Jack" erfreute, bereits eine andere Hochadlige zur Scheidung getrieben und deren Vermögen verzehrt. Abgesehen davon unterhielt der Playboy zeitweise sogar eine inzestuöse Beziehung zu seiner Schwester.

Als George drei Jahre alt war, starb sein Vater während einer

Militärmission in Frankreich, vermutlich an Tuberkulose, obwohl innerhalb der Familie stets von Selbstmord gesprochen wurde. Mutter Catherine tat ihr Bestes, um dem Sohn eine angemessene Ausbildung in einer Privatschule zu ermöglichen. Georges rechter Fuß und Knöchel waren von Geburt an verdreht, was ihm einen schleppenden Gang aufzwang. 1798, als George zehn Jahre alt war, starb sein Großonkel, der 5. Lord Byron. Als sein nächster männlicher Verwandter erbte George nicht nur seinen Landsitz in Nottinghamshire, sondern auch den Titel und damit die Mitgliedschaft im britischen Oberhaus. Newstead Abbey, einst von Heinrich VIII. an den ersten Lord Byron vermacht, als die Klöster aufgelöst wurden, war ebenso weitläufig wie heruntergekommen und musste für einen Teil des Jahre verpachtet werden, um den Unterhalt der Familie Byron weiter zu sichern. Das erzielte Einkommen reichte jedoch aus, um den jungen George von April 1801 an die exklusive Privatschule Harrow besuchen zu lassen, von wo aus er 1805 als Siebzehnjähriger an die Universität Cambridge wechselte. In Harrow kompensierte Byron seine körperliche Behinderung durch rigorose sportliche Aktivitäten; unter anderem war er ein hervorragender Schwimmer. Aufgrund seines aufbrausenden Temperaments wurde er aber auch in zahlreiche Schlägereien verwickelt. Am Trinity College in Cambridge studierte Byron „Classics", also Latein, Griechisch und die Literatur der klassischen Antike, was sein literarisches Werk später stark prägen sollte. In Briefen an seine Mutter beschrieb er das College als „schurkisches Chaos, bestehend aus Würfelspiel und Trunkenheit, das nichts anderes als Glücksspiele, Jagden, Mathematik, Prügeleien und Pferderennen kennt, mit anderen Worten... ein Paradies". Byron machte nach eigener Auskunft „love, enemies and verse". Er hatte bereits während seiner Schulzeit zu dichten begonnen, betrieb das Verseschmieden in Cambridge aber deutlich intensiver und publizierte bereits 1807 eine erste Sammlung von Gedichten unter dem bezeichnenden Titel "Hours of Idleness" (Stunden des Nichtstuns). Auf den Spuren seines Vaters wandelnd, gelang es Byron während seines Studiums Schulden in Höhe von gewaltigen £13.000 anzuhäufen.

Dies hinderte ihn allerdings nicht daran, nach dem Studium

einen weiteren Kredit bei einem Freund aufzunehmen und eine ausgedehnte Europareise zu unternehmen. Solch eine „Grand Tour" war typisch für junge, fast immer männliche Angehörige der besseren Kreise Großbritanniens. 1809 machte sich Byron mit seinem Studienfreund, John Cam Hobhouse, über Portugal, Südspanien und Malta ins Land der Griechen auf, damals noch eine Provinz des Osmanischen Reiches. Sie landeten in Patras auf der Westpeloponnes. Byron und Hobhouse waren freilich keine Rucksacktouristen, sondern reisten in Begleitung eines Dieners namens Fletcher, den Byron schon seit seiner Studienzeit in seinen Diensten hatte und der ihn bis zu seinem Tod begleitete. Ihr Gepäck bestand aus sieben großen hölzernen Truhen und zusätzlich drei Bettgestellen einschließlich reichlicher Bettwäsche. In einem Brief erwähnte Byron, dass sechzehn Pferde notwendig waren, um innerhalb des Landes vorwärts zu kommen. Insgesamt bereisten Byron und Hobhouse Griechenland fast zwei Jahre lang und sahen sämtliche Stätten der klassischen Antike von Rang.

Die beiden jungen Männer stillten ihre Abenteuerlust und ihren Bildungshunger, aber einer von ihnen schrieb nicht nur Reiseberichte, sondern begann in Griechenland die Arbeit an einem poetischen Meisterwerk. Zwischen 1809 und 1811 verfasste Byron die ersten Teile seines Versepos' „Childe Harold's Pilgrimage", die einige der Reiseerlebnisse in Versform verarbeiteten. Weitere Teile der „Reisen des Schildknappen Harold" folgten bis 1818. Hier entstand eine völlig neue Erzählperson, die später „Byronischer Held" genannt wurde. Im Unterschied zum konventionellen Helden ist sie nicht durch Edelmut und Engagement für Unterdrückte, sondern durch Egoismus, Zynismus und Arroganz gekennzeichnet. Der „byronic hero" wird durch die dunklen Seiten seiner Persönlichkeit angetrieben, er verletzt andere Menschen bei der Befriedigung seiner eigenen Bedürfnisse, unabhängig davon, ob er ihnen zugeneigt ist oder nicht. Natürlich trugen Byrons so komponierte Figuren starke autobiografische Züge. Seitdem hat sich diese faszinierende Heldenfigur in der Literatur vielfach durchgesetzt. Rhett Butler in Margaret Mitchells „Gone with the Wind" ist ein ebenso prominentes Beispiel wie etwa „Batman" oder der vom Briten Hugh

Laurie gespielte „Dr. House" in der gleichnamigen, immens erfolgreichen TV-Serie aus den USA.

Als Byron im Juli 1811 nach England zurückkehrte, lag seine Mutter im Sterben. Es begann ein neuer Abschnitt in seinem Leben, da ihn die Veröffentlichung der ersten beiden Teile von „Childe Harold" im März 1812 praktisch über Nacht berühmt gemacht hatten. Byron wurde ein Lieblingskind der Londoner Gesellschaft, vor allem der Damen – was nicht zuletzt an seinem sehr guten Aussehen lag. Während seines Universitätsstudiums hatte Byron, der zur Fettleibigkeit neigte, durch eine radikale Diät stark abgenommen, und er achtete für den Rest seines Lebens penibel auf seine Ernährung. Außerdem nahm er seinen Sitz im *House of Lords* ein und fiel dort als radikaler Liberaler und Freigeist auf. Noch während er seine künftige Ehefrau, Annabella Milbanke, kennenlernte und ihr den Hof machte, hatte Byron parallel Affären mit diversen Damen aus den besseren Kreisen der britischen Hauptstadt. 1813 begann er außerdem, wiederum auf den Spuren seines Vaters wandelnd, eine Beziehung zu seiner Halbschwester, Augusta Leigh.

All dies tat seiner literarischen Schaffenskraft keinen Abbruch, ganz im Gegenteil. In rascher Folge veröffentlichte Byron eine Reihe vielbeachteter Werke, die größtenteils einen Bezug zu seiner Reise durch Griechenland herstellten. Zu einem besonders großen kommerziellen Erfolg wurde „The Giaour". Hierzu hatte Byron sich durch die Kenntnis der osmanischen Bestrafung für untreu gewordene Ehefrauen inspirieren lassen. Während seines Aufenthalts in Athen hatte er – ausweislich eines Tagebucheintrags – die Geschichte von einer Ehebrecherin gehört, die in einen Sack eingenäht ins Meer geworfen wurde. In seinem 700 Strophen umfassenden Versepos liebt eine Haremsdame des Potentaten Hassan einen „Ungläubigen" (englisch „Giaour") und wird dafür auf diese Weise umgebracht. Der „Ungläubige" rächt sich an Hassan, indem er ihn tötet, bereut die Tat allerdings wenig später und geht ins Kloster. Vermutlich hat Byron hier auch seinen eigenen ehebrecherischen Lebenswandel verarbeitet, allerdings verdeutlichte er zugleich stereotype Unterschiede in der Auffassung von Liebe und Ehe zwischen Muslimen und Christen. Orientalische Themen hatten in diesen Jahren Hochkonjunktur, und bereits im Jahr der Erstveröffentlichung erlebte das Epos mehrere Neuauflagen. Der Franzose Eugene Delacroix, ebenfalls ein Meister der kommerziellen Vermarktung, war einer von denen, die später auf den Zug der orientalischen Mode aufsprangen. Inspiriert durch Byrons Gedicht malte er 1827 das Bild „Kampf des Giaour mit dem Pascha".

1814 brachte Augusta eine Tochter ihres Halbbruders zur Welt. Wenig später heiratete Byron seine Braut Annabella, hatte auch mit ihr eine Tochter, wurde aber aus naheliegenden Gründen bereits einen Monat nach der Geburt von seiner Frau verlassen. Diese Trennung, die sehr öffentlich vollzogen wurde, war ein Skandal und isolierte Byron gesellschaftlich. Im April 1816 beschloss er, England zu verlassen – um nie wieder dorthin zurückzukehren. In den folgenden dreizehn Jahren wechselte Byron häufig seinen Wohnort. Zuerst lebte er einige Monate in Genf, wo er sich unter anderem mit dem Autoren-Ehepaar Percy und Mary Shelley anfreundete, das, wie er, im selbst gewählten Exil lebte. Percy war eine der maßgeblichen Figuren der englischen literarischen Romantik. Seine Frau Mary schrieb, während das Paar zusammen mit Byron lebte, den Schauerroman „Frankenstein", der eine ganze literarische Gattung begründete.

Währenddessen zeugte Byron mit der Stiefschwester von Frau Shelley eine dritte Tochter, Allegra. 1818 zog er nach Italien, zuerst nach Venedig, dann nach Ravenna. In den folgenden Jahren hatte er Liebschaften mit verschiedenen Frauen, von denen zumindest eine – eine italienische Gräfin –, sich dafür von ihrem Mann scheiden ließ. Seinen immer noch sehr aufwändigen Lebenswandel finanzierte er einerseits durch den Verkauf von Newstead Abbey, andererseits durch den ungebrochen guten Absatz seiner Werke. Bis dahin war Byron ein ebenso genialer wie exzentrischer, kommerziell erfolgreicher und aufgrund seines skandalösen Privatlebens sehr bekannter Literat und so etwas wie das *enfant terrible* der britischen Kultur des frühen 19. Jahrhunderts. In die Geschichte eingegangen ist er allerdings nicht primär durch seine Schriften, sondern durch das Zusammenspiel seines Werkes und seiner öffentlichen Persönlichkeit in den letzten beiden Jahren vor seinem Tod.

In Griechenland

Byron ging es 1822 nicht gut. Nicht nur war seine Tochter Allegra im Frühling im Alter von nur fünf Jahren gestorben, sondern wenig später ertrank auch sein guter Freund Shelley bei einem Segelunfall, als er Byron in Italien besuchte. Der Dichter fühlte sich in diesem Jahr kränklich und magerte stark ab. Er zog sich mehr und mehr zurück und war unzufrieden mit sich und der Welt. In diesem Zustand erreichte ihn eine Anfrage des „London Greek Committee". Byron war bereits *in absentia* zum Mitglied dieses Vereins geworden, dessen wenige Dutzend Mitglieder überwiegend britische Parlamentarier und andere Figuren des öffentlichen Lebens waren. Man traf sich regelmäßig in einem Londoner Pub, um Vorträge über den Kampf der Griechen gegen die Türken zu hören. Dies war eine von vielen „philhellenischen" Organisationen, die seit Beginn des griechischen Unabhängigkeitskrieges 1821 überall in Westeuropa entstanden waren. Was mit einem lokalen Aufstand gegen die Osmanen auf der Peloponnes begann, hatte sich rasch zu einer generellen Erhebung in anderen Teilen des späteren Griechenlands ausgeweitet. Die europäischen Philhellenen portraitierten den Kampf der „Griechen" – nur die wenigsten von diesen identifizierten sich anfangs in diesem Sinne einer nationalen Zugehörigkeit – als Konflikt zwischen dem Christentum und den „Ungläubigen". Türkische „Gräueltaten" wurden übertrieben, griechische verschwiegen. Es passte ebenfalls nicht recht ins Bild der Philhellenen, dass verschiedene Führer der Revolte bald anfingen, sich gegenseitig zu bekämpfen und so quasi bürgerkriegsähnliche Zustände herrschten.

Die Mehrheit der Philhellenen hatte sich ihr Bild von Griechenland nicht durch Reisen, sondern durch das Studium der klassischen griechischen Literatur und Philosophie gemacht. Sie projizierten ihre theoretischen Kenntnisse der attischen Demokratie auf den griechischen Teil des Osmanischen Reiches und betrachteten es als Anomalie, dass diese Wiege der westlichen Zivilisation von „Orientalen" beherrscht wurde. Daraus ergab sich fast zwingend, dass die „edlen Griechen" gegen die barbarischen Unterdrücker unterstützt werden mussten. Die Gebildeten der europäischen Aufklärung und Romantik durchliefen hier auch einen Prozess der Selbstreflexion. In der griechischen Literatur, Philosophie und Sprache fanden sie primär sich selbst wieder, nicht die zeitgenössischen Griechen. Nicht für diese, sondern für mythisch überhöhte Ideale waren Philhellenen sogar teilweise bereit zu sterben. Für die europäische Romantik war der Philhellenismus auch eine Möglichkeit, die Lage der eigenen Nation implizit zu kommentieren. Er wurde so zu einem gemeinsamen Code, einem Medium der Kommunikation der gebildeten Europäer in den 1820er Jahren.

Edward Blaquiere, ein führender Aktivist des Londoner „Committee", besuchte Byron in Italien und hatte wenig Mühe, den mit sich selbst unzufriedenen und gelangweilten Poeten zu überzeugen, eine aktive Rolle im Freiheitskampf der Griechen zu spielen. Es ist in der Wissenschaft argumentiert worden, dass es Byron dabei nicht so sehr darauf ankam, die Griechen zu unterstützen, sondern er als überzeugter Liberaler in erster Linie freiheitliche Bestrebungen von „irgendjemandem" fördern wollte. In der Tat hatte Byron zuvor überlegt, nach Südamerika zu gehen, um sich den dortigen Unabhängigkeits-Bewegungen anzuschließen. Auch auf der italienischen Halbinsel hatte er sich bereits für Gruppen eingesetzt, die die österreichische Oberherrschaft abschütteln wollten.

Blaquiere wollte Byron als prominentes Zugpferd für die Bewegung nutzen und drängte ihn, sich nach Griechenland einzuschiffen, um einen persönlichen Beitrag im Kampf zu leisten. Es ist nicht ganz klar, wie dieser Beitrag aussehen sollte. Eine wichtige Rolle spielte sicherlich, dass der vermögende Lord die Kämpfenden auch mit seinem Geld unterstützen konnte. Byron zierte sich zunächst, sagte dann aber zu und rüstete ein kleines Schiff aus. Zusammen mit neun Dienern – darunter ein schwarzer Amerikaner, denn Byron argumentierte, dass dies den Stellenwert eines Mannes im Orient erhöhe – einigen Freiwilligen aus verschiedenen europäischen Ländern, fünf Pferden, zwei kleinen Kanonen, Medikamenten und vor allem einer erheblichen Summe Geld schiffte er sich am 13. Juli 1823 in Genua ein. Mit an Bord hatte der militärisch völlig untrainierte Poet zehn verschiedene Fantasieuniformen, einschließlich zweier vergoldeter Helme und zehn Säbel für seinen persönlichen Gebrauch.

Byron landete zunächst auf sicherem Territorium, nämlich auf Kefalonia, einer der sieben ionischen Inseln, die die Briten seit den napoleonischen Kriegen besetzt hielten. Sicherlich erscheint seine Mission aus heutiger Sicht ein wenig lächerlich, aber sie war beileibe nicht einzigartig. Philhellenen aus ganz Europa sammelten Geld für die griechische Sache und kamen auch als freiwillige Kämpfer ins Land. Viele waren wesentlich schlechter vorbereitet als Byron und die meisten hatten eine völlig verquere Vorstellung von der „Nation", die sie zu unterstützen gedachten. Das war bei Byron nicht der Fall, denn er kannte die zeitgenössische griechische Realität bereits von seiner früheren Reise und wusste, dass das zu erwartende Szenario nicht mit den Bildern aus der Literatur der klassischen Antike übereinstimmte. Anders als manch anderer erwartete er nicht, auf philosophierende, in Togen gewandte Denker zu treffen, die Schutz vor meuchelnden Osmanen benötigten.

Byron wartete zunächst einige Monate ab und zog Erkundigungen über die Situation in Griechenland ein, während die Anführer der griechischen Faktionen mit unterschiedlichen Wünschen an ihn herantraten. Für viele stand dabei im Vordergrund, dass er über ein erhebliches Privatvermögen verfügte. Gleichzeitig hoffte man, dass er in der Lage sein würde, ein zentrales Anliegen der Aufständischen zu befördern, nämlich einen großen Kredit im westlichen Ausland aufnehmen zu können. Schließlich entschied Byron im Dezember 1823, dass es Zeit sei, ins umkämpfte Gebiet überzusetzen. Kurz vor Jahresende landete er im westgriechischen Messolonghi, das von den Truppen Alexandros Mavrokordhatos kontrolliert wurde, einem der politischen Anführer des griechischen Aufstands. Byron trug eine purpurfarbene Uniform und wurde von den Aufständischen und einigen ausländischen Philhellenen enthusiastisch und mit 21 Salutschüssen begrüßt. Byron hatte bereits während seiner ersten Griechenlandreise drei Tage in der kleinen Ortschaft zugebracht, die im Unabhängigkeitskrieg von strategischer Bedeutung war, aber keine Monumente der klassischen Antike zu bieten hatte. Seine Ankunft ließ das verschlafene Städtchen zu neuem Leben erwachen. Die Nachricht, dass eine vermögende Berühmtheit eingetroffen war, zog nicht nur zahlreiche griechische Kämpfer an, sondern konzentrierte auch die bereits im Land befindlichen Philhellenen aus ganz Europa und den USA in Messolonghi. Darunter waren zahlreiche Glücksritter, Söldner oder pensionierte Offiziere, aber auch mehr und mehr idealistisch motivierte Unterstützer des griechischen Freiheitskampfes, die vor allem durch Byrons Schriften für die „edlen Griechen" eingenommen worden waren. Viele von ihnen sahen sich in der Rolle der Byronschen Helden und waren offenbar auch vom Charisma des Poeten begeistert.

Byron bemühte sich um die Aufstellung einer Art von „Internationaler Brigade", wobei überhaupt nicht feststand, wer diese kommandieren und wo und wie sie kämpfen sollte. Die meisten Philhellenen hatten zudem ein Problem damit, dass Mavrokordhatos – ein sehr europäisch geprägter Politiker im feinen Anzug – „Griechenland" repräsentierte. Sie bevorzugten die Anführer der verschiedenen Faktionen, verwegene und halbkriminelle Clanchefs und Warlords, die romantische Vorstellungen vom edlen orientalischen Kämpfer besser zu bedienen vermochten. Diese „Turkophagi" (Türkenfresser), wie sie heute noch in Griechenland genannt werden, bekämpften sich auch untereinander, um ihre Claims in einem zukünftigen unabhängigen Staat abzustecken und waren ebenfalls sehr an finanziellen Zuwendungen aus Westeuropa interessiert. Abgesehen von der Leitung seines wachsenden Heerlagers und endlosen theoretischen Diskussionen um die richtige Strategie dichtete Byron auch in Messolonghi produktiv weiter und reflektierte in seinen Werken sehr authentisch, was ihn in diesen Monaten bewegte. Er arbeitete auch am letzten Canto seines vielleicht größten Werks, dem später immens erfolgreichen satirischen Versepos „Don Juan", das er 1818 begonnen hatte. Im 1819 geschriebenen dritten Canto hatte er dem von den Osmanen „versklavten" Griechenland die folgenden unsterblichen Zeilen gewidmet:

> The isles of Greece, the isles of Greece!
> Where burning Sappho loved and sung,
> Where grew the arts of war and peace,

Where Delos rose, and Phoebus sprung!
Eternal summer gilds them yet
But all, except their sun, is set.

Es erwies sich als unmöglich, die verschiedenen griechischen Kampfgruppen und die echten oder Möchtegern-Soldaten aus Europa zu disziplinieren. Als ein vom Londoner „Greek Committee" geschicktes Schiff mit Artillerie und großen Munitionsvorräten ankam, musste die Ladung vor den Griechen geschützt werden, die sich die Waffen gern sofort zur eigenen Verwendung angeeignet hätten. Kämpfe innerhalb des Lagers brachen aus, und es gab sogar Tote. Byron hatte immer noch keine Türken gesehen, gegen die er selbst hätte kämpfen können. Im Februar 1824 begann er zu kränkeln, erholte sich kurzfristig, zog sich jedoch im April eine Infektion – wahrscheinlich eine Lungenentzündung – zu. Umfangreiche, von verschiedenen Ärzten verschriebene Aderlässe trugen vermutlich dazu bei, dass er sich davon nicht mehr erholte. Byron starb am 19. April 1824 im Alter von 36 Jahren. „Don Juan" blieb unvollendet.

Byrons Nachruhm

Als Toter erwies Byron sich für die „griechische Sache" sogar als noch nützlicher. Seine Schriften mussten in den Monaten nach seinem Ableben mehrfach neu aufgelegt werden, um die große Nachfrage befriedigen zu können. Noch mehr Freiwillige aus aller Herren Länder strömten nach Griechenland, um an der Befreiung des Landes von den Türken mitzuwirken. Es erschienen gleich mehrere, miteinander konkurrierende Biografien des Poeten, die nicht nur zahlreiche Details aus seinem Leben frei erfanden, sondern auch seine praktische Bedeutung für den Unabhängigkeitskrieg massiv überhöhten. Die britische Gesellschaft, die ihn Jahre zuvor aufgrund seines amoralischen Lebenswandels verstoßen hatte, erklärte Byron nun zu einem der ganz großen Briten. Es entstand ein Byron-Mythos, der sich nicht daran störte, dass seine Mission gescheitert war. Ganz im Gegenteil: Durch seinen Tod hatte Byron mehr erreicht als er vermutlich jemals als Lebender auf griechischen Schlachtfeldern hätte erreichen können.

Das wenig bedeutende Provinzstädtchen Messolonghi wurde innerhalb kürzester Zeit die bekannteste Stadt Griechenlands. Als türkische Truppen ein Jahr nach Byrons Tod mit einer Belagerung begannen, befanden sich noch immer zahlreiche Europäer dort. Als 1826 Nahrung und Munition knapp wurden, entschieden sich die Verteidiger nicht zur Kapitulation, sondern zu einem Ausbruchsversuch durch die türkischen Linien. Von den rund 9.000 Eingeschlossenen beteiligten sich etwa 7.000 daran, aber nur wenige überlebten. Die verbliebenen 2.000, vor allem Frauen und Kinder, wurden von den Türken entweder massakriert oder in die Sklaverei verkauft. Einige Zurückgebliebene sprengten das Pulvermagazin der Stadt in die Luft und sich selbst gleich mit. Es war für die siegreichen Türken völlig unverständlich, dass die Zerstörung dieses unbedeutenden Ortes der wichtigste Wendepunkt des Krieges werden sollte. Zwei Jahre nach Byrons Tod kannte das gesamte gebildete und politisch interessierte Europa immer noch den Namen der Stadt; der Heroismus der Einwohner und der verbliebenen Philhellenen tat ein übriges, um es zu einem Symbol des Befreiungskampfes zu machen. Vergessen waren die europäischen Enttäuschungen über die unzuverlässigen griechischen Anführer, die stetig die Seiten wechselten, sich hauptsächlich gegenseitig bekämpften und die europäische Unterstützung mit Waffen oder Geld unnütz verschwendeten.

Nun begann die europäische Öffentlichkeit ein echtes Interesse an Griechenland zu entwickeln. Seit Byron war der Ort auf der Landkarte, nach seiner Zerstörung wurde er, wie der Poet selbst nach seinem Tod, mythisch überhöht. Am stärksten entflammte sich die europäische Seele für Griechenland in Frankreich. *Tout Paris* ging auf Gemäldeausstellungen, auf denen Werke gezeigt wurden, die anhand Byronscher Themen gemalt worden waren. Wiederum war Delacroix der bekannteste Künstler, der sich in dieser Richtung engagierte. Noch mehr philhellenische Gesellschaften wurden gegründet, Basare und andere Wohltätigkeitsveranstaltungen abgehalten, um Geld für den Befreiungskampf zu sammeln. Zahlreiche Schriften unterschiedlichster Couleur erschienen, die den Kampf der „westlichen Zivilisation" gegen die barbarischen Ungläubigen beschworen. Wenig bis nichts von dieser Literatur hat jedoch die Zeit überdauert, was nicht nur an der teilweise recht dürftigen literarischen Qualität lag, sondern vor allem daran, dass Byron geradezu kanonische Texte zu Griechenland verfasst hatte, die spätere Werke nur noch zu kommentieren in der Lage waren. Byron hatte durch sein persönliches Eingreifen in den Kampf, auch wenn dieses keinen unmittelbaren Effekt hatte, die Wirkungsmacht und vor allem die Authentizität seines literarischen Werkes extrem gesteigert, was andere Philhellenen, die meist vom sicheren mitteleuropäischen Schreibtisch aus agierten, nicht für sich in Anspruch nehmen konnten.

Aus der philhellenischen Begeisterung heraus kam der vermutlich entscheidende Impuls für das Eingreifen der europäischen Großmächte in den griechisch-türkischen Konflikt. Im Prinzip war dieser bis Messolonghi sehr gut für die Türken gelaufen. Zwar waren sie auf einen griechischen Aufstand überhaupt nicht vorbereitet und hatten auch nicht die Mittel, ihn allein niederzuschlagen, aber der türkische Sultan hatte in Mehmet Ali, dem Vizekönig von Ägypten, einen mächtigen Vasallen mit einer hervorragend ausgebildeten Armee. Gegen substantielle Gebietszusicherungen zog sie gegen die Griechen zu Felde, und es waren vor allem diese Truppen, die Messolonghi belagerten und wichtige Siege parallel dazu erfochten. Der Krieg schien beendet, aber die öffentliche Meinung in Europa ließ ein Scheitern der griechischen Rebellion nicht mehr zu. Frankreich und Großbritannien fühlten sich zum mäßigenden Einwirken auf den Sultan verpflichtet. Das russische Zarenreich, Erbfeind der Osmanen, begann sich im Norden zu positionieren. Eine kombinierte britisch-französische Flotte, die 1827 in griechische Gewässer einlief, konnte in Verhandlungen mit dem Sultan keine Zusicherung einer begrenzten griechischen Autonomie erreichen und traf bei Navarino im Westpeloponnes auf eine türkisch-ägyptische Armada. Der Kampf zwischen beiden begann in der vorgelagerten Bucht aufgrund eines Missverständnisses, war aber wohl ohnehin unausweichlich und endete mit einem Sieg der Europäer. So waren die Griechen, die an Land den osmani-

schen Truppen überlegen waren, auf die Siegerstraße gebracht
worden, ohne dass ein einziger Grieche in dieser letzten großen,
ausschließlich mit Segelschiffen geführten Schlacht gekämpft
hatte. Ein Jahr später musste der Sultan die Unabhängigkeit
Griechenlands anerkennen.

Damit kam auch die europäische philhellenische Literatur
sehr rasch zum Erliegen. Die Griechen haben Byron jedoch nicht
vergessen und „O Lordos Byronas" unzählige Denkmäler gewidmet. Ein Stadtteil Athens ist nach ihm benannt worden; in fast
allen Städten zumindest eine Straße. Das vielleicht bekannteste
Denkmal, zumindest aber das meistbesuchte, dürfte eine Dop-
pelstatue nahe dem Garten sein, der im Zentrum Athens an das
ehemalige Königsschloss, das heutige Parlament grenzt. Es zeigt,
in ausgesucht kitschiger Romantik, wie Byron von einer Griechenland darstellenden Frauengestalt mit Lorbeeren bekränzt
wird. Der Dichter selbst hätte den Platz sicherlich gemocht, denn
von seinem Sockel aus blickt die Statue auf den Parthenon und
das Olymbion, den Tempel des olympischen Zeus. Während
Byrons Gebeine in England ihre letzte Ruhestätte fanden, wurde
sein Herz in einen Gedenkstein in Messolonghi eingemauert.

Weiterführende Literatur

Elizabeth Longford: Byron's Greece, London 1975.

Evangelos Konstantinou (Hg.): Ausdrucksformen des europäischen und
    internationalen Philhellenismus vom 17.–19. Jahrhundert, Frankfurt/
    Main 2007.

Stephen Minta: On a Voiceless Shore. Byron in Greece, New York 1998.

David Roessel: In Byron's Shadow. Modern Greece in the English and
    American Imagination, Oxford 2002.

William St. Clair: That Greece Might Still be Free. The Philhellenes in the
    War of Independence, Cambridge 2008.

Friedrich Lenger

Im Vorfeld des Bürgerkriegs

„Uncle Tom's Cabin" von Harriet Beecher Stowe
(1851/52)

Als im Juni 2008 feststand, dass Barack Obama der Präsident-
schaftskandidat der Demokratischen Partei sein würde, hielt es
„Die Tageszeitung" aus Berlin für angebracht, mit einem Bild
vom Weißen Haus und der Überschrift „Onkel Baracks Hütte"
aufzumachen. Die Überschrift erregte einiges Aufsehen und
wurde beispielsweise vom amerikanischen Nachrichtensender
CNN noch eine Woche nach den Wahlen an erster Stelle einge-
blendet, als die Moderatorin einen Gast nach den Reaktionen des
Auslandes auf Obamas Wahlsieg ansprach. Und wenig später
blamierte Al Qaida die Berliner Journalisten endgültig, indem sie
in einer ihrer Botschaften das Bild aufgriff und den designierten
Präsidenten „als Onkel Tom, als den 'Hausneger'" beschimpfte.
    Die Hauptfigur des Romans von Harriet Beecher Stowe ist also
bis in unsere unmittelbare Gegenwart hinein eine universal verfügbare Ikone geblieben. Dieser Status verdankt sich nicht zuletzt
den äußerst kontroversen Bewertungen der Figur. Von Harriet
Beecher Stowe 1851/52 ohne Zweifel als Held und Vorbild angelegt, wurde spätestens im 20. Jahrhundert eine schon zeitgenössisch nachweisbare Perspektive auf ‚Tom' dominant, die James
Baldwin in den späten 1940er Jahren konzis zusammenfasste:
„Tom (…) wurde seiner Menschlichkeit beraubt und seines Ge-
schlechts entäußert." Darauf wird zurückzukommen sein. Anders als seine Hauptfigur, so meine Ausgangsthese, ist der Inhalt
von Harriet Beecher Stowes Buch aus den frühen 1850er Jahren
heute weitgehend vergessen.
    Das ist bemerkenswert für ein Buch, dessen Auflage im
19. Jahrhundert – wie oft pointiert formuliert wird – nur von der
Bibel übertroffen wurde. Die ausführliche Vorstellung des Buches

wird bereits einige Hinweise zur Erklärung dieses Nichterinnerns liefern, das in krassem Gegensatz zur zeitgenössischen Rezeption steht: „Wer hätte nicht Stowes Onkel Tom's Hütte gelesen", schrieb im Dezember 1852 die *Augsburger Allgemeine Zeitung*. Und die populäre Zeitschrift *Gartenlaube* berichtete im Jahr darauf nicht nur von „zwanzig bis dreißig Uebersetzungen", sondern verwies auf sieben Monatsschriften, die mit dem seriellen Abdruck befasst seien. Wenn diese keineswegs auf Deutschland beschränkte, sondern vielmehr für Europa und Nordamerika insgesamt typische, äußerst breite Rezeption nicht bis in die zweite Hälfte des 20. Jahrhunderts anhielt, dann hatte das vielfältige Gründe. Nicht der geringste dürfte gewesen sein, dass seit den späten 1930er Jahren ein Bild des amerikanischen Südens vor dem Bürgerkrieg weltweite Popularität gewann, das von der Autorin Margaret Mitchell ausdrücklich als ein Gegenbild zu der an dieser Stelle interessierenden Erzählung angelegt war. Trotz seiner leichten Abmilderung im erinnerungsmächtigen Medium des Films wurden hier die Südstaaten schon im Vorspann als idyllisches „Land der Ritter und der Baumwollfelder" gezeichnet, „nicht viel mehr als ein erinnerter Traum, eine Zivilisation vom Winde verweht…".

I.

Uncle Tom's Cabin hatte ursprünglich den Untertitel *The Man That Was a Thing* tragen sollen, doch änderte die Autorin diesen zu *Life Among the Lowly*. Die Erzählung erschien ab dem 5. Juni 1851 in der in Washington verlegten *National Era*, dem Organ der *American and Foreign Antislavery Society*. Schon das erste Kapitel präsentiert den Wurzelgrund der im Folgenden entfalteten Handlungsstränge. Es spielt auf einer Farm in Kentucky, dessen Eigentümer, Mr. Shelby, zur Begleichung von Schulden Sklaven verkaufen muss. Er selbst denkt dabei an Tom, seine beste Kraft, doch Haley, seinem Gläubiger und einem professionellen Sklavenhändler, ist dies nicht genug. Nachdem Shelby die für seine Frau arbeitende und besonders gut aussehende Eliza für unverkäuflich erklärt hat, setzt Haley durch, dass ihm der Besitz an

Abb. 1: Die Umschlaggestaltung der ersten deutschen Buchausgabe aus dem Jahr 1853 zeichnete eine biedermeierliche Ausgangs-Idylle der Sklaven-Saga.

ihrem einzigen Kind, Harry, übertragen wird. Als Shelby das
seiner entsetzten Frau beichtet, hört Eliza aus einem Versteck zu
und beschließt spontan zu fliehen. Tom dagegen fügt sich in sein
Schicksal und nimmt schweren Herzens Abschied von seiner
Familie mit den Worten: „Ich begebe mich in Gottes Hand.“
Nachdem dem Leser dergestalt die unmenschliche Grausamkeit
der Sklaverei drastisch vor Augen geführt worden ist, schildert
der Rest des Buches die Flucht von Eliza, Harry und George sowie
und vor allem das Schicksal Toms. Dabei war die an den Anfang
gerückte Problemlage alles andere als unrealistisch, geht die
heutige Forschung doch davon aus, dass etwa ein Viertel aller
Sklaven-Ehen durch den getrennten Verkauf der Ehepartner
zerstört wurde und der Verkauf von Kindern ohne ihre Eltern
gleichfalls verbreitet war.

I.1.

Doch zunächst zum Buch: Auch wenn die übriggebliebenen
Sklaven der Shelby-Farm Haleys Verfolgung von Harry und Eliza
nach Kräften hintertreiben, werden diese schließlich am Ufer des
Ohio gestellt. Dort kommt es zu einer der dramatischsten Szenen
des ganzen Buches, in der Eliza mit ihrem Sohn von Eisscholle zu
Eisscholle springend über den Fluss entkommt. Damit ist sie in
Ohio, einem Staat, der keine Sklavenhaltung kennt, aber sie ist
gleichwohl nicht in Sicherheit. Denn die Gesetzeslage erlaubte
den Sklavenbesitzern die Verfolgung ihrer Sklaven auch nördlich
der Linie des *Missouri Compromise*, der 1821 zunächst zu einer
Tolerierung der Sklavenhaltung in der Hälfte der überwiegend
südwestlich gelegenen Staaten der USA geführt hatte. Insbesondere der *Fugitive Slave Act* vom 18. September 1850 bedrohte all
diejenigen mit hohen Geldstrafen, die Sklaven bei der Flucht
halfen. Das richtete sich vor allem gegen die sogenannte *underground railroad*, ein Netz von Helfern, das Sklaven versteckte und
bei der Flucht nach Kanada unterstützte. Der *Fugitive Slave Act*
ist als unmittelbarer Anlass für Stowes Roman kaum zu überschätzen. Nachdem das Gesetz vom Kongress angenommen
worden war, hatte ihr ihre Schwägerin geschrieben: „Hattie,

wenn ich den Stift so wie Du zu führen vermöchte, würde ich etwas darüber schreiben, das die ganze Nation fühlen ließe, was für eine verfluchte Sache die Sklaverei darstellt." Und diese hatte geantwortet: „So ich dann noch lebe, werde ich es tun." Zu Recht hat deshalb James McPherson, der wohl beste Kenner der Bürgerkriegszeit, geurteilt: „Obwohl Stowe behauptete, Gott selbst habe das Buch angeregt, so diente das Gesetz über flüchtige Sklaven doch als Sein irdisches Instrument." Stowe lässt das Gesetz in dem Roman von einem Senator des Staates Ohio und seiner Frau diskutieren und führt dem Leser seine ganze Unmenschlichkeit nicht zuletzt dadurch vor Augen, dass der Senator, der gerade noch dem Gesetz zugestimmt hatte, rasch von seiner Frau überzeugt wird, dass es seine Pflicht sei, Eliza und Harry zu helfen. Vor allem aber erhalten sie diese Hilfe von Quäkern, in deren Siedlung die beiden auch den gleichfalls flüchtigen George wiedertreffen. Dabei wird der freiheitsliebende George von der Autorin als *angry young man* gezeichnet, den der christliche Glauben seiner Frau Eliza und der Quäker zwar beeindruckt, der angesichts der Ungerechtigkeit der Welt selbst aber immer wieder mit Zweifeln zu kämpfen hat. Dem Zusammenhalt der Quäkergemeinde ist es zu verdanken, dass sie noch rechtzeitig erfahren, dass ihnen die Verfolger, angeführt von dem Sklavenjäger Tom Loker, einem Bekannten Haleys, auf den Fersen sind. Dennoch kommt es – in durchaus westernwürdiger Manier – zum *showdown*, bei dem George auf Loker schießt. Aber erst das Eingreifen eines kräftigen Quäkers schlägt die Verfolger schließlich in die Flucht. Die Quäker kümmern sich so vorbildlich um den von seinen Kumpanen im Stich gelassenen Loker, dass der ihnen verrät, die übrigen Verfolger würden ihnen wohl in der Stadt Sandusky am Eriesee auflauern. So kann auch diese letzte Klippe auf dem Weg in die Freiheit genommen werden, und die junge Familie setzt unbehelligt nach Kanada über.

I.2.

Während sich also Eliza, Harry und George unablässig nach
Norden und in Richtung Freiheit bewegen, ist Tom bald auf einem
Schiff unterwegs nach Süden, denn Haley will ihn zusammen mit
einigen anderen von ihm erworbenen Sklaven *down the river*
verkaufen. Zu seiner *gang* gehört auch eine junge Frau mit ihrem
zehn Monate alten Jungen, den Haley unterwegs verkauft, was die
Mutter aber erst bemerkt, nachdem der Käufer mit dem Jungen
das Schiff verlassen hat. Sie stürzt sich in der folgenden Nacht in
die Fluten, wo sich viele hundert Meilen weiter südlich auch Tom
wiederfindet, der der kleinen Evangeline hinterher gesprungen
ist, als diese an einer Anlegestelle ins Wasser gefallen ist. Die
kleine Eva – „ein Inbegriff kindlicher Schönheit" -, die sich schon
zuvor mit Tom angefreundet hat, überredet nun ihren Vater, Tom
zu kaufen, was diesen ins Haus des wohlhabenden Augustine St.
Clare in New Orleans bringt. St. Clare ist ein gutmütiger und
humorvoller Agnostiker mit einem Hang zu mildem Zynismus.
Dessen fatalistische Grundhaltung hängt auch damit zusammen,
dass er um die Liebe seines Lebens betrogen worden ist und sich
nun – unglücklich verheiratet – einzig an seiner Tochter Evangeline zu erfreuen vermag. Da seine verwöhnte, selbstsüchtige
und hypochondrische Gemahlin Marie damit jedoch überfordert
ist, hat er seine Tante Ophelia gebeten, den Großhaushalt zu
befehligen. Mit *Cousin Vermont*, wie er sie ihrer Herkunft wegen
auch nennt, führt er immer wieder Grundsatzdiskussionen über
die Sklaverei, die das Geschick von Stowe demonstrieren, einseitige Nord-Süd-Dichotomien zu vermeiden und Kritik an religiösen Positionen einzubeziehen. So ist St. Clare zwar ein
scharfer Kritiker der Sklaverei, aber eben auch der Kirche:

> „Nun, (…) nehme doch nur einmal an, dass durch irgendeinen
> Umstand der Preis der Baumwolle ein für alle Mal beeinträchtigt und
> der ganze Besitz von Sklaven zu einer wirtschaftlichen Belastung
> wird, glaubst Du nicht, dass wir bald darauf einen anderen Kate-
> chismus haben würden? Welche Flut an Erleuchtung würde augen-
> blicklich durch die Kirche gehen, und wie rasch würde entdeckt, dass

nach Maßgabe der Bibel und des Verstandes doch alles ganz anders gemeint war!"

Und zugleich hält er der aus dem äußersten Nordosten stammenden Ophelia den Spiegel vor, wenn diese mit Befremden auf die körperliche Nähe zwischen Tom und der auf seinen Knien sitzenden Eva reagiert:

> „die Gewohnheit ist es, die mit uns bewirkt was das Christentum bewirken sollte, – sie verwischt die Empfindungen des Vorurteils. (…) Du würdest ihre Misshandlung nicht zulassen, aber persönlich möchtest Du nichts mit ihnen zu tun haben. Du würdest sie nach Afrika schicken, außer Reichweite des Blicks und des Geruchs, und dann einen oder auch zwei Missionare hinterherschicken, um das Geschäft der Selbstverleugnung und raschen Erziehung zu erledigen."

Harriet Beecher Stowe führt mit Topsy eine Figur ein, die zugleich die Berührungsängste der Neuengländerin Ophelia hervorbringt und es der Verfasserin erlaubt, komische und von Rassismus keineswegs immer freie Elemente aus der Tradition der *minstrel shows* in die Erzählung zu integrieren, mit denen Weiße sich in diesen Jahren über die vermeintlichen Stereotypen der Schwarzen lustig machten. Topsy, deren Standardsatz – „weil ich so boshaft bin" – eine endlose Reihe von Streichen verbindet, ist Ophelias Erziehungsversuchen gegenüber immun, bis die kleine Eva ihr versichert, sie werde von ihr und von Jesus geliebt: „Denke nur, Topsy! – Du könntest tatsächlich eine dieser leuchtenden Seelen werden, über die Onkel Tom ständig singt!" Der unerschütterliche christliche Glaube und das Bemühen, Augustine St. Clare zu bekehren, sind denn auch die beiden Elemente, welche die beiden uneingeschränkt guten Menschen des Romans, den Engel Eva und Tom, am stärksten verbinden. Eva indes ist bald unheilbar krank und will sterben, da sie sich auf ihren Erlöser freut. Zuvor aber hat sie ihrem Vater, der bald das viele Gute, das seine Tochter in ihrer kurzen Lebensspanne getan habe, seiner eigenen Lebensleistung entgegenhält, das Versprechen abgenommen, Tom nach ihrem Tod in die Freiheit zu entlassen. St. Clare, den Toms tiefe Gläubigkeit fasziniert und der immer häufiger mit ihm Gespräche darüber führt, leitet auch tatsächlich die notwendigen juristischen Formalitäten ein. Vor deren Abschluss stirbt er jedoch an den Verletzungen, die er bei dem Versuch, eine Kneipenschlägerei zu schlichten, davon getragen hat. So bleibt Tom nur die Genugtuung, dass St. Clare, der ihn gebeten hat, an seinem Sterbebett zu beten, mit seinen letzten Worten, die Einschätzung des Arztes – „Sein Geist irrt jetzt umher" – richtigstellt: „Nein! Er findet schließlich doch noch HEIM!"

Für Tom aber beginnt nun ein Leidensweg, denn Marie St. Clare denkt nicht daran, das Versprechen ihres Mannes einzulösen. Vielmehr wird er mit allen anderen Sklaven des Hauses versteigert und befindet sich bald in der Gewalt des brutalen Sadisten Simon Legree, der ihn mit anderen neu erworbenen Sklaven, darunter die schöne Emmeline, in Ketten auf seine Baumwollplantage schafft. „Ich schere mich nicht um das Befinden von Niggern", erklärt er unterwegs einem Mitreisenden. „Verschleiße sie, und kauf dann noch ein paar; – macht weniger Ärger, und ich bin mir sicher, dass das letztlich auch billiger kommt". Dementsprechend ist seine Farm ein Ort ständiger Gewaltandrohung und Gewaltausübung durch Legree und seine beiden Antreiber Sambo und Quimbo. Bald richtet sich diese Gewalt vor allem gegen Tom, den Legree eigentlich als Aufseher hatte einsetzen wollen, der aber andern bei der Baumwollernte hilft und sich weigert, eine Leidensgenossin auszupeitschen. Dafür wird er nun selbst brutal misshandelt, doch besänftigt das nur kurzfristig Legrees Wut, der den unerschütterlichen Glauben und Willen Toms unbedingt brechen will. Zunächst aber pflegt Cassy, gleichsam Emmelines Vorgängerin als Legrees Mätresse, den Verletzten und erzählt ihm ihre Lebensgeschichte. Sie hat zwar ihre Kinder, ihren Glauben und, wie es scheint, beinahe ihren Verstand, nicht aber ihren Stolz verloren. Doch sie allein vermag es wenigstens gelegentlich, den abergläubischen Legree zu ängstigen. Einmal reicht ihr Einfluss auf den tyrannischen Pflanzer auch aus, um Tom vor schlimmeren Misshandlungen zu bewahren, aber es ist klar, dass die Zuspitzung des Konfliktes damit nur vertagt ist."Der Herr sandte seinen Engel und schloss – für diesmal – das Maul des Löwen", sagt Tom. Die Lage spitzt sich umso mehr zu, als Tom aufgrund seiner Hilfsbereitschaft, seines Mitgefühls und seiner tiefen Gläubigkeit zur Vertrauensperson aller Gequälten und Misshandelten geworden ist, die ihn inzwischen *Father Tom* nennen. Cassy rät er zur gemeinsamen Flucht mit Emmeline, die dank eines raffinierten Plans auch gelingt. Der daraus resultierende Zorn Legrees richtet sich vor allem gegen Tom, der sich trotz Legrees Drohung, ihn umzubringen, weigert, etwas über die Flucht der beiden Frauen zu sagen. Unterstützt von Sambo und Quimbo erschlägt er ihn, doch kommt Tom noch mehrmals zu Bewusstsein und sagt zu Legree: „Du arme und nichtswürdige Kreatur! (…) Nun gibt's für Dich nichts mehr zu tun! Ich vergebe Dir, von ganzem Herzen!" Das beeindruckt Sambo und Quimbo, denen er ebenfalls vergibt, so sehr, dass sie ihn nach Jesus fragen und sein letzter Wunsch, diese beiden Seelen zu bekehren, sich erfüllt.

Als Tom ein allerletztes Mal die Augen aufschlägt, ist der junge Shelby, der ihn freikaufen will, auf der Farm eingetroffen. Tom erkennt ihn noch und wehrt sich dagegen, als „poor fellow" bezeichnet zu werden. „Ich *war* ein armer Gesell; aber das ist nun alles vergeben und vergessen. Nun stehe ich vor dem Tor zur Herrlichkeit!" Auch wenn dem jungen Shelby nur noch bleibt, Tom zu beerdigen, handelt es sich bei dem Ende dieses Handlungsstranges aus der Sicht Toms und seiner Schöpferin Beecher Stowe doch unzweifelhaft um ein *happy end*. Tom selbst spricht wiederholt von seinem Sieg. Und damit sollte auch klar sein, dass der eingangs angesprochene Streit um die Figur des *Uncle Tom* letztlich müßig ist. Als Vorbild für diesseitig orientierte Emanzipationsbewegungen eignet er sich schlecht, und die durch spätere Popularisierungen noch verstärkte, latente Verweiblichung der Person hat dazu sicherlich beigetragen. Gleichwohl kann es keinen Zweifel geben, dass es innerhalb des religiösen Koordinatensystems von Harriett Beecher Stowe, auf das zurückzukommen sein wird, keinen triumphaleren Lebensweg geben kann als die Passionsgeschichte von *Uncle Tom*.

Aber die Autorin bietet auch ihren weniger religiösen Lesern ein *happy end* an. Denn auf der Rückfahrt nach Kentucky trifft der junge Shelby Cassy, die nur zu einem Viertel afroamerikanische Vorfahren hat und sich „nach Art der kreolischen spanischen Damen" kleidet. An Bord unterhalten sie sich mit einer Madame de Thoux, die Shelby nach dessen Heimat ausfragt. Rasch stellt sich heraus, dass der nach Kanada geflohene George ihr Bruder ist. Und als die Rede auf seine Frau Eliza kommt, fragt Cassy nach dem Namen der Familie, von dem Vater Shelby Eliza seinerzeit gekauft habe. Die Antwort lässt sie in eine Ohnmacht fallen. Doch bald erholt sie sich und fährt mit Madame de Thoux nach Kanada, wo diese ihren Bruder und Cassy ihre Tochter Eliza sowie die Enkelin gleichen Namens in die Arme schließt.

Ganz so unpolitisch lässt Harriett Beecher Stowe ihren Roman dann aber doch nicht enden. Vielmehr kehrt der junge Shelby nach Kentucky zurück und schenkt seinen Sklaven die Freiheit. Diese wollen die Farm aber gar nicht verlassen, so dass sich die abschließende Mahnung des jungen Shelby an seine nun freien Arbeitskräfte richtet: „Denkt an eure Freiheit, wann immer ihr ONKEL TOMS HÜTTE seht; und lasst es ein Denkmal sein, das euch alle daran gemahnt, ihm nachzufolgen und so ehrlich und vertrauensvoll und christlich wie er zu sein." Kontroverser fällt das Ende des anderen Handlungsstranges aus: Madame de Thoux hat von ihrem Mann, dem sie auch ihre Freiheit verdankt, ein beträchtliches Vermögen geerbt, das nun ihrem Bruder ein Universitätsstudium in Frankreich ermöglicht, von wo er wegen politischer Unruhen zwar noch einmal nach Nordamerika zurückkehrt, sich dann aber bewusst für ein Leben in Afrika, konkret in Liberia entscheidet. Das kommt nach St. Clares kritischen Worten an Ophelia überraschend und provozierte 1853 dann auch den Protest afroamerikanischer Delegierter auf der Jahresversammlung der *American and Foreign Anti-Slavery Society*. Beecher Stowe distanzierte sich zwar von allen afrikanischen Siedlungsprojekten, doch zeugen auch die Schlussbemerkungen zu ihrem Roman von einer gewissen Ambivalenz.

II.

Fragt man nach der Wirkung des Romans scheinen drei Aspekte besonders interessant: die unmittelbare zeitgenössische Resonanz, die unmittelbaren politischen Wirkungen und schließlich die weitere Rezeption bis ins 20. Jahrhundert hinein.

II.1.

Die unmittelbare Resonanz auf *Uncle Tom's Cabin* war schlichtweg überwältigend, gleichgültig ob man nach prominenten Kommentatoren oder nach quantitativen Indikatoren fragt. George Sand, Heinrich Heine, Charles Dickens, Ivan Turgenev, Victor Hugo und Leo Tolstoi waren nur die bekanntesten Autoren, die auf den Roman begeistert reagierten. Bei Victor Hugo klang die Lektüre vielleicht noch in dessen Arbeiter-Epos *Les Miserables* von 1862 nach, konnte er sich doch den wohl verkommensten Charakter seines umfangreichen Werkes, Thénardier, nach dessen Emigration in die USA nur als Sklavenhändler vorstellen. Der Enthusiasmus der Schriftstellerkollegen hing sicherlich auch mit der Brisanz des Themas zusammen, doch darf man vielleicht auch festhalten, dass Beecher Stowe über weite Strecken mit kaum weniger satirischem Talent als Dickens und fast ebenso spannend wie Hugo schrieb. Schon im ersten Jahr des Erscheinens ihres Hauptwerkes in Buchform verkauften sich in den USA 300.000 Exemplare, und für England und seine Kolonien wurde der Absatz bereits im April 1852 auf anderthalb Millionen geschätzt. Nach zehn Jahren waren allein in Nordamerika zwei Millionen Exemplare verkauft. Noch 1852 waren flämische, französische, deutsche, italienische und schwedische Übersetzungen erschienen. Eine Reise der Autorin nach England im Jahr 1853 glich einem Triumphzug. Innerhalb Nordamerikas fielen auch die zahlreichen Rezensionen meist sehr positiv aus. Selbst in den Südstaaten waren sie zunächst nicht durchweg feindselig. Vor allem aber begeisterte das Buch die meisten afroamerikanischen Kommentatoren, allen voran Frederick Douglass, der es „the *master book* of the nineteenth century" nannte.

Zum Zwecke des Gelderwerbs hatte die Autorin seit den späten 1830er Jahren geschrieben, und nach dem großen Erfolg des *Uncle Tom* waren ihre Honorare das wichtigste, seit den frühen 1860er Jahren zudem das einzige Familieneinkommen. Harriet Elizabeth Beecher war 1811 als Tochter des bekannten evangelikalen Predigers Lyman Beecher in Hartford, Connecticut geboren worden und hatte dort nach dem Besuch der *Litchfield Female Academy* das von ihrer Schwester Catherine geleitete *Female Seminary* besucht. 1832 zog sie nach Cincinnati, wo ihr Vater das *Lane Seminary* leitete, an dem Calvin Stowe, den sie 1836 heiratete, als Professor für biblische Literatur tätig war und wo auch ihr jüngerer Bruder, der später als Prediger gleichfalls bekannte Henry Ward Beecher, ausgebildet wurde. Sie wuchs also in einem von intensivster Religiosität geprägten Milieu auf und blieb diesem stets eng verbunden. Im Zuge des *Second Great Awakening*, also der religiösen Erweckungs-Bewegung der ersten Hälfte des 19. Jahrhunderts, waren die Aufgaben eines Geistlichen neu definiert und recht missionarisch ausgelegt worden. „Der Staat, die Nation, die ganze Welt verlangt nach euren Gebeten, euren Wohltaten und eurem Unternehmungsgeist", hatte ihr Vater Lyman schon 1814 gepredigt, und man wird seiner Tochter zugestehen müssen, dass sie diesen Geltungsbereich sehr erfolgreich ausfüllte. Wichtig war aber auch, dass im Gegensatz zu calvinistischen Glaubenslehren die Erlösung jedem offenstand, der sie ernsthaft suchte und seinen Sünden abschwor. Father Tom machte diese Überzeugung ja zur durchgängigen Grundlage seines Wirkens.

Dieses religiöse Milieu räumte Frauen – gemessen an den Standards der Zeit – recht weite Betätigungschancen ein, wie schon an den Berufskarrieren der beiden Beecher-Töchter ablesbar ist. Harriet Beecher Stowe, die zunächst an der neuen Schule ihrer Schwester in Cincinnati gearbeitet hatte, brachte parallel zu ihrer schriftstellerischen Tätigkeit von ihrer Verheiratung bis zum Erscheinen ihres größten Erfolges aber auch sieben Kinder zur Welt. Cincinnati war in den 1830er und 1840er Jahren von erheblichen Rassenspannungen geprägt, lag es doch nahe der Grenze zu den Südstaaten und damit im Blickpunkt südlicher Pflanzer und der nördlichen *underground railroad* gleichermaßen. Die Evangelikalen um Lyman Beecher standen eindeutig auf Seiten der letzteren, war für sie Sklaverei doch schlichtweg Sünde. Dementsprechend war das *Lane Seminary* in die bitteren Kontroversen und die gelegentlichen gewaltsamen Unruhen dieser Zeit unmittelbar einbezogen. Jenseits der biographischen Prägungen unserer Autorin bleibt festzuhalten, dass der Abolitionismus neben der Antialkoholbewegung ohnehin den bevorzugten Aktionsraum für erweckte Frauen der amerikanischen Mittelschicht darstellte. Es ist deshalb alles andere als zufällig, dass die 1848 in Seneca Falls konstituierte amerikanische Frauenbewegung enge Verbindungen zur abolitionistischen Bewegung aufwies, von der sie sich letztlich absetzte, weil Frauen auch dort die völlige Gleichberechtigung etwa als Redner verwehrt blieb. Für Harriet Beecher Stowe galt das nicht, konnte sie doch ob ihrer Prominenz auf Vortragstournee gegen die Sklaverei gehen und dort ihre nach Erscheinen von *Uncle Tom's Cabin* radikaler werdende Haltung zur Sklaverei vertreten. Ablesbar ist diese Radikalisierung an dem 1856 erschienenen Roman *Dred*, der die Möglichkeiten eines Sklavenaufstandes auslotete und so Ängste schürte, die zu dieser Zeit in den Südstaaten ohnehin virulent waren.

II.2.

Der Abolitionismus, dem unsere Autorin also unbedingt zuzurechnen ist, provoziert die Frage nach den unmittelbaren Wirkungen des „höchst einflussreichen politischen Romans", als den Josephine Donavan ihn 1991 bezeichnete. Sie ist oft mit einem Zitat Abraham Lincolns beantwortet worden, das wie viele gute Zitate nirgends wirklich nachgewiesen ist. Jedenfalls soll Präsident Lincoln die Autorin bei einem Treffen mit den Worten begrüßt haben: „So, sie sind also die kleine Dame, die diesen großen Krieg auslöste." Das darf man indessen ebenso wenig wörtlich nehmen wie andere Äußerungen Lincolns, die umgekehrt darauf hindeuten, die Abschaffung der Sklaverei sei für den Bürgerkrieg ohne Bedeutung gewesen: „Wenn ich die Union", so sagte er noch im September 1862, „ohne die Freilassung auch nur eines Sklaven retten könnte, würde ich es tun; und wenn ich dies mit der Freilassung sämtlicher Sklaven erreichte, würde ich es tun; und wenn es mir gelänge, indem ich einige befreie und einige nicht, würde ich es ebenfalls tun." – Um den Ort von *Uncle Tom's Cabin* im Vorfeld des Bürgerkriegs zu vermessen, empfiehlt es sich vielmehr, die wichtige Frage nach tieferliegenden strukturellen Ursachen des Gegensatzes zwischen dem industrialisierten Norden und der Pflanzer-Oligarchie des Südens beiseite zu lassen und stattdessen zwei eng miteinander verbundene Prozesse zu betrachten, die die Eskalation des Konflikts bis zur Sezession der Südstaaten am ehesten verstehen lassen. Dies sind zum einen konkrete politische Auseinandersetzungen mit ihren Auswirkungen auf das Parteiensystem der Union und zum andern die zunehmende symbolische Aufladung der Sklaverei-Frage zur allentscheidenden Existenzfrage, in der keine Kompromisse möglich waren. Denn der religiös aufgeladene Abolitionismus, den wir bereits kennengelernt haben, war bis in die Anfänge des Bürgerkriegs hinein auch im Norden keineswegs mehrheitsfähig.

Wesentliche Ursachen hingen mit der territorialen Expansion der Union zusammen, die mit jedem Schritt erneut die Frage aufwarf, ob in den neu aufgenommenen Staaten die Sklavenhaltung erlaubt sein solle oder nicht. Der *Missouri Compromise* von 1821 hatte eine vorübergehende Lösung bedeutet, die angesichts der fortschreitenden Westbewegung aber nicht lange Bestand haben konnte. Denn zum einen war zu Beginn der 1820er Jahre nur ein kleiner Teil des 1803 von Frankreich erworbenen Gebietes bereits mit einbezogen, und zum andern kamen mit Texas und den mexikanischen Gebietsabtretungen im Jahr 1848 weitere Territorien hinzu. Immer war die Zulassung der Sklavenhaltung strittig. So hatten sich die konservativen Whigs und viele Demokraten der Nordstaaten schon während des Krieges gegen Mexiko (1846–1848) für das sogenannte *Wilmot Proviso* eingesetzt, das ein Verbot der Sklaverei in allen von Mexiko abzutretenden Gebieten vorsah, aber regelmäßig vom Senat blockiert wurde. 1850 aktualisierte Kaliforniens Antrag auf eine Aufnahme in die Union den Konflikt, für den aber noch einmal ein Kompromiss gefunden wurde: Einerseits wurde Kalifornien als *free state* aufgenommen und der Sklavenhandel – nicht die Sklavenhaltung – im *District of Columbia* verboten. Andererseits wurde die Organisation von Utah und New Mexico als Territorien ohne Beschränkungen der Sklaverei ebenso verabschiedet wie ein *Fugitive Slave Act.* Vor allem dieser Kompromiss sollte sich nicht nur für Harriet Beecher Stowe als permanente Provokation erweisen, zumal seine Regelungen die Ansprüche erhebenden Sklavenhalter einseitig bevorzugte und nicht wenige der während der 1850er Jahre zurückgebrachten Sklaven bereits viele Jahre in der Freiheit des Nordens gelebt hatten. Insbesondere in Boston, der Hochburg des Abolitionismus, kam es immer wieder zu Konflikten, in denen die den früheren Sklaven helfenden Abolitionisten – wie die Eliza, George und Harry rettenden Quäker – rasch ihre frühere Gewaltlosigkeit aufgaben. Diese Eskalation trug dazu bei, dass die im Mai 1854 von dem demokratischen Senator Stephen Douglas durchgesetzte Regelung, den *Missouri Compromise* dadurch zu unterlaufen, dass es in den neu einzurichtenden Territorien Kansas und Nebraska den Bewohner überlassen bleiben sollte, über die Sklaverei zu entscheiden, im Norden als Versuch gedeutet wurde, die Sklavenhaltung auf die gesamte Union auszudehnen. Harriet Beecher Stowe beteiligte sich auch hier, indem sie Unterschriften gegen das von Douglas vertretene Gesetz sammelte.

Die von *Uncle Tom's Cabin* massenwirksam beförderte Emotionalisierung der Sklaverei-Frage stand also im Zentrum der politischen Kontroversen der 1850er Jahre. Für die weitere Entwicklung war dabei wichtig, dass das Agieren von Politikern wie Stephen Douglas die Demokraten immer mehr zur Partei des Südens werden ließ, was sich bald in erheblichen Stimmenverlusten im Norden widerspiegelte. Gerade dort befand sich also die Parteienlandschaft im Umbruch und die Whigs verloren rasch ihr früheres Monopol als Gegenspieler der Demokraten. Zwischenzeitlich konnte die antikatholische und immigrationsfeindliche *American Party* Erfolge verzeichnen, doch blieben mittelfristig die sogenannten *Free-Soilers* wichtiger, deren Hauptforderungen – *freier Boden, freie Arbeit, freie Menschen* – Eingang in die Programmatik der neu gebildeten Republikanischen Partei fanden. Schon bei der Präsidentschaftswahl von

1856 fehlten dem Kandidaten der Republikaner nur wenige
Stimmen, um die Wahl für sich entscheiden zu können.

Derweil tobte in Kansas die Auseinandersetzung um die
Sklavenfrage. Dabei errichteten von Missouri aus eingedrungene
Befürworter der Sklaverei mit Wahlbetrügereien und mit Gewalt
ein Regime, das am Ende nicht einmal ein Nordstaatendemokrat
wie Douglass akzeptieren wollte, der wusste, dass dies den endgültigen Niedergang der Demokraten im Norden bedeutete. Das
Parteiensystem spiegelte so schon vor Ausbruch des Bürgerkriegs die tiefe Kluft zwischen dem Süden und dem Norden, zu
der Gewaltaktionen auf beiden Seiten zusätzlich beitrugen. Dass
im Süden der Abgeordnete Preston Brooks, der nach einer Rede
den republikanischen Senator Charles Sumner mit einem Stock
verprügelte und schwer verletzte, ebenso verehrt wurde wie in
den Nordstaaten John Brown, der mit seiner Bande gegen Sklavenhalter in Kansas gekämpft hatte und im Herbst 1859 zur Be-
waffnung aufständischer Sklaven, die er gar nicht fand, ein
staatliches Waffendepot in Virginia überfiel, spricht Bände über
den Zusammenbruch politischer Kultur.

Die Präsidentschaftswahlen von 1860 fanden also in einem
äußerst erhitzten Klima statt. Als Kandidat der Republikanischen
Partei hatte sich Abraham Lincoln durchgesetzt, gerade weil er
als Gemäßigter galt. Angesichts einer schwachen und gespaltenen
Konkurrenz gewann er fast alle Wahlmännerstimmen des be-
völkerungsreichen Nordens und verfügte im neu gewählten Repräsentantenhaus über eine komfortable Dreiviertelmehrheit.
Dass viele Südstaaten – allen voran South Carolina – auf seine
Wahl wie angedroht mit der Sezession reagieren würden, hatte er
nicht geglaubt. Nicht nur deshalb ist sein Anteil am Zustandekommen des Bürgerkriegs ungleich größer als der der „kleinen
Dame", deren Erfolgsbuch so viele Zeitgenossen bewegt hatte.

II.3.

Uncle Tom's Cabin wurde nach dem Ende des Bürgerkriegs zu
einem dauerhaften Erfolg, auch wenn die jährlich verkauften
2.500 Exemplare weit hinter den Anfangsauflagen zurückblieben.

Seine Autorin war bei ihrem Tod im Jahr 1896 alles andere als vergessen, auch wenn ihre späteren Bücher nicht an ihren Welterfolg hatten anknüpfen können. Vor allem aber waren es nun die zahllosen *Uncle Tom Companies*, die in ebenso vielen dramatischen Varianten und in politisch unvorhersehbarer Weise Motive des Romans aufnahmen und keineswegs nur in Nordamerika popularisierten. Als Schauspiel wurde *Uncle Tom's Cabin* neunzig Jahre lang kontinuierlich gespielt, wobei keine allzu große inhaltliche Nähe zu dem eingangs referierten Roman vorausgesetzt werden darf. Auch die ab 1903 zahlreichen Filmversionen waren weniger an der Verfilmung des Stoffes insgesamt als an der Bekanntheit einzelner Charaktere interessiert. Wie populär sie waren, kann man vielleicht daran ablesen, dass der aus dem schwäbischen Laupheim nach Hollywood emigrierte Carl Laemmle zwei Millionen Dollar in einschlägige Produktionen investierte. 1936 spielte Shirley Temple die kleine Eva und zwei Jahre später Judy Garland die Topsy. In den 1930er Jahren war Uncle Tom also durchaus noch präsent, und George Orwell konnte 1933 in *Down and Out in Paris and London* eine Köchin ihre Belesenheit durchaus glaubhaft gerade mit dem Hinweis auf diesen Roman belegen lassen. Dann aber geriet einerseits die Figur des Tom immer stärker in die Kritik, während andererseits neue Verklärungen der amerikanischen Südstaaten vor dem Bürgerkrieg wie in Margaret Mitchells „Vom Winde verweht" erneut Anklang fanden.

Weiterführende Literatur

Josephine Donavan: Uncle Tom's Cabin. Evil, Affliction, and Redemptive Love, Boston, MA 1991.

Leslie A. Fiedler: The Inadvertent Epic. From 'Uncle Tom's Cabin' to'Roots', New York, NY 1980.

James McPherson: Battle Cry of Freedom. The Civil War Era, New York, NY 2003.

Sarah Meer: Uncle Tom Mania. Slavery, Minstrelsy and Transatlantic Culture in the 1850s, Atlanta, GA 2005.

Claire Parfait: The Publishing History of *Uncle Tom's Cabin*, 1852–2002, Aldershot 2007.

David B. Sachsman/S. Kitrell Rushing/Roy Morris Jr. (Hg.): Memory and Myth. The Civil War in Fiction and Film from Uncle Tom's Cabin to Cold Mountain, West Lafayette, IN 2007.

Erwin Leibfried

Anstoß zur „ethischen Politik"

„Max Havelaar" von Multatuli (1860)

> Nous n'avons jamais été chez ces peuples
> que pour nous y enrichir et pour les calomnier.
> [Wir sind immer nur bei diesen Völkern gewesen,
> um uns an ihnen zu bereichern und um sie zu verleumden.]
> *Voltaire*

Vor 150 Jahren, im Jahr 1860, veröffentlichte der Niederländer Eduard Douwes Dekker (1820–1887) den Roman *Max Havelaar of de koffieveilingen der Nederlandse Handelmaatschappy*, zu Deutsch: *Max Havelaar oder die Kaffeeversteigerungen der Niederländischen Handelsgesellschaft*. Er gilt als „eines der wichtigsten Bücher der niederländischen Literatur" (Geert Mak). Geradezu explosionsartig war der Roman nach einer langen Inkubationszeit aus dem Autor hervorgebrochen; innerhalb von sechs Wochen stand das ganze Manuskript, das kaum Verbesserungen aufweist, in kleiner, sehr ruhiger und kompakter Schrift.

Es ging „een rilling door het land", ein schauderndes Erzittern durch das Land am Meer. Der Roman „fuhr wie ein Blitz hernieder", schreibt Dekkers Freund Carel Vosmaer, er „schlug ein, setzte in Flammen". „De Max Havelaar deed Nederland schudden", was sowohl „schütteln" als auch „erschüttern" bedeuten kann. Man darf ergänzen: Dies traf nur auf einen Teil der niederländischen Bevölkerung zu, vornehmlich auf Intellektuelle, Feministinnen, Freidenker oder Sozialisten. Bei dem anderen Teil galt der Autor als „nestbevuiler", also als Nestbeschmutzer und als Querulant. Eine zweite Auflage wurde von konservativen Kreisen zunächst verhindert. „Die Niederlande", so Geert Mak, „schauten tapfer weg, wenn es um die Verhältnisse in Ostindien ging, berechneten ihre Profite und verschwendeten weiter keine Gedanken an das Los der Javaner", man übersah beflissen, „dass die Bevölkerung auf unglaubliche Weise ausgebeutet, beraubt,

erpresst und misshandelt wurde". Im Roman schreibt Dekker:
„Es liegt ein Raubstaat an der See, zwischen Ostfriesland und der
Schelde!" Die offiziellen Niederlande haben erst 1987 zum 100.
Todestag von ihrem bedeutendsten Autor Kenntnis genommen.
Die Königin enthüllte ein Denkmal für den Dichter auf der *To-
rensluis* mitten in Amsterdam, und der Kronprinz präsentierte
die gerade fertiggestellte 25-bändige Gesamtausgabe der Werke
und Briefe.

Dekker hatte fast zwanzig Jahre als Kolonialbeamter in Niederländisch-Indien, heute Indonesien, gelebt und Karriere gemacht, von unten an bis zum obersten Verwaltungchef eines
Distrikts. So kannte er die dortigen Zustände aus eigenen Erfahrungen. Gegen die Missstände hatte er mehrfach auf dem
Dienstweg protestiert, war aber bis hin zum Generalgouverneur
ohne Resonanz und Wirkung geblieben.

Also griff er zur Literatur als Mittel des politischen Kampfes,
sein Roman ist littérature engagée. „Ja, ich, Multatuli, ,der ich viel
getragen habe' [so übersetzt er sein Pseudonym, das auf seine
Leidenszeit als entlassener, mittelloser Beamter hinweist], ich
nehme jetzt die Feder in die Hand! Ich verlange keine Nachsicht
für die Form meines Buches … diese Form schien mir geeignet,
mein Ziel zu erreichen. Ich will gelesen werden!" „Ja, ich will
gelesen werden! Ich will gelesen werden von Politikern, deren
Pflicht es ist, auf die Zeichen der Zeit zu achten, – von Literaten,
die doch wohl auch einmal das Buch zur Hand nehmen müssen,
von dem man so viel Schlechtes spricht, – von Händlern, die
Interesse haben an den Kaffeeversteigerungen, – von Kammer-
jungfern, die mich für wenige Cent aus der Leihbibliothek entnehmen, – von General-Gouverneuren im Ruhestande und von
Ministern im Amte, – von den Lakaien dieser Exzellenzen, – von
Bittpredigern, die ,nach altem Brauche' sagen werden, daß ich
den allmächtigen Gott angreife, wo ich doch nur gegen den Gott
aufstehe, den sie sich machten nach ihrem Vorbild, – durch die
Mitglieder der Volksvertretung, die wissen müssen, was da vor-
geht in dem großen Reiche über See, das gehört zu dem Reiche
Niederland …". Später heißt es: „Ja, ich werde gelesen werden!
Wenn das Ziel erreicht ist, werde ich zufrieden sein. Denn es war

mir nicht darum zu tun, gut zu schreiben – ich wollte schreiben, so daß es gehört wird."

In Deutschland blieb der Roman übrigens vierzig Jahre hindurch, bis zur Übersetzung durch den Sozialdemokraten Wilhelm Spohr, unbeachtet; erst als das Deutsche Reich selbst Kolonien und deren Probleme hatte, um 1900, konnte der Roman mit Erfolg erscheinen. Zusammen mit anderen Werken Multatulis, die in insgesamt zehn Bänden vorgelegt wurden, gehörte er zu den Lieblingstexten Sigmund Freuds und wurde auch von Thomas Mann im Kreise der Familie gelesen.

Der Roman

„Max Havelaar", der zu den explizitesten Schlüsselromanen der Weltliteratur zählt – die Figuren des Romans sind mit Personen der wirklichen Welt identifizierbar –, ist als literarisches Kunstwerk hochkomplex, in einer „revolutionären Sprache" (Geert Mak), schnörkellos und realistisch-naturalistisch geschrieben: ein Doppelroman, wie der Titel schon andeutet. Der idealistische Humanist Max Havelaar, wie sein Autor eine Zeitlang als Kolonialbeamter auf Java tätig, hat seine Gegenfigur in Batavus Droogstoppel – ein sprechender Name: trockene Stoppel –, einem Amsterdamer Kaffeehändler, der ausschließlich und eindimensional an seinen Profiten interessiert ist. Multatuli hatte in einem Aphorismus dieses eindimensionale Denksystem angeklagt: „Mein Unglück ist, in Holland geboren zu sein, einem Land, wo nur eine Macht herrscht, ein Glaube, ein Gott: das Geld!" Zu den rhetorischen Mitteln der Erzählung gehört auch die Ironie. Diese ironische Dimension des Textes zeigt sich auch in Kleinigkeiten; so heißt ein Prediger im Roman Wavelaar, was an wavelen: babbeln, schwätzen, erinnert. Der Prediger ist ein Schwätzer, aber dem Helden Havelaar geht es nicht viel anders: auch er hat als Mittel seines Kampfes lediglich das Wort.

Einige Kapitel des Romans spielen in Amsterdam, sie zeigen das borniete Räsonnement eines Kaffeemaklers. Andere spielen auf Java, auch mit idealistischen Partien, etwa in der Ansprache Max Havelaars an die einheimischen Fürsten bei seinem

Dienstantritt. Deutlich wird hier die Differenz zwischen den offiziellen hehren Worten und der kolonialen Wirklichkeit. Havelaar will hier Änderung. Die beiden narrativen Räume, das kolonisierte Südostasien und das imperiale Westeuropa, sind ineinander geschachtelt, was den Lesefluss nicht eben erleichtert. Die Amsterdamer Kapitel stehen für das System der kolonialen Wirtschaft, die Java-Kapitel für die Kritik daran vom Standpunkt der Humanität und der Menschenrechte aus und mit den Mitteln der Poesie. Multatuli kann hier ganz in der Tradition europäischer Poetik gesehen werden. Deutschlands Großklassiker Friedrich Schiller hatte 1782 in seiner programmatischen Mannheimer Rede über die Funktion des Theaters gefordert, dass die Bühne das Geschäft der großen Ideen – Freiheit, Gerechtigkeit, Menschlichkeit – dort übernehmen müsse, wo die weltlichen Gesetze versagen und der Staat nicht eingreift. Die Sklaverei wurde auf Java erst 1863 abgeschafft.

Eine eingeschobene, stilistisch ganz romantische Novelle von einem Liebespaar namens Saidjah und Adinda zeigt die brutale Kriegsführung der Niederlande besonders drastisch. Die Liebenden kommen nicht nur nicht zusammen, sie werden im Nahkampf eines Befreiungskrieges mit Bajonetten massakriert. Multatuli benutzt auch sonst Stilmittel, die in der romantischen Erzählkunst gebraucht wurden. So fügt er Gedichte ein, die besonders im Gegenspiel zur gefühlskalten Mentalität des „Pfeffersacks" Droogstoppel wirken.

Man muss wissen, dass die Holländer auf Java ein System der Zwangsproduktion eingeführt hatten, das man beschönigend *cultuurstelsel* (Anbau/Kultursystem) nannte. Angebaut wurden weltmarktgefragte Produkte: Kaffee, Tee, Zucker, Tabak oder Pfeffer. Man ließ die einheimische und vorgefundene politische Struktur bestehen, die Familie des Radhen Adipatti Karta Natta Negara (etwa: Sultan, Großherzog), der im Roman eine unrühmliche Rolle spielt, hat noch in unserer Zeit die Aufführung einer sehr realistischen Verfilmung des Romans in Indonesien verhindert. Neben den indigenen Adligen fungierten die Holländer während der Kolonialzeit gleichsam als „der ältere Bruder", beratend, Gewinne abschöpfend. Die Erträge aus Ostindien machten 1832 ein Fünftel des niederländischen Etats aus, teil-

weise waren die Einnahmen aus den Kolonien höher als die
Steuern aus dem Mutterland. Allerdings wurde auch, um die
Ausplünderung zu maximieren, in Indonesien investiert: man
baute Straßen, Kanäle, Bahnhöfe und betrieb eine bescheidene
Industrialisierung.

Dennoch waren immer wieder Aufstände niederzuschlagen,
die oft nicht ins Heimatland gemeldet wurden. Man wollte dort
den Eindruck eines ruhigen Zustandes in der Kolonie, die als Teil
der Niederlande galt, nicht stören. Islamische Aufständische der
Insel Java etwa führten 1825 einen „Heiligen Krieg" gegen die
ungläubigen Holländer. „Der Aufstand wurde in Blut erstickt,
200.000 Javaner wurden abgeschlachtet, zehn Prozent der Bevölkerung." Geert Mak weist darauf hin, dass dies bis heute ein
„sorgfältig verdrängtes Kapitel der niederländischen Geschichte"
sei.

Die Wirkung

Die Frage nach der wirklichen Wirkung des Romans bleibt zu
beantworten. Sie ist, wie gar nicht anders zu erwarten, schwierig.
Beurteilungen historischer Ereignisse werden allzu leicht „von
der Parteien Hass und Gunst verzerrt". Das Standardbeispiel
dürfte die Einschätzung des Gallischen Krieges sein. Führte
Cäsar einen präventiven Verteidigungs- oder einen aggressiven
Angriffskrieg gegen die späteren Franzosen? Als sicher kann für
„Max Havelaar" konstatiert werden: Es gab einen Schock, der alle
traf; die Antwort aber fiel geteilt aus, ein Abtauchen und das
Abwiegeln überwogen. Allerdings gab es subkutan, *in the long
run*, eine Änderung: die Holländer bezeichnen sie als die „ethische Politik", eine etwas humanere Neuausrichtung der niederländischen Kolonialpolitik.

Dekker selbst war ganz resigniert-pessimistisch. Er erlebte
seine Zeit immer mehr mit Johann Gottlieb Fichte als „Zeitalter
der vollendeten Sündhaftigkeit". Auf seinen Vortragsreisen von
Deutschland aus in Holland in den späten 1870er und 1880er
Jahren tritt das koloniale Thema zurück; spricht er es an, erfährt
er viel Widerspruch. Er beklagt den „jämmerlichen Kleinmut der

Nation, die das alles weiterhin duldet". Die schweigende Mehrheit der Bevölkerung bleibt Zuschauer. In „Niederländisch-Indien hat sich nichts gebessert", meint er. „Die Bewegung, die durch dies Buch ausgelöst wurde", führte zu „Geschäftigkeit, Veränderungen, Gesetzen, die aber nichts bewirkten". Sein Resümee: „Die Niederlande haben sich nicht dazu entschlossen, in der Sache Havelaar Recht walten zu lassen." Dekker traf auf Unverständnis bei den Führenden, weil er deren Mentalität nicht erreichen konnte: die Eingeborenen galten als rückständig, man brachte ihnen eine fortschrittliche Kultur, sie schienen Lenkung, Leitung und Führung zu brauchen. Es galt das bekannte logo- und eurozentrierte kolonialistische Syndrom.

Nach zwanzig Jahren, 1881, erscheint eine Neuauflage des Romans. Das Buch wird als schöne Literatur kanonisiert und so entschärft. „Der ‚Max Havelaar' ist unterhaltsam" – Dekker spricht dagegen von „einem schmerzlichen Schreiben". Seine Eingaben bleiben weiterhin unbeantwortet, er sieht nur „Verrottung in unserem Staatswesen". „Dem einzig wahren Ziel jedoch" weiß er sich nicht nähergekommen: „dem Schutz der Javanen vor der Habgier seiner Häupter [Fürsten] in Mittäterschaft einer verdorbenen niederländischen Führung. […] Die Niederlande taten ihre Pflicht nicht", er selbst habe „unter Aufopferung jeglichen Wohlstands" den Kampf geführt – und erinnert dabei an den Verlust seiner Pension.

Zugleich relativiert er diese Sicht durch eine positivere Einschätzung: „Meine Schriften hatten [aber] eine heilsame Wirkung auf sittlichem und religiösem, auf intellektuellem Gebiet". Er denkt dabei etwa an Sicco Roorda van Eysinga (1825 – 1887), der in der Rolle eines Freiheitskämpfers unter Pseudonym 1860 ein sehr pathetisches Gedicht „Der letzte Tag der Holländer auf Java" geschrieben hatte, das Dekker in die Anmerkungen zu seinem Roman aufnahm:

Werdet Ihr noch länger uns zertreten
Euer Herz durch Geld verhärten
Und, taub für die Forderungen von Recht und Vernunft
Die Sanftmut quälen durch Gewalt?

In der letzten Strophe prophezeit er:

> Und wenn die Sonne im Osten aufgeht
> Kniet jeder Javane vor Mohammed
> Weil er das sanfteste Volk der Erde
> Vor Christenhunden gerettet hat.

Auch Roorda van Eysinga, der Dekker in dessen späterem Wohnort Wiesbaden besuchte und einen ausführlichen Briefwechsel mit ihm führte, bezahlte seine kolonialkritischen Aktivitäten mit seiner Entlassung und dem Verlust seiner Pension. Er hatte unter anderem die Aufsicht bei einem Kanalbau, wo er Zeuge der elenden Lebensbedingungen der Javanen wurde; Arbeiter mussten oft 18 Stunden arbeiten, die Bevölkerung litt unter Hunger, den sie durch ‚gadeng' stillte, eine Rübensorte. Roorda van Eysinga schrieb Artikel für das *Bataviaasch Handelsblad*, mit denen er die allgemeine Aufmerksamkeit auf die schlimmen Zustände lenkte.

Um 1900 zeigt die „ethische Politik" Folgen. Es gibt soziale Maßnahmen, 20.000 einfache Dorfschulen werden gebaut, es gibt 5.000 europäische Lehrer, natürlich bleibt das ein Tropfen auf den heißen Stein. Später werden weitere Reformen durchgeführt, so 1922 eine der Verwaltung, die drei autonome Provinzen mit voller Selbstverwaltung herstellt. Dem General-Gouverneur steht seit 1918 ‚de volksraad' zur Seite: 30 Indonesier, 26 Europäer, fünf Fremde (vier Chinesen, ein Araber). Holländer und Eingeborene sind jetzt gleichberechtigt, die Niederlande waren die einzige europäische Nation, die eine solche Vertretung hatte. Freilich waren die Kompetenzen des Volksrats begrenzt und eher kosmetisch, er hatte zunächst nur beratende Funktion, später verfügte er über ein gesetzgebendes Budgetrecht. Weiterhin jedenfalls gibt es „eine kräftige Handhabung der niederländischen Suprematie". Die sich zum Beispiel in der „Bestrafung unbotmäßiger Fürsten" zeigt.

Ansonsten gab es in den Niederlanden neben Multatuli durchaus weitere kolonialkritische Publikationen. Man darf denken an Wolbert Robert Baron van Hoëvell (1812 – 1879); er ging 1836 nach Batavia, wo er elf Jahre als Geistlicher wirkte und nebenbei die Erforschung Niederländisch-Indiens zu seiner Aufgabe machte. Seine Schriften, die sich mit der Emanzipation der Sklaven im niederländischen Indien (*De emancipatie der slaven in Nederlanadsch-Indie*, 1848, und *Slaven en vrijen onder de Nederlandsche wet*, 1854) beschäftigten, machten Aufsehen und trugen viel zur Abschaffung der Sklaverei in den westindischen Kolonien bei. 1848 kehrte Hoëvell nach Holland zurück, wo er an die Spitze der liberalen kolonialkritischen Bewegung trat. Er wurde in die Kammer gewählt, der er 14 Jahre als einer der glänzendsten Redner angehörte. Seine Reden, immer Verteidigungen der Sache Indonesiens, gab er selbst noch in vier Bänden (*Parlementaire redevoeringen*, 1862 – 1865) heraus.

Auch der deutsche Globetrotter und Erfolgsschriftsteller Friedrich Gerstäcker (1816 – 1872) kann hier erwähnt werden; er hat in seinem sehr farbenprächtigen, wirklichkeitsnahen Roman „Unter dem Aequator. Javanisches Sittenbild" von 1861 deutlich die Verhältnisse kritisiert. Von niederländischer Seite nennen kann man etwa auch Isaac Dignus Fransen van de Putte (1822 – 1902); er kannte durch mehrere Reisen nach Ostindien die kolonialen Zustände. Nach seiner Rückkehr wurde er zuerst Mitglied der Zweiten Kammer, dann Kolonialminister. Er war Vorkämpfer einer humaneren Kolonialpolitik; ihm ist es hauptsächlich zuzuschreiben, dass mit dem um 1830 eingeführten „Kultursystem" gebrochen wurde.

Freilich gab es auch weniger einsichtige, affirmative Veröffentlichungen; hierher gehört etwa der Schweizer Johannes Jacob Xaver Pfyffer zu Neueck (1798 – 1853) und dessen *Skizzen von der Insel Java und derselben verschiedenen Bewohnern* aus dem Jahr 1829. Gerade zwanzig Jahre alt war der Luzerner Pfyffer, als er sich 1818 in niederländische Dienste begab und im folgenden Jahr nach Niederländisch-Indien aufbrach. Im Westen der Insel Java wurde er für acht Jahre Kommandant eines kleinen Postens. „Nicht Liebe zur Freyheit, welches erhabene Gefühl die Gottheit nur edeln Seelen einprägte", schrieb er, wobei er die Javaner zu den „uncivilisirten Völkern" zählte, „Nein! nur Herrschsucht und blinde Religionswuth führen die Javanen zum Kampfe."

In Deutschland wenig bekannt sind die holländisch geschriebenen Reiseberichte von Jacob Haafner (1755 – 1809);

Abb. 2: „Dies ist kein Roman, sondern eine Anklage!" – Ausstellung „150 Jahre Max Havelaar" in Amsterdam mit dem Porträt Desmond Douwes Dekkers.

Multatuli hat ihn als literarischen Konkurrenten erlebt und sich negativ über seinen Stil geäußert – das Holländische war für den Deutschen Haafner eine Fremdsprache. Auf die Verhältnisse in Java ging Haafner in seinem Bericht *Lotgevallen en Vroegere Zeereizen* von 1820 kritisch ein. Das Werk ist jetzt, von Thomas

Kohl übersetzt und herausgegeben, unter dem Titel „Erlebnisse und frühere Seereisen" (Mainz 2006) auf Deutsch erschienen.

Dik van der Meulen, der die jüngste, umfangreiche Gesamtdarstellung von Leben und Werk Multatulis geschrieben hat, fasst die Wirkung des *Max Havelaar* so zusammen: „Eines ist sicher: der Pessimismus des alt gewordenen Multatuli, der meinte, dass er nichts erreicht habe, ist nicht richtig gewesen. Sein Einfluss auf die Arbeiterbewegung z. B. sei *tegen willen en dank*, gegen seinen Wunsch und Willen, ohne Dank, groß gewesen. [...] Im Laufe der Jahre sind zahllose Kolonialbeamte mit dem Havelaar in der Tasche nach Niederländisch-Indien gereist. Nach 1900 kam eine auffallende Veränderung in die niederländische koloniale Amtsführung. Das alte Streben nach einem *batig slot*, einem Handels-Überschuss, machte einem Klima der Fürsorglichkeit Platz, mit vielen Bemühungen um das materielle Wohlergehen der einheimischen Bevölkerung und mehr und besserem Schulunterricht in den Kolonien. Diese ethische Politik wäre auch ohne Multatuli wohl gekommen, aber sein Einfluss auf die wichtigsten Fürsprecher, Anwälte war unverkennbar. 1899 erschien ein Artikel in einer bedeutenden holländischen Zeitung unter dem Titel *Een Eereschuld.* Er kann als Trompetenstoß für die neue Politik gewertet werden. So ist Multatulis *Max Havelaar* ein Beitrag zur unvollendeten Freiheitsgeschichte, eine Fackel in der Finsternis. Literatur lebt, aber als schwache Kraft.

Coda

Im Rückblick darf man heute noch fragen: Wenn der Roman *Max Havelaar* wirklich gewirkt hätte, wäre dann der Befreiungskrieg der Indonesier nach 1945 möglich und nötig gewesen? Man darf daran erinnern: die Japaner eroberten 1941 – 1942 ganz Niederländisch-Indien, sie duldeten die indonesische Freiheitsbewegung unter Achmed Sukarno, die zunächst antikommunistisch eingestellt war. Sukarno erklärte 1945 das vormalige Niederländisch-Indien für unabhängig. Die Niederländer antworteten mit Krieg, den sie verschleiernd eine „Polizeiaktion" nannten. Es gab Massaker auf beiden Seiten, Dekkers Pflegesohn Wouter, Ironie der Geschichte, kam in den Kämpfen um. Holland musste, nach einer Ermahnung durch die Vereinten Nationen, 1949 Indonesien in die Unabhängigkeit entlassen.

Dan Diner hat diese – quasi ontologische – Figur beschrieben: die Holländer, selbst Opfer deutscher Gewalt, werden zu Tätern im Befreiungskampf der Indonesier. Das sind gegenläufige Ereignisse und so entstehen gegenläufige Gedächtnisse...

Weiterführende Literatur

Karel ter Laan's Multatuli Encyclopedie. Multatuli Genootschap onder redactie van Chantral Keijsper, Den Haag 1995.

Dik van der Meulen: Multatuli. Leven en werk van Eduard Douwes Dekker, Nijmegen 2002.

Geert Mak: Niederlande. Aus dem Niederländischen von Gregor Seferens und Andreas Ecke, München 2008.

Dan Diner: Gegenläufige Gedächtnisse. Über Geltung und Wirkung des Holocaust, Göttingen 2007.

Anne C. Nagel

Fanfare der Friedensbewegung

„Die Waffen nieder!" von Bertha von Suttner
(1889)

„Öfters bin ich gefragt worden: ‚Sagen Sie mir doch, wie und
wieso und warum sind Sie auf die Idee gekommen, ‚Die Waffen
nieder‘ zu schreiben und eine Friedensgesellschaft zu gründen?‘
Darauf mußte ich immer die Antwort schuldig bleiben. Höchs-
tens konnte ich erwidern: Nicht ich bin auf die Idee gekommen,
sondern die Idee ist über mich gekommen; – aber wie, warum?
Das weiß ich nimmer." Es ist schwer zu sagen, ob Bertha von
Suttner hier, in ihren 1909 veröffentlichten Memoiren, die
Wahrheit sagte oder kokettierte oder einfach nur die Erfolgsbe-
dingungen ihres einzigen Bestsellers verschweigen wollte. Im
Fortgang betonte sie, dass der Anstoß zu diesem Text auch nicht
etwa aus eigenen Erfahrungen rührte, sie habe „persönlich nie
etwas vom Kriege zu leiden", nie den Tod naher Verwandter und
auch keine kriegsbedingten Vermögensverluste zu beklagen gehabt. „Die Waffen nieder!" war ein Roman, Fiktion von Anfang
bis Ende, auch wenn das darin erzählte Schicksal der jungen
Martha von Tilling in manchem Detail dem der Suttner zu ähneln
scheint.

In den beiden großen Darstellungen zur Deutschen Geschichte
der letzten beiden Jahrhunderte ist nichts oder nur wenig über
von Suttners Erfolgsbuch und seine Wirkung zu erfahren. Thomas Nipperdey übergeht den Komplex „Friedensbewegung"
ganz. Und Hans-Ulrich Wehler erschöpft sich in dem Hinweis auf
den angeblich „geringen literarischen Wert" des Romans, der
aber immerhin als „internationaler Bestseller mit hohen Auflagen für *Aufsehen* gesorgt" habe. Kein Wort über die *Wirkung* des
Romans –, übrigens auch keines über die Verleihung des Frie-
densnobelpreises an Bertha von Suttner im Jahr 1905, während

die Vergabe des Preises an Ludwig Quidde 1927 als „zweitem Deutschen" Wehler schon eine Erwähnung Wert war. Die deutsche Friedensbewegung war und ist ein Stiefkind der Geschichtswissenschaft, was sicherlich damit zusammenhängt, dass sie als Zeitströmung im ausgehenden 19. und beginnenden 20. Jahrhundert tatsächlich von eher nachgeordneter Bedeutung war. Im deutschen Kaiserreich kam sie erst Mitte der 1890er Jahre in Fahrt, im Zuge vermehrter internationaler Spannungen und als Folge einer europaweit gesteigerten Rüstungspolitik. Zur Massenbewegung reichte es freilich immer noch nicht, weil sie als bürgerliche Reformbewegung auf eine allzu schmale Mitgliederbasis beschränkt blieb. Tiefsitzende Akzeptanzprobleme, aber auch die Uneinigkeit der Friedensakteure hinsichtlich der einzuschlagenden friedenspolitischen Wege begrenzten den Erfolg. Doch entstanden bis 1914 im Deutschen Reich immerhin rund 100 Friedensvereine mit etwa zehntausend Anhängern. Das war, auf die Mitgliederzahlen im ungleich populäreren Alldeutschen Verband geschaut – um 1914 kam er mit 100 Ortsvereinen auf etwa 18.000 Mitglieder –, keine ganz kleine Zahl. Daneben war das Friedensthema offensichtlich eines, das Frauen mobilisierte. Je nach Ortsgruppe betrug ihr Anteil zwischen einem Viertel und einem Drittel der Mitglieder. Friedensbewegung und Frauenbewegung waren keineswegs deckungsgleich, nicht jede Frauenrechtlerin bekannte sich zugleich zum Pazifismus, doch es bestand ein hoher Grad an Übereinstimmung in der Verfolgung vieler Ziele.

Bertha von Suttner wirkt als vielfach schillernde Figur in ihrer Zeit: Böhmische Aristokratin, Schriftstellerin, Darwinistin, Liberale, Pazifistin – das waren, abgesehen von der Geburt, durchaus ungewöhnliche Eigenschaften für eine Frau des 19. Jahrhunderts. Die Biographie der von Suttner erinnert in vielen Details an Stefan Zweigs „Welt von gestern", und sie erscheint mitunter auch als ein Lehrstück in couragiertem Auftreten.

Die Biographie

Bertha von Suttner wurde 1843 in Prag als Gräfin Kinsky von Chinic und Tettau, ein altes böhmisches Adelsgeschlecht, geboren. Ihr Vater starb noch vor ihrer Geburt, so dass die Komtess allein bei ihrer Mutter Sophie Gräfin Kinsky aufwuchs. Der klangvolle Titel und ein auskömmliches Erbe hätten die Grundlagen für ein sorgenfreies Leben legen können, wenn die Mutter nicht ihrer Leidenschaft fürs Glücksspiel nachgegeben hätte. Nach zwei Besuchen im Wiesbadener Kasino war das Vermögen verspielt, und ein Leben in sparsamer Zurückgezogenheit angesagt. Immerhin reichte das Geld für eine standesgemäße Ausbildung der Komtess; sie war später in drei Sprachen perfekt und dazu firm in maßgeblichen Kulturtugenden wie Klavierspiel, Gesang und Tanz. Nachdem sich die Verbindung mit der ersehnten „guten Partie" nicht eingestellt und auch für die angestrebte Karriere als Sängerin das Talent nicht gereicht hatte, trat Bertha als Gouvernante in den Dienst der Familie des Barons Carl von Suttner. Hier hätte sie eigentlich nur die vier Töchter zu unterweisen gehabt, begann aber ein Verhältnis mit dem sieben Jahre jüngeren Sohn Arthur. Nach drei Jahren wurde die heimliche Beziehung entdeckt, und die Gouvernante entlassen. Immerhin waren die Suttners so generös, ihr zu einer angemessenen Stellung in Paris zu verhelfen. So reiste Gräfin Kinsky als Sekretärin zum Erfinder des Dynamits Alfred Nobel.

Das nun folgende Pariser Intermezzo ist ein Schlüsselereignis im Leben der Suttner. Nobel, ein alleinstehender, vereinsamter und menschenscheuer Mann, verfügte über ein gewaltiges Vermögen, das er nach wenigen Stunden schon entschlossen war, mit der schönen Gräfin zu teilen. Diese fühlte sich aber an ihre Liebe in Österreich gebunden, und als Arthur ihr nach gerade einer Woche Trennung telegraphierte: „Kann ohne Dich nicht leben", kehrte sie Paris den Rücken. Es folgten eine überstürzte Heirat und die Flucht des komplett mittellosen Paares nach Mingrelien im Kaukasus. Zu Fürst Nikolaus von Mingrelien bestanden Beziehungen aus alten Wiesbadener Tagen, und das Paar hoffte auf eine Position beim Hof des Fürsten. Derlei Pläne zerschlugen sich ebenso schnell wie gründlich. Es folgten zehn anstrengende

Jahre, in denen sich die Suttners als Hauslehrer, Unternehmer, Landwirte, Kaufleute und schließlich auch als Journalisten, Übersetzer und Schriftsteller durchzuschlagen wussten. Den 1885 zwischen Russland und Österreich-Ungarn bevorstehenden Krieg nahmen sie zum Anlass, in den Schoß der inzwischen mit dem Paar wieder versöhnten Familie zurückzukehren.

Die im Kaukasus begonnene Schriftstellerexistenz wurde fortgesetzt, wenngleich dies von der Familie als nicht standesgemäß abgelehnt wurde. Da Geld jedoch knapp war und man zum Betrieb von Schloss Harmannsdorf jede Krone brauchte, ließ man sie gewähren. Arthur von Suttner versuchte sich weiterhin in Reportagen, während Bertha mit der Gestaltung von Volkskalendern und Volksbüchern sowie mit Fortsetzungsromanen zum Einkommen beitrug. Viel war das zunächst nicht, aber von Suttner steigerte ihre Produktivität. Neben ungezählten Zeitungsartikeln veröffentlichte sie ab 1882 jedes Jahr einen Roman oder eine größere Erzählung, bald auch zwei und drei. Es handelte sich bei diesen Publikationen um süffig verfasste Gesellschaftsstudien, für Frauen geschrieben und häufig mit Frauen im Zentrum. 1886 erschien die Erzählung „High Life", die sich im spöttisch-plaudernden Ton über das angenehm nutzlose Leben der *upper class* erging. Im Stil realistisch und damit nach ihrem Verständnis „modern" verfasst, zielte sie auf die Darstellung des Lebens, wie es ihren Erfahrungen entsprach. Tatsächlich gelangen von Suttner noch heute durchaus amüsant zu lesende Milieustudien zur österreichischen Aristokratie. Zur Adelskritik fühlte sie sich als einen von ihr besonders genau studierten Teil ihres Lebens geradezu herausgefordert und berechtigt.

Von Suttners Neigung für realistische Darstellungen korrespondierte dabei mit ihrem naturwissenschaftlichen Interesse. Schon im Kaukasus hatte sich das Paar mit der Lektüre naturkundlicher Darstellungen die Zeit an den langen Abenden vertrieben. Sie lasen gemeinsam Schriften des Evolutionsbiologen Ernst Haeckel, später auch Charles Darwin, dessen Lehre Bertha stark beeindruckte und ihr Weltbild prägte. Bald wandte sich die Schriftstellerin gesellschaftspolitischen Fragen zu. 1885 erschien der Roman „Das Maschinenzeitalter. Zukunftsvorlesungen über unsere Zeit", in dem sie aus einer fiktiven Rückschau heraus die

Gegenwart interpretierte. Anders als der Buchtitel vielleicht na-
helegen könnte, war von Suttner keineswegs maschinenkritisch
eingestellt; vielmehr verkörperte die Mechanisierung der Welt
für sie den Fortschritt der Zeit. Die politischen Strömungen, vor
allem den Nationalismus, beurteilte sie hingegen kritisch und trat
für Universalismus und Internationalität ein. Vorbildlich erschien ihr die Wissenschaft, die sich von „allen Nationalitäten-
fesseln" als erste gelöst habe, weil es „keine deutsche Physik im
Gegensatz zu einer englischen, keine slawische Anatomie im
Gegensatz zu einer lateinischen" gebe.

Im harten Geschäft der freien Schriftstellerei musste die Baronin lernen, ihre Interessen durchzusetzen. Denn Bucherfolge,
das erfuhr sie bald, hingen nicht zuletzt von energischer Wer-
bearbeit ab. So stiftete sie den Freund und liberalen Parlamentarier Bartolomeus Ritter von Carneri an, in einer Parlaments-
rede doch „Das Maschinenzeitalter" zu erwähnen: „Dann geht's
durch alle Blätter, durch alle Gast- und Kaffeehauskannegieße-
reien – der Name des Buches oder die zitierte Stelle wird zum
geflügelten Wort und die Popularität ist da." Carneri tat wie ihm
geheißen und teilte ihr am nächsten Tag amüsiert mit: „Sie
werden lachen zu dem Übergang, den ich gefunden habe, um
vom sogenannten ‚böhmischen Ausgleich' aufs ‚Maschinenzeitalter' überzugehen". Die Presse reagierte wie gewünscht, und das
Buch wurde ein kleiner Erfolg. Immerhin erreichte das Honorar
eine Dimension, die dem Ehepaar von Suttner den Winter 1888/
89 in Paris verleben half. Nobel wurde besucht und die führenden
Salons der Stadt, wo sie mit Max Nordau, Ernest Renan und Al-
phons Daudet zusammentrafen. Mit ihrem sicheren Auftreten,
ihrer natürlichen Grandezza war die Baronin ein gern gesehener
Gast. Es spricht viel dafür, dass die in diesem Winter geführten
Gespräche das nachfolgende Buchprojekt angeregt haben.

Das Buch

„Die Waffen nieder! Eine Lebensgeschichte" erschien 1889 nicht
in Österreich, sondern in Deutschland, im Verlag Pierson,
Leipzig und Dresden. Der zuvor unternommene Versuch, das

Manuskript als Fortsetzungsroman einer Wochenschrift zu vermitteln, war fehlgeschlagen. Es kam mit dem Bemerken zurück, dass eine solche Lektüre unzumutbar sei. Auch der Leipziger Verleger zauderte, allein, weil der appellative Titel so provozierend wirke. Aber von Suttner blieb in der Titelfrage kompromisslos, wie sie auch an Form und Inhalt des Manuskripts festhielt. Schließlich erschien der Roman in einer Auflage von 1000 Exemplaren und war nach wenigen Wochen bereits vergriffen. Es folgte Auflage auf Auflage, 1902 kam eine preiswerte „Volksausgabe" in den Handel, und im Jahr der Nobelpreisverleihung 1905 lag die 37. Auflage vor. „Die Waffen nieder!" wurde bis 1914 in alle Kultursprachen übersetzt, und machte die Baronin von Suttner buchstäblich über Nacht zur international beachteten Figur.

Im Mittelpunkt des zweibändigen Romans steht die Geschichte der österreichischen Adligen Martha. Kriege bestimmen das Schicksal der jungen Frau, deren erster Mann Graf Arno 1859 als Offizier der österreichischen Armee fällt. Martha vermählt sich erneut, nun mit einem preußischen Offizier im Dienst der Habsburger Monarchie, Baron Friedrich von Tilling. Er wird neben Martha der zweite Held des Romans, stirbt auch am Ende nicht den Soldatentod, sondern wird 1870 als Deutscher in Paris von französischen Nationalisten erschossen. Die anfangs ganz im gesellschaftlichen Konventionen aufgehende Martha entwickelt sich im Laufe des Romans zu einer kritisch reflektierenden, schließlich auch handelnden Persönlichkeit – die Parallelen zur Lebensgeschichte der Autorin liegen auf der Hand. Der Krieg erscheint zunächst als unvermeidliche Selbstverständlichkeit, der das Leben der Offiziersfamilie wie der gesamten Gesellschaft prägte. Graf Arno brennt darauf, sich im Kampf für den Kaiser, aber auch zur Ehre des eigenen Familiengeschlechts zu bewähren, seine junge Frau ist weniger euphorisch, akzeptiert aber seine Haltung zum Krieg.

Mit dem Soldatentod des ersten Mannes wandelt sich das Verständnis Marthas. Als ihr zweiter Gatte im Zuge der Schleswig-Holsteinischen Auseinandersetzungen 1864 einberufen wird, wirkt die alte Verlusterfahrung nach: „Das war nun das zweite Mal im Leben, daß ich einen teuren Gatten zu Felde ziehen sah. Doch unvergleichlich schwerer war diese zweite Losreißung

als die erste. Damals war meine und besonders Arnos Auffassung
eine ganz andere, primitivere gewesen: ich hatte das Ausrücken
als eine alle persönlichen Gefühle überwiegende Naturwendig-
keit – er sogar als eine freudige Ruhmexpedition betrachtet. Er
ging mit Begeisterung, ich blieb ohne Murren." Die Sache geht
gut, Friedrich kehrt unversehrt von diesem Feldzug heim. Seine
Pläne, den Dienst zu quittieren, zerschlagen sich allerdings; in
den preußisch-österreichischen Auseinandersetzungen 1866
kommt er erneut zum Einsatz und wird nach der Schlacht von
Königgrätz vermisst.

Als der Brief eines Freundes das Haus erreicht und das Elend
auf dem Schlachtfeld schildert, beschließt Martha, ihren Mann zu
suchen. Der nun folgende Bericht über die Fahrt, die Beschreibung der Verletzten und Verstümmelten, die ihr begegnen, gehören sicherlich zu den stärksten Passagen des Romans. „Bis zur
Abfahrt war noch eine Stunde. Ich wollte den Wartesaal aufsu-
chen, aber jeder verfügbare Raum war in ein Hospital verwandelt.
Wo man hinblickte, überall kauernde, liegende, verbundene,
bleiche Gestalten. Ich mochte nicht hinschauen." Aufrichtig bekennt Martha ihren Ekel vor den Verletzten, als sie die Ankunft
eines weiteren Lazarettzuges beobachtet: „Vor meine Füße, auf
dem Platze, wo ich auf einer Kiste saß, legten sie einen hin, der
unausgesetzt ein gurgelndes Röcheln ausstieß. Ich beugte mich
herab, um ihm ein teilnehmendes Wort zu sagen, aber entsetzt
fuhr ich wieder zurück und verbarg mein Gesicht in beide Hände
– der Eindruck war zu fürchterlich gewesen. Das war kein
menschliches Angesicht mehr – der Unterkiefer weggeschossen,
eine Auge herausquellend … dazu ein erstickender Qualm von
Blut- und Unratgeruch … Ich hätte aufspringen und fliehen
mögen, doch ward mir totenübel und mein Kopf fiel an die hinter
mir liegende Mauer zurück. ‚Oh, ich feiges, kraftloses Geschöpf!'
– schalt ich mich – ‚was suche ich hier in diesen Jammerstätten,
wo ich nichts – nichts helfen kann … wo ich solchem Ekel un-
terliege'".

Von Suttners Schilderungen sind schonungslos realistisch und
stehen in einem Spannungsverhältnis zum Idealismus, mit dem
die Romanheldin um ihren Gatten kämpft. Die zu erwartende
Kritik an diesem Buch vorwegnehmend, lässt von Suttner im

Roman Martha heftige Diskussionen im Kreise ihres Milieus führen. Besonderen Anstoß erregt die vermeintlich unanständige Thematisierung der intimen Folgen von Verstümmelung, des Verlustes der Männlichkeit. "*Geschehen* dürfen alle Greuel. Aber nennen darf man sie nicht. Von Blut und Unrat sollen die zarten Frauen nichts erfahren und nichts erwähnen." Für die höhere Gesellschaft, für die Damen zumal, war ein solches Thema starker Tobak. Der weitere Verlauf des Romans ist rasch erzählt: Baron von Tilling kehrt heim, nimmt seinen Abschied vom Militär, um sich fortan mit seiner Frau der Friedensfrage zuzuwenden. Das Paar verlegt seinen Wohnsitz von Wien nach Paris, wo der Baron schließlich 1870 von französischen Revolutionären standrechtlich erschossen wird.

Bertha von Suttner zielte in ihrem Roman sichtlich auf die Gefühle der Leser, aber nicht nur: Sie bemühte sich zugleich um korrekte historisch-politische Kontextualisierung, indem sie die Lebens- und Liebesgeschichte Marthas geschickt mit dem kaum zwei Jahrzehnte zurückliegenden Geschehen verknüpfte. Für die Darstellung der verwickelten Diplomatie hinter der Schleswig-Holsteinischen Frage ebenso wie für die Hintergründe der preußisch-österreichischen Konflikte hatte sie intensiv recherchiert. Dies erhöhte die Authentizität des Romans, so dass das Buch auch männliche Leser fand. „Es fing bei mir an, eine fixe Idee zu werden: Die Kriege müssen aufhören", lässt von Suttner die Romanheldin am Ende sagen. Mit dem bald nach Erscheinen des Buches einsetzenden Erfolg machte sich die Autorin diese Losung zu Eigen und stilisierte sich zur Friedenskämpferin. Die Zeit dazu war günstig. Der Generationswechsel auf dem preußischen Thron war soeben vollzogen worden, und für Beobachter war es vorerst schwer kalkulierbar, in welche Richtung sich der junge Monarch politisch entwickeln würde. In Russland kam 1894 der junge Nikolaus auf den Zarenthron, der sich friedliebend gab, zugleich aber die Aufrüstung forcierte. Überhaupt begann in diesen Jahren der Rüstungswettlauf in Europa, mit dem die Friedensbewegung in Gang kommen sollte.

Die Resonanz auf das Buch war enorm, wenngleich keineswegs nur lobende, sondern weit mehr kritische Reaktionen erfolgten. Dies befeuerte die Diskussion und beförderte den Absatz. Die

Suttner selbst beschritt ihre bereits erprobten Wege der persönlichen Werbung hinter den Kulissen. Abermals wurde Caneri aktiviert, der wunschgemäß eine überaus lobende Besprechung in der Wiener Neuen Freien Presse platzierte: ein Roman, hieß es darin, der bahnbrechend für der „Menschheit Wohlfahrt" wirke. Auch an Alfred Nobel trat sie nun heran, doch öffentlich für ihr Buch einzutreten. Der hielt sich allerdings zurück und brachte der Freundin nur in einem privaten Brief seine Begeisterung über das „bewundernswerte Meisterwerk" zum Ausdruck. Lobend äußerte sich Leo Tolstoi in einem persönlichen Schreiben, hielt jedoch in seinem Tagebuch fest: „Abends ‚Die Waffen nieder' gelesen, bis zu Ende. Gut formuliert. Man spürt die tiefe Überzeugung, aber unbegabt." Zustimmung und Ablehnung des Werks lagen eng beieinander, wobei sich unter den Kritikern von Suttners nicht nur die konservative Elite befand, sondern viele Schriftsteller und Intellektuelle ihre Auffassung wider den Krieg nicht teilten.

Von Felix Dahn, dem Autor des populären Romans „Ein Kampf um Rom", kamen die abschätzigen Äußerungen gewiss nicht unerwartet. Dahn hielt Krieg für eine Naturnotwendigkeit und sah wie so viele in der Antikriegsliteratur sogar eine ernsthafte Gefahr, wodurch die Männer verweichlicht und die Volksseele vergiftet würden. Der junge Rainer Maria Rilke schrieb mit einem 1892 unter Pseudonym veröffentlichten Gedicht gegen von Suttner an. Daneben wurde sie mit reichlich Spott überzogen, in gehässigen Karikaturen wurde die „Friedensbertha" aufs Korn genommen und der Lächerlichkeit preisgegeben. Nicht weniger schonungslos als das heutzutage der Fall wäre wurde auf ihre üppige Körperfülle angespielt. Bertha von Suttner dürfte diese Form der Ablehnung geärgert haben, ließ sich dies aber in der Öffentlichkeit nie anmerken. Gegenüber dem amerikanischen Industriellen Andrew Carnegie meinte sie 1892 nur, dass sie der Spott in den „Witzblättern" nicht weiter berühre, „das macht mir nur Spaß und nützt der Popularität der Sache, nicht wahr?" Totschweigen ließ sich die Friedensbewegung jedenfalls nicht mehr. Auf ihren Aufstieg seit Erscheinen des Buches geblickt, scheint ein Zusammenhang mit dem Erfolg dieses Romans tatsächlich unübersehbar.

Wirkungen

Mit dem Bucherfolg von „Die Waffen nieder!" hatte von Suttner *ihr* Thema gefunden, an dem sie bis zu ihrem Tode im Frühsommer 1914 festhielt. Der Kampf für den Frieden in der Welt beherrschte fortan ihr Leben, das nun endlich aus der Abgeschiedenheit von Schloss Harmsdorf erlöst wurde und den ersehnten Zug ins Internationale gewann. Zweimal ging sie auf Friedenstournee in die USA. Wenigstens vorübergehend verbesserte sich auch die materielle Situation des Ehepaars, man reiste wieder, pflegte und vermehrte die gesellschaftlichen Kontakte. Für die Gründung von Friedensvereinen, den Anschluss der österreichischen und deutschen Friedensbewegung an internationale Organisationen reichten die Tantiemen von Suttners jedoch nicht. Vermögende Männer wie Nobel und Carnegie bat sie daher wiederholt um finanzielle Unterstützung. 1891 spendete Nobel 2000 Gulden, damit die inzwischen zur Präsidentin der Österreichischen Friedensgesellschaft gekürte Aktivistin ihr Land auf der Friedenskonferenz in Rom vertreten konnte. Die Liste der von ihr angeworbenen Mitglieder war eindrucksvoll, darunter etliche prominente Literaten wie Peter Rosegger, Leo Tolstoi, Max Nordau, Ernst Haeckel und Conrad Ferdinand Meyer.

Ihr engster Mitarbeiter wurde Alfred Hermann Fried, ein in Berlin lebender junger Journalist, auf den ihr Roman wie ein Fanfarenstoß gewirkt hatte. Seither dominierte die Friedensfrage auch sein Leben, er nahm Kontakt zu von Suttner auf, brachte mit ihr gemeinsam eine Zeitschrift unter dem Titel „Die Waffen nieder" auf den Weg und arbeitete mit am Auf- und Ausbau von Friedensvereinen in beiden Kaiserreichen. Besonders schwer kam die Gründung einer Friedensgesellschaft im Deutschen Reich in Gang. Dies lag an der Elsass-Lothringen-Frage, welche die Verbindung zu den französischen Friedensfreunden belastete. 1892 brachte Fried dennoch die Gründung einer ersten deutschen Friedensgesellschaft in Berlin zustande, überwarf sich aber bald mit seinen Mitstreitern. Er trat aus der Friedensgesellschaft wieder aus, um sich einer programmatischen Grundlegung des Pazifismus zuzuwenden. Zur Jahrhundertwende er-

schien seine Schrift über den „Organisatorischen Pazifismus",
worunter Fried den Ausbau des Völkerrechts und die Schaffung
einer internationalen Schiedsgerichtsbarkeit verstand. Mit dieser
quasi wissenschaftlichen Begründung des Pazifismus sollten die
Gebildeten für die Bewegung gewonnen werden, was in
Deutschland bis 1914 auch partiell gelang.

Von Suttner, die als Schriftstellerin bis heute unter dem Verdacht steht, Propagandistin eines *bloß* emotionsgeleiteten Pazifismus zu sein, warb unermüdlich für die Friedensideen Frieds.
Leicht waren die in Wien wie Berlin herrschenden Reserven gegenüber der Friedensfrage nicht abzubauen. Ihre Akzeptanz
wurde nicht zuletzt durch die von den Gegnern aufgebrachte
Gleichung von Judentum und Friedensbewegung erschwert. Die
Antisemiten stellten den Kampf für den Frieden als „jüdische
Intrige" dar und erklärten Alfred Fried zum bevorzugten An-
griffsziel. Damit die Sache keinen Schaden nehme, drängten einige seiner Friedensfreunde ihn sogar zur Konversion. Außer
Fried war auch die „Judenbertha", die ihren Mitstreiter stets öffentlich verteidigte, zeitweise heftigen antisemitischen Anfein-
dungen ausgesetzt.

Dessen ungeachtet gelangen bis 1914 wichtige Schritte. Die
erste Haager Friedenskonferenz tagte vom 18. Mai bis zum
29. Juni 1899. Neben den europäischen Staaten nahmen die USA,
Mexiko, China, Japan und Siam daran teil. Von Suttner und ihre
Freunde wirkten unermüdlich hinter den Kulissen, die Baronin
in einem improvisierten Salon ihres Hotels, in dem sich die De-
legierten mit Friedenskämpfern aus aller Welt trafen. In geselliger
Atmosphäre, meinte sie, seien schwierige Fragen leichter anzu-
fassen, als am offiziellen Konferenztisch. Allen Beteiligten war
klar, dass dieser Kongress erst am Anfang einer auf Jahrzehnte
berechneten Entwicklung stand. Entsprechend gering waren die
Hoffnungen hinsichtlich der Abrüstungsfrage. Der bedeutsamste
Beschluss dieser Konferenz betraf das Rote Kreuz, dessen Genfer
Grundsätze fortan nicht mehr nur für den Landkrieg, sondern
auch für den Seekrieg galten.

Einen Höhepunkt im Leben von Suttners markierte die Verleihung des Nobelpreises im Jahr 1905. Es spricht viel dafür, dass
Nobel bei der Stiftung dieses Preises von vornherein an seine

Freundin gedacht hatte. Schließlich sei ihm die Idee dazu 1892 bei einem Treffen in Zürich vom Ehepaar Suttner nahegelegt worden – so ließ es Bertha von Suttner 1897 Fried und bald auch viele andere wissen. An Fried gerichtet meinte sie zur Auslobung des Preises: „Die Nobel-Stiftung? Ja, ich finde sie ja groß, großartig und freue mich um so stolzer daran, als ich ja diejenige war, die Nobel in die Bewegung eingeführt und ihm suggeriert habe, etwas Bedeutendes dafür zu tun. Ich bin auch von dem Bewußtsein durchdrungen, daß ich als die moralische Urheberin dieser 7-Millionen-Zuwendung und dieser so eklatanten Förderung des Friedensgedankens berechtigten Anspruch auf die erste Auszahlung erheben kann – ganz abgesehen davon, daß mein Schlagwort („Die Waffen nieder!") fortdauernd wirkt und daß ich weiß, daß in meinen Händen solches Geld wieder Friedensfrüchte trägt." An mangelndem Selbstbewusstsein litt Baronin von Suttner demnach nicht; dafür fehlte es nach wie vor an materieller Grundlage. Die Friedenskämpferin hätte nur zu gern und möglichst bald den Preis erhalten.

Bis zur ersten Verleihung sollten freilich noch Jahre vergehen. Nobels Erben fochten das Testament an, und in der öffentlichen Diskussion bei Bekanntwerden des Testaments trat niemand für von Suttner als Preisträgerin ein. Tolstoi erklärte öffentlich, dass er die Verleihung des Preises an einen Pazifisten ohnehin für falsch hielt: „Wenn Menschen für die Friedenssache wirken, tun sie es unzweifelhaft von dem Wunsche beseelt, Gott zu dienen; sie haben deshalb keine Geldbelohnung nötig und werden eine solche wahrscheinlich auch gar nicht annehmen", meinte der großgrundbesitzende Schriftsteller-Fürst. Für von Suttner stellte sich die Sache jedoch anders dar. Als 1901 das Nobel-Komitee sie um Nennung eines Kandidaten zur erstmaligen Verleihung des Preises bat, schlug sie den französischen Pazifisten Frédéric Passy vor. Ihrem Tagebuch vertraute sie aufrichtig an: „Die Sache wird interessant. Einmal werde ich's doch bekommen, glaube ich. Mache darüber einige Pläne. Geteilt wird's ja – also klein. Reicht zur Altersversorgung. Auch das ist ja gut." Als sie übergangen wurde, tröstete sie sich damit, dass wenigstens die Friedensbewegung durch das Preisspektakel einige Aufmerksamkeit erfahren hatte.

Die Enttäuschung wuchs, als sie auch in den nächsten Jahren unberücksichtigt blieb. Als zwei weitere Preisvergaben an ihr vorübergegangen waren, begann sich die Öffentlichkeit laut darüber zu wundern. 1903 erklärte der Literaturnobelpreisträger des Jahres Björnstjerne Björnson im Berliner Tageblatt, kurz bevor der Träger des Friedenspreises bekanntgegeben wurde, eine abermalige Nichtberücksichtigung der Österreicherin für einen Skandal. Im Jahr darauf bedeuteten französische Pazifisten der Suttner schon im Frühjahr, dass ihr dieses Mal der Preis sicher sei, und ihre Zuversicht wuchs erneut: „Man scheint doch über Zweifel erhaben. Man kann mir doch nicht so viel positive Hoffnung machen, wenn es nicht sicher wäre" notierte sie in ihr Tagebuch. Aber der Friedensnobelpreis 1904 ging stattdessen an das Institut für internationales Recht in Gent. Die ersehnte Depesche aus Christiania erreichte sie schließlich 1905 in Wiesbaden auf einer Vortragsreise. „Will sie nicht annehmen wegen Aufzahlung. Nehme sie aber doch. War der Mühe wert", hielt sie betont unbeteiligt in ihren persönlichen Aufzeichnungen fest, um dann tief erfreut zu bekennen: „Schlaflose Nacht. – Merkwürdig: statt Freude bereitet das auch Kummer. Ist aber doch großartig."

Das Sujet ihres Romans ist auch heute noch aktuell, die Art der Darbietung ist es nicht mehr, obwohl von Suttner ein wunderbares Deutsch schrieb. Nach zwei verheerenden Weltkriegen fehlt es nicht mehr an realistischen Darstellungen des Grauens, die im Gesamteffekt emotional aber eher abstumpfend als aufrührend wirken. Der Idealismus, der im Roman „Die Waffen nieder!" hinter jeder Zeile zu stehen scheint und damals junge Journalisten wie Fried elektrisierte, dichtende Oberschüler wie Rilke dagegen empörte, zündet heute nicht mehr. Dennoch war der Erfolg des Buches nicht vorhersehbar, wenngleich das Thema am Ausgang des 19. Jahrhunderts in der Luft lag. Es brauchte eine Schriftstellerin vom Schlage der Baronin, ehrgeizig und erfolgshungrig, mit guter Feder und ohne Berührungsscheu. Als sich der Erfolg ihres Romans abzeichnete, machte sie die Verbreitung der Friedensidee zum Thema ihres Lebens. Auch wenn die Welt seither keine bessere geworden ist, weil es noch Kriege gibt und die Friedensbewegung nach wie vor ein marginalisiertes Dasein fristet: Der Blick auf den Friedensnobelpreis, der ohne diesen Roman nicht gestiftet worden wäre, zeigt, dass Literatur Geschichte schreiben kann.

Weiterführende Literatur

Bertha von Suttner: Memoiren, Stuttgart 1909.
Brigitte Hamann: Bertha von Suttner. Ein Leben für den Frieden, München 1986.

Raimund Borgmeier

Die dritte Dimension

„The First Men in the Moon" von Herbert George Wells
(1901)

Für die spektakuläre Landung von Apollo 11 auf dem Mond am
20. Juli 1969 spielte auch die fiktionale Literatur eine nicht un-
wichtige Rolle. Es entspricht der allgemeinen Lebenserfahrung
anzunehmen, dass die Männer, welche diese Erfüllung eines alten
Menschheitstraumes entscheidend bewirkt haben, sich für literarische Darstellungen dieses Themas interessierten und durch
diese zu ihrer Arbeit inspiriert wurden. So heißt es beispielsweise
in der Biographie des Raumfahrt-Pioniers Wernher von Braun:
„Als er das Buch *Die Rakete zu den Planetenräumen* von Hermann Oberth in die Hände bekam, erlangten die Utopien, die er
aus den Abenteuerromanen von Jules Verne und Kurt Laßwitz
aufgenommen hatte, etwas Reales." Statt oder zusammen mit
Jules Verne hätte hier wohl ebenso gut H.G. Wells und sein
Roman *The First Men in the Moon* (dt. *Die ersten Menschen im
Mond)* genannt werden können.

Bezeichnenderweise wird in dem eben gebrachten Zitat die
Wirkweise der Literatur als eine indirekte gekennzeichnet. Denn
dies ist die spezifische Art, wie Literatur auf die Realität wirkt und
wie Literatur bisweilen Geschichte schrieb. Diese spezifisch literarische Wirkweise, deren sich die meisten literarischen Autoren auch bewusst sind und auf die sie in erster Linie abzielen,
lässt sich an dem Roman aufzeigen, mit dem der damals trotz
seines relativ jungen Alters von 34 Jahren schon berühmte Autor
Wells das 20. Jahrhundert, das Jahrhundert der erfolgreichen
Raumfahrt, eröffnete.

1. Biographischer Kontext

Herbert George Wells (1866–1946) stammte aus kleinbürgerlichen Verhältnissen. Seine Eltern hatten in Bromley in Kent, heute einem Vorort von London, einen kleinen Porzellan-Laden, der sich wirtschaftlich immer am Rande des Bankrotts bewegte. Herbert George oder Bertie, das jüngste Kind, der als der kluge Sohn der Familie galt und schon früh regelmäßig Bücher aus der Leihbücherei las, besuchte die Schule nur bis zum 14. Lebensjahr. Mehrere Lehren brach er nach kurzer Zeit ab. Die Mutter, die zu Hause das Heft in der Hand hatte, bekam von den Lehrherren zu hören, ihr Junge sei unaufmerksam, unhöflich, verträumt, uninteressiert und nicht in der Lage, den Kunden das richtige Wechselgeld herauszugeben. Nachdem es ihm jedoch mit 17 Jahren gelang, eine Stelle als Hilfslehrer zu bekommen, erhielt er im folgenden Jahr ein Stipendium und konnte am Royal College of Science in South Kensington Naturwissenschaften studieren. Besonders beeindruckte ihn hier Professor Thomas H. Huxley, ein Altmeister der Naturwissenschaften und ein eloquenter Verfechter der Lehren Charles Darwins, über den Wells später schrieb, er sei der größte Mann, den er jemals getroffen habe. Andere Dozenten freilich fand Wells weniger anregend, und statt sich auf sein Studium zu konzentrieren, las er lieber, was ihn sonst an literarischen und philosophischen Werken interessierte. Sein Studium beendete er mit ausgesprochen schlechten Zensuren, dennoch besaß Wells substantielle Kenntnisse in den Naturwissenschaften, was ihn von anderen Autoren der Zeit unterschied und sein eigenes Schreiben mit prägte.

Nach dem Studium arbeitete Wells zunächst für ein Londoner College, schrieb zwei Unterrichtswerke und lieferte Beiträge für Zeitschriften, die für ein infolge der Bildungsreformen der späten viktorianischen Zeit erweitertes Lesepublikum bestimmt waren. Eine frühe Heirat, die freilich schon nach wenigen Jahren scheiterte und durch eine neue Bindung abgelöst wurde, verschlimmerte seinen Finanzbedarf. Zudem war seine Gesundheit – er litt an Tuberkulose und einer Nierenverletzung – so schlecht, dass er zeitweise keiner anderen Arbeit als dem häuslichen Schreiben nachgehen konnte.

Im Jahre 1895 brachte er sein erstes Erzählwerk in Buchform heraus, *The Time Machine*, und es wurde ein unmittelbarer Erfolg. Wells sah sich plötzlich als „ein Genie" gefeiert, und er konnte die persönliche Bekanntschaft führender Literaten der Zeit wie Arnold Bennett, John Galsworthy, Joseph Conrad, Ford Maddox Ford, Henry James und Stephen Crane machen. Seine finanziellen Probleme waren vorerst zu Ende, die Kritiker sangen sein Lob in den höchsten Tönen, und sogar in Amerika begann er berühmt zu werden. Zudem wurde er in fast jede europäische Sprache übersetzt.

Wells nennt die Werke, die er in dieser frühen Phase seines Schaffens herausbrachte, seine "scientific romances" (naturwissenschaftlichen Romanzen). Sie passen in eine Zeit, in der das Radio, die Glühbirne, der Verbrennungsmotor und der Telegraph den Glauben an das technisch Mögliche gewaltig gesteigert hatten. Von diesen Werken hatte eine besondere Wirkung der Roman *War of the Worlds* (dt. *Krieg der Welten,* 1898), der von der Invasion übermächtiger Marsbewohner auf der Erde erzählt. In einer Radio-Bearbeitung von Orson Welles verursachte der Roman am 30. Oktober 1938 eine Massenpanik in den Vereinigten Staaten, als über eine Million Zuhörer die Sendung als eine aktuelle Reportage über eine tatsächlich gerade stattfindende Invasion verstanden und entsprechend panisch reagierten. Wells hielt vor allem große Stücke auf *The First Men in the Moon,* und meinte, es sei wahrscheinlich seine beste *scientific romance* gewesen.

In seiner folgenden Schaffensperiode schrieb Wells dann vor allem realistische Romane, wandte sich aber in einer langen Folge von fiktionalen und expositorischen Büchern auch zunehmend dem Ziel zu, die Welt in vorwiegend sozialistischem Geiste zu verbessern. Dazu gehören etwa *A Modern Utopia* (1905) und *The Outline of History* (1919–20). Den Ersten Weltkrieg begrüßte er als *The War That Will End War* (*Der Krieg, der den Krieg beeendet*) – so der Titel einer Aufsatzsammlung, die er im Jahre 1914 herausbrachte. Später änderte er dann seine Meinung. In dem aus dem gleichen Jahr stammenden *The World Set Free* (*Die Welt befreit*) prophezeite er für 1958 einen mit Atombomben geführten Krieg zwischen den „Freien Nationen" und den „Mittelmächten", der mit einer Zerstörung der meisten Städte und der von den Überlebenden in den Schweizer Alpen durchgeführten Planung eines Weltstaates enden würde. Wells' Biographen, Norman und Jeanne MacKenzie, verbuchen dies in hohem Maße als prophetisch, indem sie feststellen:

> Leo Szilard – einer von den Naturwissenschaftlern, auf deren Arbeit die Hiroshima-Bombe zurückgeht – sagte, er sei, als ihm zum ersten Mal der Gedanke an die Kettenreaktion kam, von *The World Set Free* beeinflusst gewesen, das er im Jahr zuvor gelesen habe.

Wells war zeit seines Lebens – er starb 1946 im Alter von mehr als 80 Jahren – überaus produktiv und brachte, zusätzlich zu journalistischen Artikeln und Beiträgen, nicht weniger als 114 eigenständige Bände heraus. Literarisch am angesehensten und bedeutungsvollsten sind ohne Zweifel die *scientific romances*, deren letzte und vom Autor selbst am höchsten geschätzte *The First Men in the Moon* ist. Der entsprechende Eintrag in *Kindlers Neuem Literaturlexikon* endet mit der angebrachten Feststellung: „Sein [Wells'] Buch über die Mondfahrt, dank seinem Erfindungsreichtum noch heute lesenswert, diente zahllosen Science-Fiction-Autoren als Modell." Damit wird zugleich die Frage angesprochen, zu welcher literarischen Gattung das Buch gehört.

2. Der Gattungskontext

Die Geschichte der ersten Fahrt zum Mond wird erzählt von Mr. Bedford, einem bisher gescheiterten Geschäftsmann, der sich an die Küste Kents zurückgezogen hat, um ein Drama zu schreiben und damit Geld zu verdienen. Zufällig lernt er dort den brillanten, aber wirklichkeitsfremden Naturwissenschaftler Dr. Cavor kennen, der gerade im Begriff ist, eine folgenreiche Erfindung zu machen: ein neues Metall, das es ermöglicht, die Schwerkraft aufzuheben. Mit dessen Hilfe konstruiert er eine Kugel, mit der die beiden zum Mond fliegen. Hier lernen sie eine extrem lebensfeindliche Umwelt kennen. In unterirdischen Höhlen geraten sie in Konflikt mit den Mondbewohnern, den *Selenites*, wel-

che die beiden gefangen nehmen. Bedford gelingt es zu ent-
kommen und da er Cavor verloren glaubt, tritt er allein die
Rückfahrt an und landet glücklich wieder in England. Seine
Raumkapsel geht, als er sich in einem Hotel von den Strapazen
der Raumfahrt etwas erholt, unter ungeklärten Umständen verloren; immerhin kann er das vom Mond mitgebrachte Gold retten. So ist er in der Lage, sich nach Italien zurückzuziehen, um
seine Erlebnisse aufzuschreiben. Durch per Funk übermittelte
Botschaften muss er überraschend erfahren, dass sein Begleiter
Cavor doch noch am Leben ist und über die Mondbewohner und
ihre Gesellschaft weitere Details berichten kann. Am Ende wird
Cavor jedoch durch sein unvorsichtiges Auftreten von den Seleniten als gefährlich eingestuft und eliminiert; seine telegraphi-
schen Botschaften verstummen.

Auf dem Einband der Penguin-Ausgabe von 2005 wird *The
First Men in the Moon* als „einer der ersten Science-Fiction-Ro-
mane" bezeichnet. Das ist in gewisser Weise zutreffend, wenngleich es bei Experten eher üblich geworden ist, Wells als frühe
Manifestation der Gattung mit dem Begriff „Proto-Science-Fic-
tion" zu belegen, da die Gattung erst später, in den 1920er Jahren
in Amerika, ein geschlossenes Bild zeigte. Auf jeden Fall entspricht *First Men* der Definition der Gattung, wie sie vom An-
glisten Ulrich Suerbaum formuliert wird:

> Die Gattung Science Fiction ist die Gesamtheit jener fiktiven Ge-
> schichten, in denen Zustände und Handlungen geschildert werden,
> die unter den gegenwärtigen Verhältnissen nicht möglich und daher
> nicht glaubhaft darstellbar wären, weil sie Veränderungen und Ent-
> wicklungen der Wissenschaft, der Technik, der politischen und ge-
> sellschaftlichen Strukturen oder gar des Menschen selbst voraus-
> setzen.

Dass inzwischen Raumfahrt und Mondlandung möglich gewor-
den sind, ändert natürlich nicht den Status des literarischen
Textes. Auf der Basis der Entstehungszeit muss Raumfahrt
zweifellos als ein *novum* gelten. Mittlerweile sind sowohl
Raumfahrt als auch *aliens* zu typischen Themen der Science
Fiction geworden.

Im so genannten Goldenen Zeitalter der Science Fiction war es nicht nur in Fan-Kreisen verbreitet, die prognostische Kompetenz der Science Fiction zu betonen. John W. Campbell, langjähriger Herausgeber der führenden SF-Zeischrift *Astounding/Analog* und damit einer der einflussreichsten Vertreter der Gattung, meinte in diesem Sinne einmal mit Bezug auf eine Short Story, in der die Wirkungsweise der Atombombe prognostisch dargestellt wird: „Welche Torheit, eine Prophezeiung – und dazu noch eine verdammt genaue Prophezeiung – wie ein Märchen zu beurteilen." In Bezug auf eingetroffene Prognosen kann Wells als Autor einige solcher Treffer durch seine Kurzgeschichten und *scientific romances* verbuchen. So stellte er in der Short Story „The Land Ironclads"(1903) den Einsatz moderner Kampfpanzer dar, in *The War in the Air* (1908) modernes Luftbombardement und in *The World Set Free* (1914), wie ausgeführt, die Atombombe.

Trotzdem hat die Kritik inzwischen gelernt, dass es unangebracht ist, Science Fiction wie wissenschaftliche Futurologie zu behandeln und sie vorwiegend nach der naturwissenschaftlichen Korrektheit und dem prognostischen Erfolg zu bewerten. Literarische Autoren haben eine andere Intention, und fiktionale Texte wollen anders gelesen werden. Dies gilt auch, wie wir sehen werden, für Wells und seinen Mondroman. Dennoch ist es vielleicht aufschlussreich, *The First Men in the Moon* kurz mit den Apollo-Missionen der 1960er Jahre und der tatsächlichen Landung auf dem Erdtrabanten in Bezug zu setzen.

3. Wissenschaftlich-technische Prognose
Wells' Mondfahrt und die Apollo-Missionen

Auch wenn Wells von der tatsächlichen Realisierung der Raumfahrt und der Mondlandung noch weit entfernt war, hielt er sich bezüglich der wissenschaftlich-technischen Korrektheit seiner Darstellung doch einiges zugute. So erhob er später den Anspruch, dass es außer dem Anti-Gravitations-Metall *Cavorite* in seinem Roman keine technische Unmöglichkeit gebe, wobei er

Abb. 3: In einer Buch-Illustration aus dem Jahr 1913 erklimmt Bedford, gefolgt von Cavour, eine Raumkapsel, die fünfzig Jahre später bei der NASA ganz ähnlich aussehen sollte.

sich freilich nur auf die Raumfahrt, nicht auf den von Höhlen durchzogenen, bewohnten Mond bezog.

Wenn man Wells' Mondfahrt mit den Berichten über die Apollo-Missionen vergleicht, so fallen einem vor allem Übereinstimmungen in sehr menschlichen Aspekten auf, etwa in Fragen der Unterhaltung an Bord des Raumschiffes. Bei Betreten der Raumsphäre wird Bedford von Cavor gefragt: „Haben Sie nichts zum Lesen mitgebracht? [...] Ich habe vergessen, es Ihnen zu sagen. Es gibt da Unsicherheiten – Die Fahrt kann dauern – Vielleicht gar Wochen! [...] Wir werden in dieser Kugel schweben ohne jede Beschäftigung." Das Gleiche kommt auch den amerikanischen Raumfahrern zum Bewusstsein. Nach der Apollo-8-Mission resümierte der Astronaut Frank Bormann: „Für die *Apollo*-Nachfolgeprogramme sollte allerdings noch manches verbessert werden. [...] Wir müssen irgendwie für Unterhaltung sorgen, meinetwegen durch Fernsehen oder Bandkonserven."

An Übelkeit leidet Wells' Mondfahrer Bedford bei der Landung, und er erzählt: „Aber dann kamen Schwindel und Übelkeit, was meinen Mut augenblicklich veränderte." Etwas Ähnliches widerfuhr auch den amerikanischen Astronauten: „Am frühen Sonntagmorgen litt Bormann an Durchfall und Übelkeit und musste sich übergeben. Auch die beiden anderen Astronauten fühlten sich leicht krank [...]." Das Gegenmittel, das Cavor empfiehlt, findet eine eigentümliche Entsprechung in unserer Zeit. Bedford berichtet: „Er empfahl ein Schlückchen Cognac und ging selbst mit gutem Beispiel voran, und sofort fühlte ich mich besser." In der Dokumentation über die Apollo-Flüge ist entsprechend zu lesen: "Anscheinend hatte jeder der drei Astronauten eine kleine Menge (verbotenen) Rum oder Whisky auf das Apollo-Raumschiff eingeschmuggelt. Auf jeden Fall war das Weihnachtsmahl überraschend fröhlich."

Auch Wells' Darstellung des Zustands der Schwerelosigkeit entspricht den Berichten der amerikanischen Raumfahrer. Gegenstände schweben im Raum der Mondsphäre, und der Erzähler blickt nach dem Start voller Erstaunen auf „die losen Kisten und Bündel, die auf Decken am Boden der Kugel gelegen hatten. Ich war erstaunt zu sehen, wie sie jetzt fast einen Fuß entfernt von der Kugelwand schwebten." Oben und unten sind plötzlich vertauscht, indem der Mond unten und die Erde oben zu sehen ist. Besonders eindrucksvoll – entsprechend den faszinierenden Bildern der realen Mondlandung – ist bei Wells die detaillierte Schilderung der Mondlandschaft, insbesondere des Sonnenaufgangs auf dem Mond, den der Lyriker T.S. Eliot später einmal als „ganz unvergesslich" bezeichnete.

Was Wells jedoch nicht darstellt, ist die gigantische Organisation der NASA mit Hunderten von Mitarbeitern, die jedes technische Detail der Mission präzise plante und regelte, so etwa den Stoffwechsel der Astronauten. Oder ähnlich die Organisation der Astronauten-Verpflegung, von der wir erfahren: „Das Essen war getrocknet in Plastikbeuteln verpackt. Vor der Einnahme wurde der Beutel mit einer Schere aufgeschnitten und das Trockenprodukt mit Hilfe einer Pistole mit Wasser wieder angereichert." Bei Wells haben die beiden Mondfahrer während des Flugs einfach keinen Appetit. Statt des gewaltigen Schauspiels, das eine Weltöffentlichkeit von Millionen Menschen verfolgt, statt eines minutiös organisierten riesigen Systems ist die Mondfahrt bei Wells ein privates Unternehmen, ein Konstrukt, das mit einfachen narratologischen Mitteln plausibel dargestellt werden kann. Am Ende verschwindet unter unerklärlichen Umständen die Raum-Kugel einfach, so dass der Mondfahrer Bedford außer dem vom Mond mitgebrachten Gold keinen Beweis für seine Mondfahrt mehr hat und das Ganze fast für einen Traum halten will.

4. Intertextualität und Fiktionalität

Mit dem Stichwort „Traum" wird dem Leser noch einmal deutlich gemacht, dass Wells trotz seiner außergewöhnlich guten naturwissenschaftlichen Bildung nicht beabsichtigt, ein technisch-naturwissenschaftlich möglichst stimmiges Gedankenexperiment zu liefern. Denn hier bezieht er sich eindeutig auf den Naturphilosophen Johannes Kepler (1571 – 1630) und sein *Somnium* (dt. *Traum*, 1634). An anderer Stelle wird Kepler, von dem die (fiktionale) Theorie stammt, dass die Mondbewohner in unterirdischen Höhlen wohnen, sogar namentlich genannt. Dies gehört zu einer ganzen Kette von literarischen Bezugnahmen, die sich durch den Roman zieht: zunächst, im Motto des Romans, ein längeres Zitat von Lukian, dem römischen Ahnherrn der Mondfahrt-Geschichten, dann Jules Vernes *Von der Erde zum Mond*, darauf mehrmals Kepler und schließlich, nicht namentlich genannt, aber für den gebildeten Leser unverkennbar, Jonathan Swifts Erzählung von *Gullivers Reisen*. Dazwischen werden andere literarische oder quasi-literarische Namen angeführt: Mrs. Beeton, die viktorianische Haushalts- und Kochkunst-Expertin, Lewis Carrolls Alice im Wunderland, William Shakespeare und der spätviktorianische Dichter Rudyard Kipling.

Dass Wells den Schwerpunkt seiner Darstellung nicht auf die naturwissenschaftlich-technische Seite der Mondfahrt-Erzählung legt, macht er nicht zuletzt auch durch die narrative Grundkonstruktion seines Romans augenfällig. Nicht der Naturwissenschaftler Cavor, von dem das mysteriöse Metall Cavorit stammt und der die Raum-Kugel konstruiert hat, sondern der Schriftsteller Bedford ist der Ich-Erzähler des Romans. Dieser jedoch betont immer wieder, dass er von naturwissenschaftlich-technischen Dingen keine Ahnung habe. Auf diese Weise ist Wells in der Lage, naturwissenschaftlich-technische Einzelheiten auszusparen und sich stärker auf genuin literarische Momente zu konzentrieren.

Dazu passt auch, dass Wells sich offenbar gar nicht die Mühe machte, vieles neu zu erfinden, sondern großzügig Anleihen bei früheren Autoren tätigte, wie akribische Kritiker ihm nachgewiesen haben: Form und Ausstattung des Raumschiffes sind ein Echo auf Jules Vernes hohle Kanonenkugel in *Von der Erde zum Mond* (1865). Das Anti-Gravitations-Metall Cavorit ist vorgeprägt durch das Lunarium in *A Voyage to the Moon: with some account of the Manners and Customs, Science and Philosophy, of the People of Morosufia and other Lunarians* und auch durch *Apergy*, eine Antriebskraft in Percey Greggs Roman *Across the Zodiac* aus dem Jahr 1880. Der zufällige Verlust des Raumschiffes nach Bedfords Rückkehr zu Erde kommt bereits vor in Hugh McColls Roman *Mr. Stranger's Sealed Packet* (1889). Das Pflanzenleben auf dem Mond, das riesig in seinen Ausmaßen, aber nur auf die Dauer eines Mondtages beschränkt ist, findet sich bereits in Keplers *Somnium*. Die Tatsache, dass die Mondfahrer durch die Schwerelosigkeit während der Fahrt weder Hunger noch Durst verspüren, geht möglicherweise zurück auf Francis Godwins Vorform eines Science-Fiction-Romans *Manne in the Moone: or a Discourse on a Voyage Thither by Domingo Gonzales* aus dem Jahr 1638. Und das Gold, das auf dem Mond im Überfluss vorhanden ist, könnte entlehnt sein aus *A Voyage to*

Cacklogallinia , eine Satire über die sog. *South Sea Bubble*, einen spektakulären Börsenkrach im frühen 18. Jahrhundert, die unter dem Pseudonym „Captain Samuel Brunt" im Jahr 1727 erschienen war.

Wie der zuletzt genannte sind weitaus die meisten Texte, von denen Wells abhängig ist oder auf die er sich bezieht, Satiren. Dies ist kein Zufall; denn der Mond lässt sich geradezu als ein klassisches Land der Satire ansprechen. Und dies ist ebenfalls ein entscheidender Grundzug von Wells' Roman. Darauf wird der Leser, noch bevor er mit der Lektüre des eigentlichen Textes begonnen hat, durch das ausführliche Motto des römischen Satirikers Lukian eingestimmt.

5. *The First Men in the Moon* als Satire

Schon die beiden Hauptfiguren sind wesentlich als Träger von satirischen Aussagen konzipiert. Cavor entspricht dem Zerrbild des exzentrischen, wirklichkeitsfremden Naturwissenschaftlers. Als beim ersten Versuchsanlauf sein Labor in die Luft fliegt und er annehmen muss, dass seine drei Mitarbeiter dabei ums Leben gekommen sind, zeigt er einen eklatanten Mangel an sozialer Verantwortung und mitmenschlichem Gefühl, indem er bemerkt: "Meine drei Gehilfen sind vielleicht umgekommen, vielleicht auch nicht. Das ist ein Detail. Wenn es so ist, dann ist es kein großer Verlust; sie waren mehr eifrig als tüchtig." Die Wissenschaft geht ihm über alles. *Fiat scientia, pereat mundus.*

Der Wissenschaft von Cavor gilt die leidenschaftliche Anklage des Erzählers, welche die Vorbehalte vieler Zeitgenossen der viktorianischen Ära artikuliert: „Das ist diese verfluchte Naturwissenschaft. [...] Das ist der wahre Teufel!" Auf der anderen Seite ist dies nicht das letzte Wort. Cavor und seine Naturwissenschaft sind für Wells ambivalent, letzten Endes natürlich positiv. Es ist nicht ohne Grund, wenn gerade Cavor später erkennt, dass das wahre Unheil von der Gier und dem Machtstreben der Mächtigen ausgeht und dass seine Erfindung, wenn er sie denn öffentlich machen würde, nur von solchen Kräften für ihre

Zwecke missbraucht werden würde, und er stellt anklagend die
Frage:

> Wozu wäre der Mond für die Menschen gut? Selbst auf ihrem eigenen
> Planeten – was haben sie anderes gemacht als ein Schlachtfeld und
> ein Theater für unendliche Torheit? […] Nein! Die Naturwissen-
> schaft hat sich zu lange abgemüht, Waffen für den Gebrauch von
> Toren zu schmieden. Es ist Zeit, dass sie ihre Hand zurückhält.

Bedford hingegen repräsentiert in übersteigerter Form die Philosophie des Kapitalismus. Als er von Cavors Erfindung hört,
denkt er sofort an alle möglichen Formen der Anwendung. Vor
allen Dingen aber sinniert der fast bankrotte Geschäftsmann
über immensen finanziellen Erfolg und zukünftigen Einfluss:

> Ich sah eine Muttergesellschaft und Tochtergesellschaften, Anwen-
> dungen zur Rechten, Anwendungen zur Linken, Verbände und
> Konzerne, Privilegien und Konzessionen, wie sie sich mehr und
> mehr ausbreiteten, bis eine riesige, enorme Cavorit-Gesellschaft die
> Welt führte und beherrschte.

Bedford versucht Cavor einzureden, er habe die heilige Verpflichtung, für eine geschäftliche Umsetzung seiner Erfindung zu
sorgen, und er ist dabei regelrecht größenwahnsinnig: „Wir
können die ganze Welt besitzen und beherrschen." Später gehen
seine Visionen angesichts des überall auf dem Mond zu finden-
den Goldes sogar noch weiter: „Das ganze Sonnensystem wird
durchzogen von Cavorit-Kreuzern und Luxus-Kugeln." Es ist, als
sei hier das spanische Monopol auf das amerikanische Gold ins
Gigantische gesteigert.
   Außerdem ist Bedford auch ein satirischer Repräsentant des
Imperialismus. So fordert er, als er mit Cavor den Mond erkun-
det, rundheraus die Annektierung des Erdtrabanten im Geiste
des Kolonialismus: „Wir müssen diesen Mond annektieren […].
Da darf es kein Zögern geben. Das ist Teil der Bürde des weißen
Mannes," womit er sich auf ein berühmtes Gedicht von Rudyard
Kipling aus dem Jahre 1899 bezieht. Dass Bedford und Cavor bei
dieser Gelegenheit buchstäblich betrunken sind, da sie von einem
berauschenden Pilz gegessen haben, dient als satirisches Iro-

niesignal. Die Anrufung von Julius Caesar und Christoph Co-
lumbus als Vorbilder bringt eine ebenso ironische Übersteige-
rung wie die Anspielung auf die Berechnungen des viktorianischen Experten Robert Malthus durch den Ausruf: „Welche
Heimat für unsere Überbevölkerung!"

Wie rücksichtslos der Imperialist Bedford sich gebärdet, zeigen seine Pläne einer Eroberung des Mondes mit Waffengewalt
im Sinne der imperialistischen Kanonenbootpolitik. Als er sich
zusammen mit seinem Gefährten in dem unterirdischen Höh-
lensystem – spannend wie in einem Indianerroman – auf der
Flucht vor den Seleniten befindet, überlegt er: "Wir könnten das
Ganze auf eine solidere Basis stellen. In einer größeren Kugel mit
Kanonen wiederkommen."

Dass Bedford eine satirische Spielfigur ist, macht Wells noch
einmal gegen Ende des Romans sehr deutlich. Als Bedford das
vom Mond heimgebrachte Gold bei einer Bank in Sicherheit
bringt, unterschreibt er den Brief ironisch mit „'Wells', was mir
ein durchaus respektabler Name zu sein schien." Außerdem
publiziert er seine Darstellung der Mondfahrt in „*The Strand
Magazine*" – wo auch Wells' *First Men* zunächst in Fortsetzungen
erschienen ist. Mit Bedford wird die Philosophie von Kapitalismus, Imperialismus und Kolonialismus satirisch angeprangert,
während mit der Figur Cavor satirisch die ambivalenten Folgen
der Naturwissenschaft ins Spiel gebracht werden. Grundlegend
satirisch erscheint auch die negative Utopie oder Dystopie, mit
welcher Wells' Roman seinen Abschluss findet.

6. *The First Men in the Moon* als ambivalente Utopie

Wells als auf dem Wissensstand des ausgehenden 19. Jahrhunderts ausgebildeter Naturwissenschaftler wusste natürlich, dass
der Mond keine Atmosphäre hat. Aber indem er dem Erdtrabanten in seinem Roman eine (wenn auch dünnere) Lufthülle
zubilligt, eröffnet er sich ungleich bessere erzählerische Möglichkeiten. Einmal erspart er seinen Mondfahrern das Tragen von
Raumanzügen, welche ein hohes Maß an technischer Ausrüstung
bedingen und die möglichen Aktivitäten stark einschränken

würden; zum anderen kann er so die lunare Erzähltradition, insbesondere nach dem Vorbild von Keplers *Somnium*, fortsetzen und den Mond mit einer Bevölkerung von Troglodyten (Höhlenbewohnern) ausstatten.

Die Darstellung der Mondgesellschaft, der Seleniten, in Wells' Roman könnte wie ein Anhang wirken. Bedford, der Erzähler, hat bereits seine abenteuerliche Geschichte der Mondfahrt zu Papier gebracht, durch einen literarischen Agenten vermarktet und im *Strand Magazine* veröffentlicht. Da empfängt plötzlich ein fiktiver Mr. Wendigee, der auf dem Alpengipfel Monte Rosa eine Beobachtungsstation unterhält, wo er mit der modernsten, von „Signor Marconi" entwickelten Radiotelegraphie-Technik arbeitet, rätselhafte Botschaften aus dem All. Wells fügte an dieser Stelle einen Hinweis auf die damals hochaktuelle Behauptung des Elektroingenieurs Nikola Tesla ein, er habe eine Nachricht vom Mars erhalten. In den erhaltenen Nachrichten berichtet Cavor, wie es ihm nach der Trennung von Bedford, den er für tot hält, weiter ergangen ist. Vor allem berichtet er über die Gesellschaftsstruktur der Mond-*aliens*, der Seleniten. Dies hat zweifellos für den Roman eine zentrale Bedeutung. Dadurch ermöglicht Wells für sich und seinen Erzähler eine glaubwürdig selektive Erzählweise: Bedford braucht dem Leser nur das zu berichten, was er durch den lückenhaften Bericht Cavors auch erfahren hat. Damit erhält Cavor die Funktion eines utopischen Reisenden, wie er seit Thomas Morus' *Utopia* (1516) in der Gattungstradition etabliert ist.

In Interpretationen von Wells' *scientific romances* wird mit Recht festgestellt, dass die Darstellung der insektenartigen Seleniten bei Wells auf der einen Seite satirisch, auf der anderen Seite aber auch äußerst ambivalent ausfällt. Der Grundtenor von Cavors Bericht ist zweifellos positiv. Als rational denkender Naturwissenschaftler zeigt er sich begeistert von „dieser wunderbaren sozialen Ordnung". Hier findet man im Sinne der utopischen Tradition (*de optimo reipublicae statu* hieß schon der Untertitel von Morus' Werk) ein perfekt durchorganisiertes Gemeinwesen, wo jedes Mitglied von vornherein für seinen Platz in der gesellschaftlichen Ordnung konditioniert und ausgebildet wird. Cavor macht das in seinem Bericht sehr anschaulich:

Auf dem Mond [...] kennt jeder Bürger seinen Platz. Er wird für
diesen Platz geboren, und die vollendete Disziplin von Ausbildung
und Erziehung und Chirurgie, die ihm zuteil wird, macht ihn
schließlich dafür so vollständig passend, dass er darüber hinaus für
irgendeinen Zweck weder Gedanken noch Organe hat.[...] Wenn
zum Beispiel ein Selenit dazu bestimmt ist, ein Mathematiker zu sein,
dann richten sich seine Lehrer und Ausbilder gleich nach diesem Ziel
aus.

Spätestens gegen Ende der Stelle, als buchstäblich vom Ge-
sichtsverlust, von der quiekenden Stimme und dem Verlust des
Lachens bei dem angehenden Mathematiker die Rede ist, merkt
der Leser, dass ein so hoher Grad an gesellschaftlicher Spezialisierung alles andere als eindeutig positiv gemeint sein kann,
sondern mit dem Verlust menschlicher Grundwerte erkauft wird.
Die Utopie schlägt in eine Dystopie um. Das Ganze ist höchst
ambivalent. Wells unterstreicht diese Ambivalenz durch ironische Signale. Schon die riesigen Mondkälber, denen die Mondfahrer gleich zu Anfang begegnen, die hier von Cavor als wichtige
Fleischlieferanten der Selenitengesellschaft dargestellt werden,
bekräftigen diese Textkomponente ebenso wie Cavors selenit-
ische Übersetzer mit ihren komischen Namen Tsi-puff und Phi-
oo, die sich in einem überaus seltsamen Pidgin-Englisch aus-
drücken.

Die in drei Kategorien unterschiedenen Intellektuellen unter
den Seleniten, deren Gehirn hypertroph entwickelt ist, werden
einmal als „schwabbelige Wissensgelees" bezeichnet. Bei den als
Maschinen-Arbeiter vorgesehenen Seleniten hingegen werden
die Hände mit ihrer Greiffunktion besonders entwickelt – eine
Anspielung auf die in der viktorianischen Zeit gebräuchliche
Bezeichnung für Arbeiter, nämlich „hands (Hände)". Ein unan-
genehmes Gefühl beschleicht Cavor, als er die bei den Seleniten
übliche Methode der Behandlung von Arbeitslosen sehen muss:
Sie werden betäubt und erst dann wieder aufgeweckt, wenn man
eine sinnvolle Verwendung für sie hat.

Durchdrungen von dramatischer Ironie ist schließlich die
entscheidende Szene im vorletzten Kapitel, als Cavor mit dem
Grand Lunar, dem Beherrscher des Mondes, zusammentrifft.

Nach dem Vorbild von Swifts Gulliver in seinem Gespräch mit dem König von Brobdignag berichtet Cavor dem Herrscher ebenso naiv wie blauäugig von den Verhältnissen auf der Erde. Insbesondere Cavors Bemerkung, dass manche Menschen den Krieg als „die herrlichste Erfahrung des Lebens" empfänden, erfüllt den Herrscher und seinen Hofstaat mit ungläubigem Entsetzen. Dadurch hat Cavor die Gefährlichkeit der Menschen offenbart. Im Schlusskapitel erfährt der Leser, dass Cavor infolge dieses taktischen Fehlers vom Grand Lunar zum Schweigen gebracht und eliminiert worden ist. Seine letzte Nachricht kommt als ein verstümmeltes „uless" an, was Bedford als „useless (zwecklos)" deutet, aber natürlich auch andere Möglichkeiten offen lässt. Zwecklos ist Wells' Roman freilich – das ist hoffentlich deutlich geworden – nicht. Zwar hat er nicht in direkter Weise die außerliterarische Realität beeinflusst. Vielmehr vermag er auf unterschiedliche Art, vielleicht auch heute noch, das Bewusstsein der Leser zu inspirieren und zu verändern.

Sascha Feuchert

Fahrplan nach Palästina

„Altneuland" von Theodor Herzl (1902)

Als sich der Wiener Journalist und Paris-Korrespondent der „Neuen Presse" Theodor Herzl im Sommer 1895 das Ziel setzte, die so genannte Judenfrage anzugehen, trug er sich zu allererst mit dem Plan, einen *Roman* zu schreiben. Er tat dies in dem festen Glauben, dass eine Assimilation der europäischen Juden keine Lösung bringen werde, sondern ein Ende des grassierenden Antisemitismus' nur durch einen eigenen Staat der Juden zu erreichen sei. Dieser geplante volkstümliche Roman, so entnehmen wir seinen Tagebüchern, sollte das aktuelle Elend der Juden zeigen und ihre spätere Erlösung in einem eigenen Staat.

Allerdings beschritt der 1860 geborene Theodor Herzl zunächst auch andere, gänzlich unliterarische Wege: So versuchte er, mit Baron Maurice de Hirsch und den Pariser Rothschilds zwei Bankmagnaten von seinen revolutionären Ideen zu überzeugen. Beide hatten in Argentinien bzw. Palästina bereits jüdische Siedlungsversuche großzügig unterstützt. Zum Zeitpunkt, als Herzl diese Vertreter der Hochfinanz in persönlichen Gesprächen über sein Vorhaben informierte, war er in der der Öffentlichkeit als Journalist und Schriftsteller freilich nur mäßig bekannt und praktisch ohne Lobby. Shlomo Avineri findet daher für diese kühnen Versuche harte Worte: „Die Vorstellung, er könne einfach so in Hirschs oder Rothschilds prächtiges Vorzimmer hineinspazieren und sie mit seinem Charme so in Bann ziehen, dass sie von seinen Ideen überzeugt wären, war völlig unrealistisch, fast lachhaft und somit klar zum Scheitern verurteilt – was dann auch tatsächlich geschah." Herzls Tagebuch verzeichnet auch, welche Staatsmänner – darunter etwa Otto von Bismarck – und andere Persönlichkeiten er versuchte, für sein Vorhaben eines eigenständigen jüdischen Gemeinwesens zu begeistern. Doch der Erfolg blieb insgesamt außerordentlich bescheiden: „Welcher ernsthafte Staatsmann oder König," so noch einmal Avineri, „würde sich wohl herablassen, einem kaum bekannten Journalisten und Dramatiker sein Ohr zu schenken, der vorgibt, er – und er allein – besäße den Schlüssel zur Lösung eines der vertracktesten Probleme Europas, der sogenannten ‚Judenfrage'?"

Erst nach einer Reihe von Misserfolgen begriff Herzl, dass er an die weitere Öffentlichkeit würde gehen und eine Volksbewegung würde aufbauen müssen, um Gehör zu finden. Er änderte seine Strategie: 1896 erschien sein Essay „Der Judenstaat", und ein Jahr später kam es in Basel zum ersten zionistischen Kongress. Innerhalb kürzester Zeit wurde Herzls Idee dann tatsächlich offen und äußerst kontrovers diskutiert. Aus dem unbedeutenden Journalisten wurde rasch eine bewunderte, nahezu ins Heilige stilisierte, aber auch angefeindete und nicht selten bösartig karikierte Person des öffentlichen Lebens, die dann aber auch von den bedeutenden Politikern und Persönlichkeiten empfangen wurde. So traf Herzl 1898 nicht zuletzt den deutschen Kaiser in Konstantinopel und Jerusalem, unter dessen Protektorat er eine jüdische Ansiedlung in Palästina gerne gestellt hätte. Im Oktober 1902 legte Herzl schließlich mit „Altneuland" eine viel beachtete, äußerst kontrovers besprochene literarische Version seiner Idee vor. Seit 1899 hatte er konsequent an der Umsetzung seiner schon so früh geborenen Romanidee gearbeitet.

„Altneuland": Staats- und Reiseroman

„Dr. Friedrich Löwenberg saß in tiefer Melancholie an dem runden Marmortische seines Kaffeehauses." Mit diesem ersten und in mehrfacher Hinsicht symptomatischen Satz entwirft der Autor gleich eine ganze Szenerie. Der Protagonist, so stellt sich heraus, ist ein 23jähriger, offensichtlich stellungsloser Jurist, der in seinem Stammcafé umgeben ist von weiteren jungen Akademikern: Es „waren angehende Ärzte, neugebackene Doktoren der Rechte, absolvierte Techniker. Die höheren Studien hatten sie vollendet. Und zu tun gab es nichts." Die meisten dieser jungen

Leute sind Juden und damit, wie der Roman feststellt, „Opfer einer Anschauungsweise, die vor zwanzig oder dreißig Jahren in den mittleren Schichten der Judenschaft geherrscht hatte. Die Söhne sollten etwas anderes werden, als die Väter gewesen. Los vom Handel, von den Geschäften. Da hatte ein Massenauszug des Nachwuchses nach den ‚gebildeten' Berufen stattgefunden. Das Ende war ein jammervoller Überfluss an studierten Leuten, die keine Beschäftigung fanden, zu bescheidener Lebensführung nicht mehr taugten, in Ämtern nicht unterschlüpfen konnten, wie ihre christlichen Kollegen, und sozusagen auf dem Markte lagen."

Gleich auf den ersten Seiten des Romans begegnet der Protagonist Vertretern einer anderen sozialen Gruppe, den jüdischen Bettlern und Hausierern, die in ärmsten Verhältnissen um ihr Überleben kämpfen. Vor dem Café gibt er einem jüdischen Jungen ein Almosen, das dieser freudig sofort nach Hause trägt. Ansonsten scheint es mit der Solidarität mit den Armen innerhalb der jüdischen Gemeinschaft nicht weit her zu sein. Einer seiner Freunde rühmt sich sogar, „Mitglied des Vereins gegen Verarmung und Bettelei" zu sein.

Friedrich Löwenberg ist nicht nur melancholisch, weil er beruflich keinerlei Perspektive hat, sondern auch, weil er unglücklich verliebt ist. Die Industriellen-Tochter Ernestine Löffler hat es ihm angetan, und auf einem Empfang im Hause ihrer Eltern begegnet Friedrich mit Vertretern der jüdischen Bourgeoisie der dritten jüdischen Gruppe, deren Oberflächlichkeit ihn ebenfalls abschreckt: „Mit diesen Leuten und leider auch von diesen Leuten mußte er leben, denn sie stellten die Klientel einer zukünftigen Advokatenpraxis vor." Während des Empfangs kommt es zu einer bemerkenswerten Szene: Dr. Weiß, ein Rabbiner aus einer mährischen Kleinstadt, berichtet von den Problemen der dortigen Juden, die zwischen die deutschen und tschechischen Volksgruppen geraten seien. Antisemitische Übergriffe von beiden Seiten gegen die Juden häuften sich – und die betroffenen Menschen wollten auswandern, wüssten nur nicht wohin. Dr. Weiß, der sich auf die Ordnungsfunktion der Polizei nicht verlassen will, bringt vorsichtig eine andere Lösung ins Spiel: „Es gibt seit Jahren eine Bewegung, man nennt sie die zionistische. Die will die Judenfrage durch eine großartige Kolonisation lösen. Es sollen alle, die es nicht mehr aushalten können, in unsere alte Heimat nach Palästina gehen." Die Reaktion auf diese Bemerkung ist tief kränkend für den alten Rabbiner: „Er hatte ganz ruhig gesprochen und nicht wahrgenommen, wie die Gesichter um ihn her sich allmählich zum Lächeln verzogen, und er war daher ordentlich verdutzt, als das Gelächter beim Worte Palästina plötzlich losbrach. Es war ein Lachen in allen Tonarten. Die Damen kicherten, die Herren brüllten und wieherten. Nur Friedrich Löwenberg fand diesen Heiterkeitsausbruch brutal und ungeziemend gegen den alten Mann. Blau [ein Kabarettist] benutzte die erste Pause im allgemeinen Gelächter, um zu erklären: ‚Wenn es in der neuen Operette einen einzigen solchen Witz gegeben hätte, wär' uns wohl gewesen.'"

An dieser Szene sind zwei Dinge bemerkenswert: Zum einen schildert der Roman antisemitische Übergriffe *innerhalb* des Habsburger Reiches, um das Problem zu verdeutlichen, und zwar im Zusammenhang mit aufbrechenden ethnischen Konflikten. Oft hat man Herzls Beschäftigung mit der so genannten Judenfrage mit seiner Beobachtung der entwürdigenden Dreyfus-Affäre in Paris in Verbindung gebracht. Bei genauer Analyse seines Tagebuchs stellt man dagegen fest, dass das Schicksal des jüdischen Offiziers nur eine eher untergeordnete Rolle spielte: Der Antisemitismus, dem Herzl unter anderem als Wiener Student in den Burschenschaften begegnet war, und die Karriere des antisemitischen Wiener Bürgermeisters Karl Lueger und damit das Ende einer Toleranzpolitik beschäftigten ihn dagegen weit mehr. Die zweite Beobachtung zu dieser Szene bezieht sich auf die Reaktion der Vertreter des jüdischen Bürgertums auf die zionistische Idee: Hier inszeniert Herzl im Roman, was ihm in Wirklichkeit nicht selten widerfuhr. Blanker Spott schlug ihm entgegen und von nicht wenigen wurde er als Verrückter bezeichnet.

Zurück zur Geschichte: Nach den Ereignissen im Hause Löffler ist Friedrich Löwenberg nun vollends verzweifelt und beschließt, auf eine merkwürdige Zeitungs-Anzeige zu reagieren. „Gesucht wird ein gebildeter und verzweifelter junger Mann, der bereit ist, mit seinem Leben ein letztes Experiment zu machen. Anträge unter N.O. Body an die Expedition." Noch im Café schreibt er an diesen Mr. Nobody – und begegnet während des Schreibens erneut einem Vertreter der jüdischen Unterschicht. Diesmal ist es ein Hausierer, von dem sich herausstellt, dass er der Vater des bettelnden Jungen ist, den Friedrich schon kennt. Bewegt von deren Schicksal begleitet er beide nach Hause, sieht, unter welch unwürdigen Bedingungen die vierköpfige Familie leben muss und beschließt, die gröbste Not der Familie durch acht Gulden, die er noch bei sich hat, zu lindern. Die Dankbarkeit ist natürlich riesengroß und David Littwak, der kleine Bettler, verspricht Friedrich, ihm eines Tages alles zurückzahlen zu wollen, wenn er es geschafft haben werde, mit seiner Familie nach Palästina zu gehen: „Das ist unser Land. Dort können wir glücklich werden!"

Am nächsten Tag schon trifft Löwenberg den geheimnisvollen Auftraggeber der Anzeige, einen Mr. Kingscourt, der sich als ehemaliger preußischer Offizier entpuppt, dem es in Amerika unter anglisiertem Namen gelungen ist, zu enormem Wohlstand zu kommen. Enttäuscht von den Menschen, will dieser nun ein zurückgezogenes Leben auf einer Insel im Cooks Archipel führen. Ganz einsam will er dabei freilich nicht sein: Neben zwei Dienern soll ihn auch ein Gesellschafter begleiten. Da Friedrich der einzige Bewerber um diese Stelle ist, beide sich offenbar mögen und sich Kingscourt auch ausdrücklich nicht von der Tatsache abschrecken lässt, dass Löwenberg Jude ist, kommen sie ins Geschäft und die Abfahrt wird für den nächsten Tag vereinbart. Zuvor aber überlässt Kingscourt Friedrich noch 5000 Gulden zur Abwicklung seiner Wiener Geschäfte, die dieser allerdings dazu verwendet, erneut der Familie Littwak einen Besuch abzustatten und ihr das Geld zu überlassen. Bevor die Familie jedoch merkt, was ihnen Löwenberg da als Geschenk gebracht hat, und sich bedanken kann, ist Friedrich schon über alle Berge.

Mit Kingscourt führt Herzl eine Figur in den Roman ein, die mehrere Funktionen zu erfüllen hat: Zum einen dient sie dazu, als christlicher Begleiter den weiteren Weg von Löwenberg und dessen diverse Begegnungen mit dem Zionismus von außen zu bewerten. Zum anderen steht Kingscourt in einer langen literarischen Tradition der komischen Reisegefährten – man denke etwa an Jules Vernes Figur des Passepartout aus „In 80 Tagen um die Welt": Kingscourt flucht unablässig und macht (wenig gelingende) Wortspiele, aber seine schnoddrige, unvoreingenommene Art und seine Technikbegeisterung lassen ihn auch zu einem überaus charmanten Entdeckungsreisenden werden.

Bevor Kingscourt und Löwenberg ihre Insel erreichen, machen sie unterwegs in Palästina Halt. Auf Löwenbergs Bemerkung, dieses Land werde von ihm keinesfalls als „Vaterland" empfunden, antwortet Kingscourt: „Wahrhaftig, ich verstehe euch Juden nicht. Ich wär' auf so etwas furchtbar stolz, wenn ich ein Jude wäre. Und ihr schämt euch wohl gar dessen. Da könnt ihr euch nicht wundern, wenn man euch verachtet". Tatsächlich finden beide das Land zwar nicht unbesiedelt vor, doch scheint es sich durch Miss- oder fehlende Wirtschaft in einem jämmerlichen Zustand zu befinden – hier konnte Herzl ganz offenbar auf eigene Eindrücke einer Palästina-Reise im Oktober 1898 zurückgreifen. Zugleich fällt in diesem Zusammenhang einer der zentralen Sätze, um den auch Herzls Essay „Der Judenstaat" kreist, dass es sich nämlich bei der Judenfrage weder um eine soziale, noch um eine religiöse, sondern vielmehr um eine *nationale* Angelegenheit handele. Als Nation aber könnten die Juden das brachliegende Land wieder in Besitz nehmen, mit ihrer Zivilisation und Kultur auf Vordermann bringen, ein „Altneuland", wie Kingscourt (!) es nennt, daraus machen, sich selbst befreien – und damit auch anderen Ländern ein leuchtendes Beispiel sein. Doch all dies ist weit weg – und Kingscourt und Löwenberg ziehen zunächst einmal weiter.

Der zweite Teil des Romans setzt zwanzig Jahre nach diesem ersten Besuch in Palästina ein. Erst damit betritt die Erzählung den utopischen Raum, denn das Jahr 1923 war zum Zeitpunkt der Publikation für die Leser schließlich genauso weit weg, wie es von den Protagonisten war, als sie sich in die Südsee verabschiedeten.

Unsere beiden Helden kehren – ein wenig fragwürdig fiktional motiviert – nach Palästina zurück. Zwanzig Jahre waren sie von allem weitgehend isoliert, haben vom Weltgeschehen praktisch nichts mitbekommen. Schnell erkennen die zwei Reisenden, dass sich in ihrer Abwesenheit in Palästina Gewaltiges verändert haben muss. Und es geschehen einige nachgerade wunderbare Dinge: Kurze Zeit nachdem sie den Boden Haifas betreten haben, wird Friedrich ausgerechnet von David Littwak angesprochen, dem ehemaligen Wiener Bettlerjungen, der in der Zwischenzeit tatsächlich ausgewandert und in Palästina zu Reichtum und Wohlstand gekommen ist (weitere ‚zufällige‘ Begegnungen mit ehemaligen Wienern sollen noch folgen). David führt Friedrich, den er eigentlich für tot hielt, und dessen Freund Kingscourt nun durch das völlig neue, jüdisch besiedelte Palästina. Wie beide erfahren, hat das Osmanische Reich den Juden Siedlungsrechte gewährt, und eine große zionistische Organisation, die „Neue jüdische Gesellschaft“, hat das entsprechende Land gekauft, für die Einwanderung gesorgt, hat geholfen, Maschinen im großen Stil zu erwerben und Fabriken aufzubauen, das Land durch gigantische Bewässerungsmaßnahmen urbar zu machen, den Handel zu organisieren und eine zivile Verwaltung zu etablieren.

Wie genau die Grenzen dieses Landes verlaufen, ist nicht ganz klar, auch von Eigenstaatlichkeit ist nicht die Rede – offenbar nahm der Autor Herzl hier auch Rücksicht auf die türkische Regierung, die mit wenig Begeisterung auf die Idee eines eigenen jüdischen Staates reagiert hatte. Im Roman wird fortan sehr detailliert beschrieben, wie dies alles von statten ging, welche Schritte wann folgten und wie der Exodus der Juden aus Europa so organisiert wurde, dass die betroffenen Staaten, die auch Herzl „Wirtsvölker“ nennt, davon sogar maximal profitierten. Es würde zu weit führen, dies im Einzelnen aufzuschlüsseln, stattdessen sei zusammengefasst, wie das *Ergebnis* all dieser Bemühungen aussah – und somit die Vision, die Herzl für dieses neue Land der Juden hatte.

Prinzipiell kann man Herzls Vorstellungen und seine Philosophie – mit Amnon Rubinstein gesprochen – als „im Kern europäisch, säkular und liberal“ kennzeichnen. Was Löwenberg und Kingscourt zu sehen bekommen, ist ein durch und durch europäisches Land, das in einem märchenhaft guten Zustand ist, überall – vom Standpunkt des Jahres 1902 aus gesehen – die allerneuste Technologie besitzt und weithin durch Toleranz und auch friedliche Multiethnizität gekennzeichnet ist. Geradezu leitmotivisch kehren die Beteuerungen Davids oder anderer Figuren wieder, es handele sich bei den Entwicklungen um nichts Ungewöhnliches, man habe lediglich von Anfang an gut geplant und immer die neuesten Errungenschaften genutzt. Durch diese Betonung der Machbarkeit gibt sich Herzls Roman als „realistische Utopie" aus. Im neuen Palästina gibt es Versorgungsschächte in jeder Straße, eine weitreichende Stromversorgung, einen wesentlich auf Automobile ausgerichteten Verkehr, daneben aber auch elektrische Schwebebahnen, weitverzweigte Eisenbahnverbindungen, modernste Architektur und vieles andere mehr – etwa auch eine „Telephonzeitung" (ein Vorläufer des Radios), die es zu Herzls Zeiten in Budapest tatsächlich gab.

Neben diesen Errungenschaften finden sich aber auch zahlreiche soziale Innovationen, die für zeitgenössische Leser durchaus atemberaubend waren: So kennt Palästina etwa das aktive und passive Wahlrecht für Frauen und ist durch ein friedliches Nebeneinander der unterschiedlichsten Religionen geprägt. An einem hoch symbolischen Sederabend im Hause von Davids Eltern kommt im Prinzip alles zusammen, was dieses neue Land ausmacht: Vertreter der anglikanischen, katholischen und russisch-orthodoxen Kirche sind eingeladen, daneben nehmen auch muslimische und atheistische Gäste teil. *In alter Weise* gedenkt man des Auszugs der Juden aus Ägypten, *auf einer Schallplatte* lauscht man den Berichten vom modernen Auszug der Juden aus Europa – Tradition und Technologie gehen hier symbolisch jene Ehe ein, die sie insgesamt in Herzls Vision geschlossen haben.

Die Gäste werden weiterhin durch ein landwirtschaftlich bestens genutztes, blühendes Land gefahren. Viele Betriebe sind genossenschaftlich organisiert, Konsumvereine verhindern Lebensmittelwucher und selbst viele Zeitungen des Landes gehören den Abonnenten. Allerdings – das wird mehrfach betont – hat man sich keineswegs für einen sozialistischen Weg entschieden, sondern einen, der allen dieselben Chancen lässt: „Die größere Begabung muß ihre größere Talentrente, die größere Anstrengung ihren größeren Lohn haben." „Mutualismus" nennt Herzl diesen Mittelweg zwischen Kapitalismus und Kollektivismus. Es gibt ein freies und allgemein zugängliches Gesundheitssystem, Bildung ist – bei entsprechender Begabung – bis zur Universität

gebührenfrei und schon in der Schule werden für Schüler aus-
giebige Lernphasen im Ausland organisiert. Eine reiche Theaterszene ist vorhanden und eine Akademie versammelt die
klügsten Köpfe der Zeit. Der Besiedlung des neuen Landes ging
sogar ein Schiff der Weisen voraus – in Herzls Vision ein Dampfer
voller Intellektueller und Künstler, die die Gründung der neuen
Siedlung kritisch begleiten sollten.

Das Hausiererwesen ist in „Altneuland" gänzlich abgeschafft –
mit dem Kleinhandel sei man eine der übelsten Plagen für Juden
los, heißt es im Roman. Auch Berufspolitiker hat man gänzlich
abgeschafft. Gewählt werde der am besten geeignete Kandidat –
und der, der sich am wenigsten um ein Amt bemühe, weil Ehr-
sucht die politische Arbeit beschädige. Dies führt übrigens dazu,
dass David, dieser musterhafte Zionist, der völlig ohne Fehl und
Tadel zu sein scheint, am Ende des Romans gegen seinen Willen
zum neuen Präsidenten der Gesellschaft gewählt wird und damit
das höchste Amt innehat.

Alle Mitglieder der Gesellschaft müssen zudem – um die
ganzen sozialen Einrichtungen zu finanzieren – einen zweijäh-
rigen sozialen Dienst absolvieren; eine Armee gibt es in diesem
Land nicht. Mitglied kann jeder werden, der diese zweijährige
Verpflichtung ableistet – gleich welchen Glaubens und welcher
Herkunft er ist. Damit sind auch Araber jederzeit als vollwertige
Mitglieder erwünscht – und tatsächlich ist einer der besten
Freunde Davids auch Araber und Mitglied der Gesellschaft. An
der Figur dieses Freundes, Reschid Bey, wird deutlich, dass Herzl
natürlich sehr genau wusste, dass die Araber in Palästina lebten –
und dass man sie würde integrieren müssen. Dies gelingt mit der
von ihm ausgearbeiteten Figur – zum einen, weil sie neid- und
kritiklos anerkennt, dass die Übernahme des Landes durch die
Juden zum Besten für alle war, und zum anderen, weil sie so
konzipiert ist, dass sie sich auch der europäischen Vision Herzls
nicht verschließt: Reschid Bey spricht perfekt Deutsch und hat
sogar in Berlin studiert. Andere Araber kommen in dem Roman
freilich nicht vor. Einerseits ist dieses friedliche Nebeneinander
von Arabern und Juden eine ungemein positive Vision – wie sehr
wünschte man sich gerade heute eine so vernunftgesteuerte Ko-
existenz beider Gruppen. Wenn man sich aber andererseits die

Voraussetzungen dafür genauer anschaut, die Herzl gleichsam nebenbei formuliert, dann wird man auch zu dem Schluss kommen, dass Herzls Blick auf die Besiedlung Palästina letztlich doch auch ein kolonialistischer ist, weil er voraussetzt, dass sich die dort vorhandene Bevölkerung in die neuen, von außen kommenden Strukturen einfügen wird. Dennoch sind Toleranz und Offenheit die zentralen Leitmotive dieser neuen Gesellschaft.

In seinem Roman orchestriert Herzl aber auch Gegenstimmen zum toleranten Konzept: Der Rabbiner Dr. Geyer – der freilich nie selbst auftritt – argumentiert gegen die Aufnahme von Nichtjuden in die Gesellschaft und findet damit auch einige Anhänger. In einer programmatischen Szene kommt es zu einem Disput zwischen den Vertretern des Toleranz-Gedankens und den Unterstützern der Geyerschen Thesen. Dabei verlieren die Mitglieder der intoleranten Gruppierung gleich auf zwei Ebenen: Argumentativ können sie den Vertretern des Toleranz-Gedankens nicht das Wasser reichen; sprachlich werden sie zudem stigmatisiert. Der Vertreter ihrer Position hat einen starken jiddischen Einschlag – Jiddisch aber war für Herzl die Sprache des Galut, des Exils. Im Romankontext wird klar: Wer so spricht (im doppelten Sinne), ist noch nicht im neuen Palästina angekommen. Insgesamt erscheint die Inszenierung dieser Gegenströmung literarisch aber auch zu gewollt; nicht zuletzt hat sie nur die Funktion, die Vision Herzls nicht als zu glatt und damit letztlich als zu illusorisch erscheinen zu lassen.

Bleibt noch das Thema Religion: Obgleich Herzl in seiner Vision den Wiederaufbau des Tempels in Jerusalem vorsieht, ist die jüdische Religion im wahrsten Sinne des Wortes marginal. Die religiösen Zentren finden sich am Stadtrand, und auch wenn die Ausflügler um Löwenberg und Kingscourt an einem Gottesdienst teilnehmen, so wird doch klar, dass das neue Palästina nicht allein auf den Grundfesten des jüdischen Glaubens gebaut ist. Die neue Gesellschaft beerbt die jüdische Tradition und damit auch die Religion – sie macht sie aber nicht zum Zentrum ihres Handelns.

Angesichts der überwältigend positiven Welt, der Friedrich Löwenberg und sein treuer Begleiter Kingscourt im neuen Palästina begegnen, bleibt für die beiden Figuren zum Schluss ei-

gentlich nur eine Option: bleiben und mitmachen an der Verwirklichung dieses großartigen Projekts. Besonders Friedrich
grämt sich ein ums andere Mal, bislang an diesem Werk nicht
mitgearbeitet zu haben: „Ich sehe jetzt, daß ich eine Pflicht versäumt habe. Ich hätte mittun können, mittun müssen an diesem
wundervollen Werke der Volksaufrichtung. Ich war einer von den
Gebildeten und hätte verstehen müssen, was in der Zeit sich
vorbereitete. Aber nein, ich war nur mit meinen eigenen jämmerlichen Schmerzen beschäftigt."

Diesen impliziten Leserappell nimmt Herzl nach Abschluss
des Romans – der auch noch die Hochzeit von Löwenberg und
Mirjam, der Schwester von David Littwak, vorsieht – explizit
wieder auf, indem er in seinem kurzen Nachwort den Lesern
zuruft: „Wenn Ihr wollt, ist es kein Märchen!" In diesem Nachwort betont der Autor auch noch einmal, dass er eine Lehrdichtung habe vorlegen wollen – und er ist sich auch bewusst, dass es
für die einen wohl zu viel Dichtung und für die anderen zu viel
Lehre gegeben haben könnte. Letztlich krankt der Roman tatsächlich literarisch an allem, an dem Staatsromane, als Spielart
der Utopie, fast immer leiden: Durch die Entfaltung einer Idee
und ihrer Konsequenzen hat der Leser in der Regel sehr viel
theoretisches Material zu bewältigen, das nur notdürftig in die
Grunderzählung eingebaut wird. Auch im Falle Herzls ist es so,
dass mancher Dialog doch arg an der Absicht leidet. Dennoch:
Dem Roman war, gerade weil er Programmschrift war, großer
Erfolg beschieden – und auch eine große Kontroverse.

„Altneuland": Schaden oder Nutzen für den Zionismus?

Bevor die Wirkung des Romans einer vorsichtigen Beurteilung
unterzogen wird, muss gefragt werden, wen Herzl eigentlich als
Publikum im Blick hatte. Julius H. Schoeps betont nicht ganz zu
Unrecht, dass der Roman „in erster Linie eine Art Programmschrift für Nichtjuden" gewesen sei. In der Tat ist der Roman so
konzipiert, dass mit Kingscourt eine Hauptfigur gleichsam
stellvertretend für den nichtjüdischen Leser von der Idee und
ihrer Durchführbarkeit überzeugt wird. Entscheidend ist in

dieser Hinsicht, dass Kingscourt vermittelt werden kann, dass der Auszug der Juden aus Europa nicht nur keinen wirtschaftlichen Schaden angerichtet hat, sondern dass die abgebenden Nationen sogar noch profitierten.

Allerdings richtete sich der Roman mindestens genauso, wenn nicht noch stärker, an jüdische und zionistische Leser. Immerhin versah der Roman diese Leserschichten mit einer intensiven, positiven Vision, die – bei aller Überzeichnung – doch ein Ziel markierte, bei dem alle Anstrengungen enden konnten. „Altneuland" war auch ein Zeichen der Hoffnung: Inmitten der antisemitischen Umtriebe in Europa gab es tatsächlich die Vorstellung eines irdischen Paradieses – erstmals nicht nur abstrakt und theoretisch dargelegt, sondern angereichert mit Leben und einer mehrere hundert Seiten füllenden klaren Vorstellung, wie dieses in Palästina aussehen könnte. So paradox das klingen mag: In dieser positiven Vision und ihrer literarisch inszenierten Machbarkeit scheint die größte realgeschichtliche Folge des Romans zu liegen. Nur nebenbei erwähnt: Auch die technischen Vorstellungen im Roman waren so stark entwickelt, dass man einzelnen noch nach Jahrzehnten nachging. Bis heute gab es immer wieder Versuche, den von Herzl so plastisch beschriebenen Tote-Meer-Kanal zu bauen.

Ein schöner Beleg für die Kraft der visionären Wirkung ist vielleicht ein anderes literarisches Zeugnis, nämlich ein Gedicht von Heinrich Grünau, das in der zionistischen „Welt" veröffentlicht wurde:

Altneuland
Dr. Theodor Herzl gewidmet

Ich las in einem Märchenbuche
Von einem schönen Zauberland
Mein Volk nach langem Wanderfluche
Die alte Heimat wiederfand...

Erfüllt der Sehnsucht gold'ne Träume!
Der Freiheit grosses Werk vollbracht!
Es rauschen wieder die Zedernbäume
In neuverjüngter Wunderpracht...

Was früher eine öde Wüste,
war wie ein Garten aufgeblüht –
Und allenthalben wob und grüsste
Das Leben frühlingshauchdurchglüht.

Und überall war frohes Regen
Und jugendfrische Schaffenslust,
Aus jedem Halme quoll der Segen
Und Freiheitsglück aus jeder Brust.

Jeruscholajim prangte wieder
Auf seinem stolzen Fürstenthron,
Und wie ein Friede floss es nieder
Vom Karmel und vom Libanon.

Und aus den längst zerfallenen Trümmern
Der alte Tempel neu erstand...
Und rings ein Leuchten, Strahlen, Schimmern...
Ein glücklich Volk im eigenen Land!

Von selig-tiefer Glücksempfindung
Lauscht' ich dem Märchen wunderhold
Und in mir klang es wie Verkündung:
„Es ist kein Märchen – wenn Ihr wollt!"

Man sieht: Das Gedicht schließt mit Herzls Wendung – es steht damit tatsächlich paradigmatisch für eine Euphorie, die der Roman bei Teilen der Leserschaft auslöste. Und dennoch gab es natürlich auch harsche Kritik – die sich gerade an der konkreten Vision entzündete.

Schon vor der Veröffentlichung setzte diese Auseinandersetzung ein. Der englische Zionist und Schriftsteller Israel Zangwill schrieb sogar an Herzl, dass er der Meinung sei, der Roman des Führers einer Bewegung über dieselbe schwäche beide – Führer und Bewegung – wegen der zu großen Klarheit, die er bringe. Herzl wies diese Kritik harsch zurück und schrieb an Zangwill, „daß *Altneuland* den Ideen des Zionismus ebenso wenig schaden wird wie Bellamy's ,*Looking backward*' den Ideen des Kommunismus." Notabene benennt Herzl hier mit dem Text Edward

Bellamys aus dem Jahr 1888 auch einen wichtigen Intertext für „Altneuland", der zahlreiche Parallelen zu Herzls Roman aufweist.

Tatsächlich – da hatte Zangwill nur allzu recht – begann die inhaltliche Diskussion um den Roman sofort nach Erscheinen. Alex Bein kommt in seiner großen und großartigen Herzl-Biographie insgesamt zum Schluss, der Roman habe Herzl insgesamt „mehr geschadet als genützt". Am heftigsten kritisierte Herzls Widersacher, der zionistische Aktivist Achad Haam (1856–1927), die Schwächen des Romans. Die bitter ironische Kritik entzündete sich vornehmlich an der fehlenden „Kulturfrage". Herzl, so Haam, habe zugunsten der politischen Lösung völlig vergessen, über jüdische Kultur zu sprechen. „Warum, fragte er, finden hebräische Tradition, Sprache und Literatur nicht den Stellenwert in Altneuland, der ihnen eigentlich zukommen sollte?" Zunächst seien schließlich die geistigen Voraussetzungen zu schaffen, bevor es zu einer politischen Lösung kommen könne.

Der beißende Spott Haams galt allerdings auch der Schnelligkeit, mit der Palästina in der Herzlschen Vision vermeintlich besiedelt werden könne. Geradezu genüsslich zählte er die Monate nach, die angeblich verstrichen seien, bis das Land bereits zu erblühen begann. Dasselbe gilt für Herzls Vorstellung, die Araber könnten gar nicht anders, als die Juden willkommen heißen, da sie ihnen so viel verdanken würden. Allein die Aufzählung all dieser „Wunder" reichte bei Haam aus, diese Vision im besten Fall für „naiv" zu halten. Ein polemischer Absatz widmete sich auch den Folgen des Auszugs der Juden aus Europa für die zurückbleibenden Menschen:

> „Der Judenhass ist völlig verschwunden, nachdem die Judenkonkurrenz aufgehört hat oder auf ein Minimum zurückgegangen ist. Nachdem nämlich das Gros der Juden, Arme, Reiche und Intelligenz, ihre Wohnsitze verlassen hatten und den Autochthonen nicht mehr zur Last fielen – sah man sofort allgemein den großen Nutzen ein, den der Jude bringen kann [...]. Die ‚Moral' davon liegt auf der Hand: die Assimilatoren und Täuflinge von jetzt handeln offenbar töricht, den Zionismus nicht mit allen Kräften zu fördern, da dies ja in ihrem eigensten Interesse liegt..."

Haam schloss seine Generalabrechnung mit dem Hinweis an
Herzl, „die Renaissance des Judentums" könne „nicht ‚in einem
Atemzuge' vollbracht werden, allein vermittelst Aktiengesell-
schaften und Genossenschaften. Ein historisches Ideal bedarf
einer historischen Entwicklung, und die historische Entwicklung
schreitet langsam…".

Herzl und seine Mitstreiter waren durch diese harsche Kritik,
hinter der sie fälschlicherweise eine Intrige Martin Bubers ver-
muteten, schwer getroffen. Nur kurze Zeit später schoss Herzl-
Freund Max Nordau in der „Welt" mit einem auch persönlich
beleidigenden Essay zurück. Herzl sorgte dafür, dass Nordaus
Artikel auch an nichtzionistische Zeitungen breit verteilt wurde,
was wiederum unter anderem Martin Buber sehr verärgerte.
Besonders heftig reagierte Nordau auf den Vorhalt Haams, Herzl
zeige mit seinem Palästina ein gleichsam europäisches Land:

> „In der Tat. ‚Altneuland' ist ein Stück Europa in Asien. Da hat Herzl
> genau das gezeigt, was wir wollen, worauf wir hinarbeiten. Wir
> wollen, dass das wiedergeeinte befreite jüdische Volk ein Kulturvolk
> bleibt, so weit es dies schon jetzt ist, ein Kulturvolk wird, so weit es
> dies noch nicht ist. Wir ahmen dabei niemand nach, wir benützen
> und entwickeln nur unser Eigentum. Wir haben an der europäischen
> Kultur mitgearbeitet, mehr als an unserem Teil; sie ist unser in
> demselben Masse wie der Deutschen, Franzosen, Engländer."

Die Kontroverse um den Roman setzte sich weiter fort, immer
entlang der Trennlinien innerhalb der zionistischen Gemeinschaft, die spätestens seit dem ersten Zionistenkongress (1897)
aufgetreten waren. Daher wurde der Roman nur mehr Anlass
derselben Konflikte, die seit geraumer Zeit schwelten und sich
auch nicht beilegen ließen.

Dem Erfolg des Romans tat dies keinen Abbruch: Er erlebte
schnell zehn Auflagen und wurde in mehrere Sprachen übersetzt.
Im Hebräischen erschien er unter dem Titel „Tel Aviv", was so viel
wie „Frühlingshügel" bedeutet und einen biblischen Ursprung
hat. Und hiernach wiederum ist die zweitgrößte israelische Stadt
benannt, deren Grundstein 1909 gelegt wurde. Herzls Vision ist
damit in diesem Stadtnamen dauerhaft verewigt. Und als am

Abb. 4: Der erste Präsident des neu gegründeten Staates Israel, Chaim Weizmann, wurde im Februar 1949 unter einem Porträt Theodor Herzls vereidigt. Rechts vor ihm: Premierminister David Ben Gurion.

14. Mai 1948 David Ben Gurion den Staat Israel ausrief, tat er dies demonstrativ unter einem Porträt Theodor Herzls.

Weiterführende Literatur

Shlomo Avineri: Herzls Weg zum Zionismus – eine Neubewertung, in: Ekkehard W. Stegemann (Hg.): 100 Jahre Zionismus. Von der Verwirklichung einer Vision, Stuttgart 2000, S. 19 – 32.

Alex Bein: Theodor Herzl, München 1999.

Julius H. Schoeps: Theodor Herzl 1860 – 1904. Wenn Ihr wollt, ist es kein Märchen. Eine Text-Bild-Monographie, Neu-Isenburg 2004.

Winfried Speitkamp

Flussfahrt ins Grauen

„Heart of Darkness" von Joseph Conrad
(1902)

Nicht jeder hat den Roman „Herz der Finsternis" gelesen. Aber jeder kennt den Begriff, jeder hat ihn schon einmal gehört, vermutlich fast jeder ihn auch schon einmal verwendet. Vom „Herz der Finsternis" ist in der Politik und in der Presse, in der Werbung und im Alltag die Rede, ob es nun um Katastrophen in Afrika, Schweizer Finanzkalamitäten oder eine neues Motorrad-Modell geht, das als „Harleys Heart of Darkness" angepriesen wird. Der Begriff wird dem Anschein nach völlig willkürlich und sinnentleert verwendet, jedenfalls immer dann, wenn es Gefährliches, Rätselhaftes und Abgründiges zu charakterisieren gilt. Und das hat dann doch etwas zu tun mit dem Roman, auf den der Begriff zurückgeht, mit Joseph Conrads „Heart of Darkness" aus dem Jahr 1902. Conrad nämlich beschreibt eine Fahrt auf dem Kongo als Fahrt in eine tiefe Finsternis. Diese Finsternis steht bei ihm nicht nur für die Abgründe Afrikas, sondern, so eine einflussreiche Deutung, für die Abgründe der Menschheit und des Menschen schlechthin.

Freilich gibt es viele Deutungen des Buches, und das hat dazu beigetragen, dass sich der schillernde Terminus vom „Herz der Finsternis" tief in das Weltgedächtnis eingeprägt hat. Der relativ kurze Roman ist vielleicht Conrads bedeutendstes, jedenfalls sein bekanntestes Buch. Unzählige Studien sind dazu erschienen, immer wieder neue Symbole und Anspielungen wurden entdeckt, immer wieder neue Vorläufer, Anregungen und Querverbindungen behauptet. Versucht man die Fülle der Deutungen und Wirkungen von „Herz der Finsternis" zu ordnen, so kann man drei Interpretationslinien unterscheiden. Zunächst wurde „Herz der Finsternis" vor allem als historisches Dokument und politischer Kommentar gelesen. Sodann, seit den 1920er Jahren, wurde der Roman als Studie über den Menschen und die Abgründe des Unbewussten verstanden. Schließlich, seit den 1970er Jahren, geriet Conrad aus postkolonialer Sicht in die Kritik, wurde „Herz der Finsternis" als rassistisch gebrandmarkt und als unfreiwilliges Selbstbild Europas charakterisiert. Die Pointe ist nun: Alle drei Deutungen haben recht.

Ein Dokument der Kolonialgeschichte

Nichts liegt näher, als „Herz der Finsternis", den Bericht über eine Flussreise aus der Sicht des Kapitäns, als historisches Dokument zu begreifen. Conrad hatte als Kapitän gearbeitet und 1890 selbst den Kongo befahren – und das Buch handelt vom Kongo, wenn der auch namentlich nie benannt wird. Immer wieder hat Conrad betont, dass seine Schriften unmittelbar aus eigener Erfahrung geschöpft seien. Kapitän Marlow, der Binnenerzähler im „Herz der Finsternis", taucht in mehreren Romanen Conrads auf und wird häufig mit dem Schriftsteller identifiziert.

Joseph Conrad, eigentlich Józef Teodor Konrad Korzeniowski, war polnischer Herkunft. Er wurde am 3. Dezember 1857 in der heutigen Ukraine geboren. Nach dem frühen Tod der Eltern zog er schon im Alter von 17 Jahren nach Marseille, um zur See zu fahren. Drei Jahre lebte und arbeitete er dort als Leichtmatrose und nahm am Marseiller Hafen- und Matrosenleben teil. Das Bild ist freilich von Mythen verstellt, zu denen Conrad selbst beigetragen hat. Die Rede ist von Waffenschmuggel, hohen Schulden, einem Duell, einer romantischen Liebesaffäre, psychischen Krisen und einem Selbstmordversuch. 1878 heuerte er als Matrose auf einem englischen Schiff an, dann arbeitete er als Offizier auf Dampf- und Segelschiffen; schließlich erhielt er 1888 das Kommando über ein Segelschiff. Schon als Schiffsoffizier, mit 32 Jahren, begann er zu schreiben, 1894 – er hatte sich mittlerweile in England niedergelassen – gab er die Seefahrt ganz auf und widmete sich fortan nur noch der schriftstellerischen Tätigkeit.

Er schrieb in Englisch, einer Sprache, die er erst mit 21 Jahren gelernt hatte.

Die Entscheidung für die englische Sprache, nicht für seine Muttersprache Polnisch oder für Französisch, zählt ebenso zu den vieldiskutierten Fragen der Conrad-Forschung wie die erst späte, aber umso intensivere Hinwendung zur Schriftstellerei. Als Wendepunkt gilt oft die bereits erwähnte Fahrt auf dem Kongo. Schon in jungen Jahren, so stellte es Conrad später selbst dar, habe er sich zum Ziel gesetzt, das Innere Afrikas zu bereisen. Das war damals noch ein weißer Fleck auf der Landkarte der Europäer. Conrad wähnte sich offenbar auf den Spuren der großen Afrikareisenden wie David Livingstone und Henry Morton Stanley. Im April 1890 übernahm er für eine belgische Handelsgesellschaft das Kommando über einen Flussdampfer auf dem Kongo; acht Monate blieb er in Afrika. Am Ende war er schwer erkrankt, und von den körperlichen und psychischen Folgen erholte er sich nie mehr ganz. Über seine Kongo-Fahrten sind ein Tagebuch und zahlreiche Briefe erhalten, aus denen man ablesen kann, wie eng er sich im „Herz der Finsternis" an eigene Erfahrungen hielt. Das gilt sowohl für die Bedingungen von Natur und Technik bei der Schifffahrt als auch für die politischen Hintergründe.

„Herz der Finsternis" erschien als dreiteiliger Fortsetzungsroman 1899 in einer Zeitschrift, als selbständiges Buch erstmals 1902. Die Geschichte beginnt auf der Themse. Fünf Männer – der Direktor einer Handelsgesellschaft, ein Rechtsanwalt, ein Buchhalter, Marlow und der nicht näher benannte Erzähler – müssen auf ihrer Segeljacht den Gezeitenwechsel abwarten, um auszulaufen. Da beginnt Marlow von einem Erlebnis in Afrika zu erzählen. Er hatte sich um das Engagement bei einer belgischen Handelsgesellschaft bemüht. Für diese sollte er das Kommando über einen Flussdampfer übernehmen, den Kongo hinauffahren und weit im Inneren des Kongo den Leiter der dortigen Station Kurtz abholen, der dort höchst erfolgreich für die Gesellschaft Elfenbein akquiriert hatte, aber offenbar krank geworden war. Die näheren Hintergründe bleiben zunächst im Vagen. An Bord gehen auch einige Personen, die Marlow als „Pilger" bezeichnet.

Tatsächlich sind es Elfenbeinhändler, beschrieben als Pilger der Gier und der Ausbeutung.

Auf dem Weg den Kongo hinauf werden Wasser und Wald immer bedrohlicher, dunkler; Nebel senkt sich über das Schiff, und kurz vor dem Erreichen der Station des Agenten Kurtz wird es auch noch von Afrikanern angegriffen. Bald stellt sich heraus, dass sie im Auftrag von Kurtz gehandelt haben, der offenbar ein Privatreich im Inneren Afrikas errichtet hat, dort mit Gewalt und aberwitzigen Praktiken herrscht, aber auch verehrt wird. Symbolisch für den Schrecken, der Kurtz umgibt, steht der Zaun um seine Station, dessen Pfahlspitzen mit geräucherten Kopftrophäen geschmückt sind. Der erkrankte Kurtz wird schließlich an Bord gebracht, die Abfahrt wird begleitet von dem teils drohenden, teils klagenden Auftritt der Afrikaner aus Kurtz' Reich, in ihrer Mitte eine majestätisch auftretende afrikanische Frau, mit der Kurtz offenbar zusammengelebt hat. Auf der Rückfahrt stirbt Kurtz. Seine letzten Worte gegenüber Marlow lauten: „the horror" – „das Grauen". Nach Kurtz' Tod wird auch Marlow schwer krank, überlebt aber und kehrt schließlich nach London zurück.

Es lag also nahe, diese Geschichte, die bald außerordentlich positive Rezensionen erhielt, als historisches Dokument zu interpretieren. Zum einen galt Conrad in seinen frühen Jahren vor allem als Erzähler von Seefahrergeschichten. Zu seinem eigenen Ärger wurde er in die Nähe von Abenteuer- und Kolonialautoren wie Jack London, Rudyard Kipling oder Robert Louis Stevenson gerückt. Zum anderen war der Kongo 1902, als Conrads Buch erschien, gerade zum Thema einer öffentlichen Diskussion in Europa und den USA geworden. Die brutale Raub- und Beutewirtschaft in der Privatkolonie des belgischen Königs Leopold II., die Gier nach Elfenbein und Kautschuk, die Misshandlungen der Afrikaner – all das ging auch hartgesottenen Befürwortern der europäischen Kolonisation zu weit. Bilder der Verstümmelungen afrikanischer Kinder gingen um die Welt. Sie wurden schon um 1900 zu Chiffren kolonialer Gewalt.

Conrad berichtet in seinen Kongo-Tagebüchern über die Schrecken des Kolonialregimes, etwa über die Leichen von ermordeten Afrikanern am Wegesrand – Szenen, die später im

„Herz der Finsternis" wieder auftauchen. Und am Kongo traf
Conrad 1890 auch eine Reihe von Personen, die als Vorbilder für
Figuren im Roman genannt worden sind. „Herz der Finsternis"
ist eine Geschichte über Gier. „Greed", also Gier, Habgier,
Machtgier, ist ein Schlüsselwort der Erzählung: „Das Wort ‚Elfenbein' scholl durch die Luft, wurde geflüstert, wurde geseufzt.
Man hätte meinen können, sie beteten es an. Der Pesthauch
aberwitziger Raubgier schien das alles, wie Aasgeruch, zu
durchdringen." Immer wieder werden Heuchelei und Brutalität
des Kolonialismus angesprochen, immer wieder treten Vertreter
der kolonialen Expansion auf, der Direktor der Handelsgesellschaft, die Pilger, ein Russe, der zum Kurtz-Anhänger geworden
ist, und schließlich Kurtz selbst. Alle sind entweder anachronis-
tische, kuriose, unfähige oder gescheiterte Gestalten. Am ehesten
noch steht Kurtz selbst für die Ambitionen und das Desaster des
Kolonialismus. Offenbar war er zunächst Anhänger einer innovativen und rationalen Kolonialpolitik, und er arbeitete an einer
Denkschrift für die „Gesellschaft zur Unterdrückung primitiver
Bräuche". Doch zunehmend wird er von den Versuchungen der
Macht und der Gier korrumpiert.

So lag es auch nahe, Conrads Erzählung als Kritik an König
Leopolds Kolonialregime zu verstehen, eine Deutung, die bis
heute immer wieder vertreten worden ist. Das reicht von der
Philosophin Hannah Arendt, die 1951 in den „Elementen und
Ursprüngen totaler Herrschaft" mehrfach auf Conrads „Herz der
Finsternis" Bezug genommen und daran das Wesen des Impe-
rialismus festzumachen versucht hat, bis zu dem amerikanischen
Journalisten Adam Hochschild, der in seinem Buch „Schatten
über dem Kongo" (1998) Parallelen zwischen Leopold und den
Kongo-Gräueln einerseits, der totalitären Politik und den Mas-
senmorden des 20. Jahrhunderts andererseits zog. In diesem
Kontext widmete Hochschild ein Kapitel der „Begegnung mit Mr.
Kurtz", den realen Vorbildern kolonialer Gewalt im Kongo. Tatsächlich bündeln sich in Kurtz alle Elemente und Anlagen Europas, und dies geradezu im wörtlichen Sinn: „Ganz Europa war
am Zustandekommen des Herrn Kurtz beteiligt gewesen", heißt
es: „Seine Mutter war Halbengländerin, sein Vater Halbfranzo-
se". Mehr noch als Marlow könnte man da fast geneigt sein, Kurtz

selbst als *alter ego* von Conrad, den polnisch-französisch-englischen Seemann zu sehen. Tatsächlich haben manche Interpreten den Namen Kurtz als verkürzte Form des Geburtsnamens Conrads gedeutet: Korzeniowski.

Conrad selbst hat seinen Kongo-Aufenthalt von 1890 als Wendepunkt in seinem Leben gedeutet. Jedenfalls kehrte er desillusioniert und krank zurück. Man hat seine folgende Krankengeschichte, die sich in immer pessimistischeren Korrespondenzen niederschlug, gar als „pathologische Depression" gedeutet. Nach 1890 fuhr er zwar wieder zur See, intensivierte aber die schriftstellerische Tätigkeit. Der kommerzielle Erfolg blieb anfangs aus. Conrad hatte beständig Schulden. Erst nach 1910 änderte sich die Lage, und nach dem Ersten Weltkrieg nahm auch die internationale Resonanz zu. Die Folgen der Tropenkrankheiten belasteten Conrad allerdings weiterhin. 1924, im Alter von 67 Jahren, starb er an einem Herzanfall.

Die Abgründe des Menschen

Oft wurde Conrad als Schriftsteller exotischer Abenteuer gesehen, als ehemaliger Seemann, der von See und Seefahrt berichtete, als Mann, der für Männer über vermeintlich „männliche" Tugenden schrieb, über Treue und Ehre, Bewährung und Versagen. Immer wieder geht es bei Conrad um die Herausforderung des Einzelnen, damit auch um eine existentielle Einsamkeit. Und im weiteren Sinn, und das rückte die Kritik in den 1920er und 1930er Jahren zunehmend in den Vordergrund, geht es um die menschlichen Abgründe, die sich vor dem Einzelnen auftun.

Conrad fand deshalb zunehmend Resonanz unter den Intellektuellen der Epoche, denen es gleichermaßen um die Einsamkeit, um Herausforderung, um Auftrag und Bewährung des Einzelnen, vor allem des einsamen Mannes ging, von Ernest Hemingway über Graham Greene bis zu André Gide und Albert Camus. Weit bekannt wurde Conrad erst in seinen späten Jahren, und, was das Ausland anging, im Grunde erst mit den Übersetzungen, die meist posthum erschienen. Am ehesten und am nachhaltigsten gelang ihm das in Frankreich. In Deutschland

waren Conrads Schriften vor dem Ersten Weltkrieg zum größten
Teil nur in Englisch erhältlich, und sie wurden auch noch nicht
breiter zur Kenntnis genommen. Erst seit 1926 wurden sämtliche
Werke Conrads ins Deutsche übertragen. Sie fanden jetzt positive
Aufnahme in deutschen Rezensionen, wenn sie auch keine
Bestseller wurden: Jeder Titel erreichte eine verkaufte Auflage
von etwa 8000 Exemplaren. Man schätzt, dass Conrad seinerzeit
in Deutschland eine stabile Leserschaft von etwa 50.000 Personen
hatte.

Enthusiastisch äußerten sich nun so unterschiedliche Autoren
und Künstler wie Thomas Mann, Jakob Wassermann, Hermann
Hesse, Joseph Roth, Gottfried Benn, Kurt Tucholsky, Max Beck-
mann und Ernst Jünger. Jünger hatte wie Conrad in jungen
Jahren von der Erschließung weißer Flecken auf der Landkarte
Afrikas geträumt. Thomas Mann war seit den zwanziger Jahren
ein begeisterter Leser Conrads. Man hat sogar Affinitäten notiert
zwischen „Heart of Darkness" und der Erzählung „Tod in Venedig" von 1912, gehe es doch in beiden Erzählungen um eine
Reise ins Ungewisse und um die menschlichen Abgründe, die
sich dabei auftun. Jedenfalls wurde Conrad nun mehr und mehr
als Zeitgenosse von Siegmund Freud gedeutet: als Analytiker der
Seele. Die Finsternis Afrikas – sie stand in dieser Perspektive für
das wieder zu entdeckende Unbewusste des Menschen, für das
Grauen in jedem Einzelnen. Die vielfältigen symbolischen Anspielungen und Aufladungen des Buches machten es nun zur
Fundgrube für weitreichende Interpretationen.

Conrad schien die Stimmung vieler Intellektueller nach dem
Ersten Weltkrieg zu treffen: Man feierte ihn in Deutschland als
einen Autoren, der das stoische Ertragen des Schicksals vor-
führte, und betonte die Melancholie, ja Hoffnungslosigkeit, die
über seinen Erzählungen liege. Auch suchte man nach seiner
Spiritualität, sah in ihm, so etwa Kulturzeitschriften wie das ka-
tholische „Hochland" oder der bürgerliche „Kunstwart", einen
subkutan religiösen Autor. Was „Herz der Finsternis" anging, so
zog man immer wieder Parallelen zum Inferno in Dantes
„Göttlicher Komödie" und zu Vergils „Aeneis". Conrad galt als
Autor, der die Fahrt in den Kongo hinein als Selbsterfahrungs-
Reise inszenierte. In den Abgründen von Gier und Gewalt, die

sich im Kongo auftaten, spiegelten sich demnach die Versuchungen der menschlichen Seele, und die Dunkelheit, die Conrad beschrieb, war nicht nur die Dunkelheit Afrikas, sondern auch Europas, des westlichen Menschen. Dabei zerriss die Illusion von Zivilisation, mit der die Weißen sich von den Schwarzen zu unterscheiden meinten.

In Kurtz, den man auch als faustische Existenz beschrieben hat, bündelt sich nach diesen Deutungen die Vielfalt menschlicher Anlagen zwischen böse und gut, barbarisch und zivilisiert, archaisch und modern. Und Marlow ist der Herausforderer. Das ganze Buch läuft auf das große Zusammentreffen zwischen Marlow und Kurtz hinaus, den beiden einzigen Personen, die im Roman überhaupt einen Namen besitzen. Marlow ist von Kurtz abgestoßen und angezogen zugleich. Kurtz erscheint keineswegs nur als brutaler Elfenbeinhändler, der eigenartige Kulte und Gewaltorgien im Inneren Afrikas zelebriert, sondern auch als charismatische Gestalt und Visionär, der Menschen fasziniert und bindet, der programmatische Reden hält und doch am Ende selbst in das Grauen hineingezogen wird und keine andere Lösung mehr findet als die denkbar radikalste: An den Rand seiner Reformdenkschrift für die „Internationale Gesellschaft zur Unterdrückung primitiver Bräuche" hat Kurtz notiert: „Rottet all diese Bestien aus!" Es geht insofern nicht nur um Abgründe der Seele, sondern um Machtwahn und Vernichtungsphantasien, und wenn man so will, kann man in Kurtz kommende totalitäre Diktatoren des 20. Jahrhunderts erkennen. Auch auf eine Geistesverwandtschaft mit Friedrich Nietzsche wurde wiederholt hingewiesen.

Am Ende des Romans wird die Nähe von Zivilisation und Barbarei noch einmal unterstrichen: „die ruhige Wasserstraße, die bis an die äußersten Grenzen der Erde führt, strömte düster unter einem bewölkten Himmel dahin – schien hineinzuführen ins Herz einer unermeßlichen Finsternis." Der Strom verbindet Europa und Afrika. Und Afrika zeigt Europa, was es früher war und was es potentiell noch immer ist. Schon am Anfang von „Heart of Darkness" gibt Conrad dazu einen deutlichen Hinweis. Angeregt zu seiner Erzählung wird Marlow nämlich durch den Blick von der Segeljacht, die auf der Themse liegt, auf die Silhouette der „Riesenstadt", also auf das nicht explizit genannte London. Auch das war früher, sagt Marlow, „einer der dunklen Plätze der Erde"; damals nämlich, bevor die Römer herkamen, herrschte hier „noch Finsternis". Hier warteten auf die Legionäre, die den Auftrag erhielten, den Fluss Themse hinaufzufahren, noch Gefahren, Kälte, Seuchen und der Tod. Das ganze Buch erscheint als großes Duell zwischen zwei Anlagen, zwei Seelen, zwischen Wildnis und Zivilisation, zwischen Bewusstsein und Unbewusstem, zwischen Vernunft und Gefühl, auch zwischen Selbstdisziplin, für die der kurzzeitig strauchelnde, dann sich fangende Marlow steht, und dem Rückfall in die Barbarei, für die Kurtz steht.

Für seinen Blick auf die Finsternis des Unbewussten benötigte Conrad ein Afrika, das gewissermaßen in jeder einzelnen Seele lebt. Er griff damit eine Metapher auf, die der Schriftsteller Jean Paul bereits 100 Jahre zuvor eingeführt hatte, als er von „diesem wahren inneren Afrika" sprach und damit das Unbewusste umschrieb. Auch Freud, der selbst mit Begeisterung Afrika-Reiseberichte gelesen hatte, sprach metaphorisch von Entdeckungen der dunklen Kontinente der Seele. Begleiterscheinung dieser Darstellungsweise aber ist, dass die Afrikaner in Conrads Roman fast durchgängig als Gegenbild zu den Europäern, als Sinnbilder der Finsternis und der Gefahr des Unterbewussten erscheinen. Sie tauchen oft nur schemenhaft als dunkle Gestalten auf. Wo Afrikaner konkret werden, sind sie entweder leidende Opfer und Elendsfiguren oder geradezu animalische Gestalten; so etwa die Paddler in einem Boot:

> „Schon von weitem sah man das Weiß ihrer Augäpfel glitzern. Sie schrien, sangen; ihre Leiber waren schweißüberströmt; sie hatten Gesichter gleich grotesken Masken – diese Gesellen; aber sie hatten Knochen im Leib, Muskeln; eine wilde Vitalität, eine ungeheure Energie lag in ihren Bewegungen."

In der Regel bilden Afrikaner eine undifferenzierte Masse, bedrohlich, dunkel und fremdartig, oft gar nicht sichtbar, sondern nur in der Ferne zu erahnen oder zu hören: „Eine große Stille rings um uns und über uns. Vielleicht in einer ruhigen Nacht das

Dröhnen ferner Trommeln, verhallend, anschwellend; ein Beben – gewaltig und dann wieder schwach; ein unheimlicher, flehender, vielsagender, ein wilder Klang". Und an anderer Stelle heißt es:

> „Aber plötzlich, wenn wir uns um eine Biegung bemühten, konnte es sein, daß sich uns ein flüchtiger Blick auf Schilfwände, auf spitze Grasdächer öffnete, auf wildes Gezeter, ein Gequirl von schwarzen Gliedmaßen, eine Masse klatschender Hände, stampfender Füße, schwankender Leiber, rollender Augen hinter dem Vorhang schweren und reglosen Laubes. Der Dampfer arbeitete sich weiter am Rand der schwarzen und unverständlichen Raserei hin. Der vorgeschichtliche Mensch verfluchte uns, betete uns an, begrüßte uns – wer vermochte es zu sagen? Wir waren vom Verständnis unserer Umgebung abgeschnitten; wir glitten vorüber wie Phantome, verwundert und insgeheim erschrocken, wie es vernünftige Menschen angesichts eines Begeisterungsausbruches in einem Tollhaus wären. Wir konnten nichts verstehen, weil wir zu weit voraus waren, und wir vermochten uns an nichts zu erinnern, weil wir in die Nacht frühester Zeitalter reisten, jener Zeitalter, die dahingegangen sind – kaum eine Spur hinterlassend und keinerlei Erinnerung. [...] Es war unirdisch und die Menschen waren... Nein, sie waren nicht unmenschlich. Wißt ihr, das war das schlimmste – dieser Verdacht, sie seien nicht unmenschlich. Er drängte sich einem langsam auf. Sie heulten und hüpften und drehten sich um sich selbst und schnitten fürchterliche Grimassen; doch was einen schaudern ließ, das war gerade der Gedanke an ihre Menschlichkeit – unserer gleich –, der Gedanke an unsere entfernte Verwandtschaft mit diesem wilden und leidenschaftlichen Aufruhr."

Nur vereinzelt werden Afrikaner herausgehoben aus dieser vorgeschichtlichen Masse und individuell geschildert. Das geschieht dann allerdings mit kolonialrassistischer Überheblichkeit, so im Fall des Heizers auf dem Schiff:

> „Er war ein veredeltes Exemplar; er konnte einen Kessel bedienen. [...] Ihm zuzusehen war so possierlich, wie es der Anblick eines Hundes ist, der, mit Hosen und Federhut bekleidet, auf seinen Hinterbeinen geht. [...] Eigentlich hätte er dort am Ufer in die Hände klatschen und mit den Füßen stampfen sollen; statt dessen ver-

richtete er harte Arbeit, Ein Sklave fremder Zauberkunst, voller veredelnder Kenntnisse."

Conrad entwarf Afrika als prähistorischen, wilden Kontinent in Kontrast zum modernen, zivilisatorisch geordneten Europa, und er entwarf die Bewohner Afrikas als Menschen der Vorgeschichte, wild, animalisch-körperlich, der Vernunft noch nicht zugänglich, eher Vertreter einer Gattung als erkennbare Individuen. Die Begegnung mit Afrika führt den europäischen Menschen insofern zurück in eine andere Welt, aus der er einmal hervorgegangen ist, die ihm keineswegs ganz fremd ist und derer er sich gerade deshalb nur mit Schaudern erinnern will.

Postkoloniale Kritik und postmoderne Dekonstruktionen

Conrads Deutung ist für seine Zeit nicht ungewöhnlich, Afrika ist im 19. Jahrhundert quasi erst erfunden worden. In der westlichen Literatur der Reisenden, Missionare, Kolonialisten und Forscher entstand ein Bild vom dunklen, ebenso wild-gefährlichen wie exotisch-verführerischen Afrika als Gegenbild zum zivilisierten Europa, ein Bild des irrationalen Kontinents als Gegenbild zu Europa als Kontinent der Vernunft. Conrad formte dieses Bild mit. Und es ist bis heute höchst wirkungsvoll, wie sich in Presseberichten, Filmen oder Fernsehserien über Afrika fast täglich zeigt. Hier setzte die Kritik aus Afrika an, die sich bald zur postkolonialen Kritik schlechthin weitete. Als erster protestierte 1975 der nigerianische Schriftsteller Chinua Achebe, lange Jahre über Vorsitzender des nigerianischen Schriftstellerverbandes. Er vermochte in Conrad bloß einen kolonialrassistischen Autor zu sehen. Mittlerweile waren die meisten afrikanischen Staaten unabhängig, der Kolonialismus schien der Geschichte anzugehören. Aber das Bild Afrikas vom „dunklen Kontinent" lebte fort. In zahlreichen universitären Lehrplänen gerade britischer Universitäten tauchte „Heart of Darkness" auf. In scharfer Polemik bilanzierte Achebe die rassistischen Stereotypen in Conrads Roman: Afrika als Kontinent der Gefühle; Afrikaner als vorgeschichtliche Menschen, als Naturmenschen und Gefühlswesen; einzelne Afrikaner als unfähige oder lächerliche Randgestalten. Achebe verwies auf den Arzt Albert Schweitzer, der zeitlich nur etwas später als Conrad nach Afrika gegangen war und formuliert hatte: „Der Afrikaner ist mein Bruder, aber mein jüngerer Bruder". Conrad bzw. Marlow dagegen, so Achebe, erkannte nur mit Schaudern eine ferne, quasi archaische Verwandtschaft mit den Afrikanern. Afrika sei bei Conrad eine Folie für europäische Selbsterfahrung, ein metaphysisches Schlachtfeld. Der Kontinent Afrika selbst werde dabei als Gefahr für Europa geschildert, denn erst im Kontakt mit Afrika drohe ja in Europa der Ausbruch vorzivilisatorischer Raserei.

Viele afrikanische Autoren haben sich dieser Kritik angeschlossen, so der kenianische Schriftsteller Ngugi wa Thiong'o. Afrikanische Autoren wiesen auch darauf hin, dass man sich in Europa zwar ausführlich damit beschäftigt habe, ob Conrads Schriften antisemitische Einstellungen verrieten – aber für antiafrikanische Positionen habe man sich nicht interessiert. Der palästinensische, in Jerusalem geborene, in den USA lehrende Literaturwissenschaftler Edward Said hat die Kritik in den postkolonialen Ansatz eingeordnet. Said ist 1978 mit seinem Buch über „Orientalismus" berühmt geworden. Der Orient sei eine Erfindung des Westens, und diese Erfindung diene der Selbstbestätigung des Okzidents, sie sei zugleich ein Instrument des westlichen Imperialismus. In seinem Werk „Culture and Imperialism" aus dem Jahr 1993 setzte er sich auch mit Conrad auseinander. Für Said ist „Heart of Darkness" ein Buch, das den inner-imperialistischen Diskurs zeigt. Marlow, Kurtz und andere redeten *über* Afrikaner, aber nicht mit ihnen. Und die Finsternis, die sie konstatieren, sei gerade das Afrika, das sich der Vereinnahmung durch Europa widersetze. Schlimmer noch: Diese afrikanische Finsternis gelte Marlow-Conrad als eine Gefahr und Herausforderung für den zivilisierten Menschen, sie müsse besiegt werden. Conrad könne sich Afrika also nur als Objekt Europas vorstellen.

Die postkoloniale Kritik forderte daher also ein eigenständiges Gegenbild Afrikas von sich selbst. Dieser Einschätzung schloss sich bald die feministische Kritik an, die in dem Roman einen sexistischen Entwurf kolonialer Männlichkeit sah. Auch in „Heart of Darkness" werden Frauen, wie bei Conrad meist, kaum beachtet und schon gar nicht als individuelle Charaktere gezeichnet. Nur zwei Frauengestalten werden näher herausgestellt: die von Kurtz zurückgelassene afrikanische Amazone und die Verlobte zuhause. Beide aber werden im Grunde gar nicht als Individuen charakterisiert, sondern als Allegorien: Die eine steht für das körperlich-vitale, animalische Afrika, sie ist eher majestätisches Tier als Mensch. Die andere steht für das körperlose, seine Empfindungen mühsam disziplinierende, die Gefühle der Vernunft unterordnende, in Grunde längst tote Europa, sie ist eher porzellanhaftes Möbelstück einer Gruft denn lebendiger Mensch in einer Wohnung.

Eine ganze Reihe westlicher Kommentatoren hat sich bemüht, Achebes und Saids Kritik zu widerlegen. So monierte man, dass Achebe den Binnenerzähler Marlow unzulässigerweise mit Conrad identifiziere. Tatsächlich hat Conrad mit dem Kunstgriff des doppelten Erzählers – ungenannter Rahmenerzähler sowie Binnenerzähler Marlow – seine eigene Position im Vagen gelassen. Aber auch wenn man Achebes scharfe Kritik am Rassismus Conrad-Marlows nicht teilen will, ist doch richtig, dass Conrad und die Rezeption des Romans Stereotype und Klischees über Afrika reproduziert haben.

Parallel zur postkolonialen Kritik schlug aber ein Teil der westlichen Conrad-Rezeption seit den 1970er Jahren eine etwas andere Richtung ein. Conrad wurde nun vermehrt seines afrikanischen und kolonialen Bezugs entkleidet, er wurde jetzt als Mahner angesichts der Ambivalenzen moderner Kriege und moderner Technik gedeutet. Die postkoloniale Debatte wurde so gewissermaßen unterlaufen, indem Conrad auf eine neue Ebene gehoben wurde. Ein herausragendes Beispiel ist die filmische Adaption durch Francis Ford Coppolas „Apocalypse Now" aus dem Jahr 1979. Der Regisseur verlegt die Handlung in den Vietnam-Krieg der späten sechziger Jahre. Der amerikanische Captain Willard erhält den Auftrag, mit einem Patrouillenboot einen – fiktiven – Fluss bis nach Kambodscha hinauf zu befahren, dort einen Colonel Walter E. Kurtz aufzuspüren und ihn unschädlich zu machen. Kurtz, ein hochbegabter Militär mit großer Erfahrung, habe sich dort tief im Dschungel selbständig gemacht und reagiere auf keine Befehle mehr. Willard fährt auf einem Patrouillenboot mit vier weiteren Männern den Fluss hinauf und findet Kurtz schließlich. Dieser, dargestellt von Marlon Brando, ist eine charismatische Gestalt, der mit Terror, Rhetorik und religiösen Ritualen ein Privatreich errichtet hat und alle unter seine Macht zwingt, Einheimische ebenso wie amerikanische Soldaten. Es kommt wie in der Buchvorlage zum verbalen Duell zwischen Kurtz und Willard, der zwischen Faszination und Abscheu hin und hergerissen ist und Kurtz schließlich tötet. Wie im Buch Conrads stirbt Kurtz mit den Worten: „Das Grauen, das Grauen."

Ein weiteres Beispiel ist das Buch „Störfall" der DDR-Schriftstellerin Christa Wolf aus dem Jahr 1987. Ausgangspunkt ist der Unfall im Kernreaktor von Tschernobyl am 26. April 1986. Das Reflektieren über die Katastrophe wird parallelisiert mit der zeitgleichen Operation des Bruders von Christa Wolf wegen eines Gehirntumors. In dieser Situation liest Wolf auf eine Empfehlung hin zum ersten Mal etwas von Joseph Conrad, nämlich eben „Heart of Darkness". Konnte sie bis dahin mit dem vermeintlichen Seefahrer-Autor für Männer einer längst vergangenen Epoche nichts anfangen, so regt er sie nun an zum Nachdenken über die Risiken der Technik, über Tschernobyl und die Star-Wars-Forscher in Kalifornien, also junge Techniker im Dienst eines globalen Imperialismus im All; letztlich fragt auch Wolf nach den blinden Flecken und Abgründen der Kultur.

In vielfältigen weiteren Werken, beispielsweise in Filmen Werner Herzogs, hat man Einflüsse Conrads nachzuweisen versucht. Dort ist „Herz der Finsternis" allerdings längst seines afrikanischen Kontextes entkleidet. Conrad ist zum Deuter der Moderne schlechthin geworden. Und die Formel vom „Herz der Finsternis" ist eine transnationale Metapher geworden. Sie wird inflationär gebraucht, nicht nur für die Krisen, Kriege und Katastrophen Afrikas, sondern auch für andere, vermeintlich vollkommen sachfremde Zusammenhänge. Sie findet sich in Opern-Besprechungen ebenso wie in politischen Kommentaren und Reisebeschreibungen, in der Werbung ebenso wie in Internet-Einträgen. Man kann, wie eingangs erwähnt, ein Motorrad der

Marke Harley-Davidson erwerben, das sich als schwarzes „naked-bike" im Retro-Look präsentiert, als „Dark Custom" geführt und als „Harleys Heart of Darkness" beworben wird. Und im Internet findet man sogar eine Tattoo-Vorlage namens „Heart of Darkness". Die Adaptionen werden immer abseitiger und nehmen kaum noch Bezug auf das reale Afrika. Sie beschwören ein solches „Herz der Finsternis" bloß noch rhetorisch, kommerziell oder sogar ironisch: Im Mai 2007 hat ein britischer Student den Roman Conrads mit Lego-Bausteinen nachgestellt, das Ganze fotografiert und daraus eine illustrierte Ausgabe des Buches gemacht. Das Pathos, das sich durch die Rezeption des Romans als Analyse der menschlichen Seele eingeschlichen hat, wird derart unterlaufen. Der Mythos „Herz der Finsternis" aber wird durch seine Karikierung eher noch bestärkt.

Während der konkrete Roman „Herz der Finsternis" langsam aus dem kollektiven Gedächtnis zu verschwinden scheint, ist er in seinen alltagskulturellen Nachwirkungen und in den zahlreichen Nutzungen der Titel-Metapher noch präsent. Derart ist er noch subkutan wirksam als Teil eines unbewussten Afrika-Bildes, das selbst und gerade in den trivialen Adaptionen weiterlebt. Afrika als das Körperlich-Animalische, das Irrationale, Rätselhafte und Bedrohliche, als Abgrund und Verderben – unser Bildervorrat für die Imagination Afrikas ist offenbar sehr beschränkt. Insofern macht es wenig Sinn, in Reaktion auf die postkolonialen Einwände eine gewisse Zeitgebundenheit Conrads einzuräumen, diese aber gegen seine Kritik am belgischen Kolonialismus aufzurechnen. Viel bemerkenswerter ist, dass Conrad ein Afrika-Bild transportiert und verfestigt hat, das auf zahlreichen Ebenen weiterwirkt und dem wir uns bis heute kaum entziehen können. Gerade deswegen: Conrad präsentiert eine ohne Frage faszinierende Geschichte über Afrika und den Menschen. Es lohnt sie zu lesen. Aber es ist eine Geschichte.

Weiterführende Literatur

Attie De Lange (Hg.): Conrad in Africa: New Essays on Heart of Darkness, Boulder 2002.

Gene M. Moore (Hg.): Joseph Conrad's Heart of Darkness. A Casebook, Oxford 2004.

Peter Nicolaisen: Joseph Conrad. Mit Selbstzeugnissen und Bilddokumenten, Reinbek 1997.

Elmar Schenkel: Fahrt ins Geheimnis. Joseph Conrad – Eine Biographie, Frankfurt/Main 2007.

Frank Bösch

Gammelfleisch und Sozialismus

„The Jungle" von Upton Sinclair (1905)

Upton Sinclairs Roman „The Jungle" von 1905 war unmittelbar ein durchschlagender Erfolg. Er erreichte in kurzer Zeit mehrere Millionen Leser und löste wie kaum ein anderes Werk der Weltliteratur weitreichende Reaktionen aus. Sämtliche Zeitungen diskutierten seinen Inhalt und selbst Präsident Theodore Roosevelt lud Sinclair besorgt ins Weiße Haus ein. Regierungskommissionen prüften den Wahrheitsgehalt des Romans und das Repräsentantenhaus verhandelte Gesetzesreformen, die durch die Debatten um das Buch angestoßen worden waren. Seine Wirkungsmacht wurde bereits nach kurzer Zeit vielfach mit „Onkel Toms Hütte" verglichen – sowohl in der zeitgenössischen Debatte als auch in späteren Nachrufen und wissenschaftlichen Studien.

Diese durchschlagende Wirkung war kaum zu erwarten. Der Autor zählte beim Erscheinen des Romans gerade einmal 27 Jahre, war bis dahin recht unbekannt und zudem ein Sozialist, was damals kaum als Auszeichnung verstanden wurde. Literarisch war sein Text eher von geringer Qualität, wie auch frühe Rezensionen bemerkten. Selbst der Inhalt versprach keinen Bestseller: Das tragische Schicksal einer litauischen Familie, die im Blut der Chicagoer Schlachthöfe zugrunde geht, war sicher nicht der klassische Stoff, mit dem sich amerikanische Mittelklasse-Familien abends entspannten.

Doch bereits die unmittelbare Wirkung des Romans reichte weit über die USA hinaus. In wenigen Monaten entstanden nicht weniger als 17 Übersetzungen. In Großbritannien war es niemand anderes als Winston Churchill, der eine der ersten Rezensionen schrieb und überschwänglich lobte, das Buch zwinge dazu, über die Fundamente der Gesellschaft nachzudenken. Mehrere Länder Europas richteten sich unter Verweis auf den Roman gegen die amerikanische Fleischeinfuhr. In Deutschland druckte zuerst die sozialdemokratische Tageszeitung „Vorwärts" den Roman ab, dann mindestens elf weitere Blätter. In Berlin wurde das Buch 1906 sogar im Reichstag verhandelt und von dem Sozialdemokraten Philipp Scheidemann als Argument angeführt, um die Zollpolitik und die Hygienegesetze zu ändern. Das Buch entwickelte sich somit schnell zu einem transnational wirksamen Medienereignis. Entsprechend stellt sich die Frage, warum und auf welche Weise gerade bei diesem Buch die Grenzen zwischen einem fiktionalen Text und der realen Geschichte verschwammen und derartig weitreichende Reaktionen aufkamen. Antworten auf diese Fragen lassen sich aus der Biographie des Autors, des Werks sowie seinem Entstehungskontext und aus einer genaueren Analyse der Wirkung des Buches geben.

1. Sozialistischer Weltverbesserer und journalistischer Vielschreiber

Bei Upton Sinclair haben wir es mit einem hochgradig produktiven sozialistischen Autor zu tun, der sein Leben auf die Erschaffung einer besseren Welt ausrichtete. Dabei wurde er ebenso von einem moralistischen Gerechtigkeitssinn wie von Geltungsbedürfnis getrieben. Sein Werk und sein Auftreten lassen sich zumindest teilweise aus seiner Sozialisation erklären. Sinclair entstammte einer verarmten Mittelschichts-Familie aus Baltimore. Ihr Abstieg war durch den Alkoholismus des Vaters bedingt und führte zu einem rastlosen Leben des Sohnes in New York. In späteren Schriften betonte er immer wieder, dass er dadurch die Nöte der Unterschichten kennengelernt habe.

Das Schreiben war für Sinclair deshalb von Beginn an, auch nach dem Erfolg von „The Jungle", ein notwendiger Broterwerb. Mit Geschichten für Zeitungen finanzierte er bereits sein Studium, wobei er Kurse in Recht, Literatur und Sprachen begann, meist aber nicht beendete. Mit 22 Jahren bereits legte er einen romantischen Roman vor, wenngleich noch mit wenig Erfolg. Ab jetzt folgte, mit einem journalistisch geprägten Schreibtempo, fast jedes Jahr ein Buch: Sinclair wurde 90 Jahre alt und zuletzt konnte er auf ebenso viele Bücher zurückblicken.

Bereits 1903, also mit 25 Jahren, lässt sich seine Hinwendung zum Sozialismus deutlich ausmachen. Seine Armutserfahrung und die Lektüre der Werke von Karl Marx trugen dazu bei, ebenso religiöse Prägungen – er selbst betonte später die Vorbildfunktion von Jesus Christus. Kennzeichnend für sein Leben war, dass er nicht nur über die Literatur für soziale Gerechtigkeit kämpfte, sondern auch in der Politik. Bereits 1904 trat er in die kurz zuvor gegründete Sozialistische Partei der USA ein und engagierte sich sogleich für sie im damals anstehenden Wahlkampf. Über seine Bücher, seine journalistischen Texte oder die bereits 1905 von ihm mit gegründeten Intercollegiate Socialist Society, einem Zusammenschluss sozialistischer Akademiker, wurde er einer ihrer wichtigsten öffentlichen Unterstützer.

Diese untrennbare Melange zwischen dem Schreiben und der Politik zeigte sich ebenso in seinen zahlreichen Kandidaturen für politische Ämter, seit Sinclair 1906 erstmals als sozialistischer Kandidat für den Kongress scheiterte. Höhepunkt seines politischen Engagements war sicherlich seine zweite Kandidatur als Gouverneur von Kalifornien im Jahr 1934, nun jedoch auf dem Ticket der Demokratischen Partei. Mit dem Slogan „End of Poverty in California" erreichte Sinclair immerhin 43 Prozent der Stimmen.

Seine zahlreichen Romane, die nach „The Jungle" folgten, griffen die unterschiedlichsten Probleme der amerikanischen Gesellschaft auf. Eher mittelprächtige Erfolge waren etwa „The Moneychangers" 1908 über den Wall-Street Crash im Jahr zuvor, „King Coal" über den Kohletrust, „Profits of Religion", der den Kirchen Geldgier, Korruption und die Unterdrückung der Frauen vorhielt oder „The Goose-Step", der die Mängel im amerikanischen Bildungssystem anprangerte. Zu den größten Erfolgen seiner späteren Werke zählte insbesondere „Oil" (1927), das von der Entwicklung eines mittelgroßen Ölimperiums und der Kultur Kaliforniens handelte. Obgleich Sinclairs sozialistische Überzeugungen im Alter schwanden, waren sein fiktionales Werk, sein politisches Engagement und seine Selbststilisierung als Kämpfer für eine gerechte Welt weiterhin miteinander verschmolzen. Entsprechend gingen auch bei der Rezeption seiner Romane Fiktion, Politik und reale Reformen ineinander über.

2. „Muckraker": Zum Entstehungskontext von „The Jungle"

Upton Sinclairs bis heute bekanntestes Werk, „The Jungle", entsprang genau dieser biographisch angelegten Mischung aus politischem Engagement, journalistischer Recherche und dem Willen, mit einem Roman nicht nur die eigene finanzielle Not zu lindern, sondern zugleich soziale Gerechtigkeit zu schaffen. Insbesondere seine Hinwendung zum Sozialismus motivierte die Entstehung des Buches. Heute ist fast in Vergessenheit geraten, dass es auch in den USA einmal eine sozialistische Bewegung gab. Im ersten Jahrzehnt nach dem Entstehen der Socialist Party of America im Jahr 1901 hatte sie tatsächlich eine gewisse Blütephase mit rund 118.000 Mitgliedern, 79 Bürgermeistern und dem Präsidentschaftskandidaten Eugene V. Debs, der im ersten Jahrzehnt der Gründung bei Wahlen auf über sechs Prozent der Stimmen kam. Um 1900 häuften sich in den USA zudem zahllose große Streiks für höhere Löhne und bessere Arbeitsbedingungen, was Wasser auf den sozialistischen Mühlen zu sein schien. Zudem entfaltete sie schnell mediale Präsenz: angeblich gab es rund 300 sozialistische Blätter, wobei ihre wichtigste Parteizeitung *Appeal to Reason* rund 300.000 Käufer fand und auch Sinclair ein wichtiges Forum bot.

So unterstützten Sinclairs Artikel im *Appeal to Reason* auch den Streik von rund 20.000 Arbeitern in Chicagos Schlachthäusern, der jedoch gebrochen wurde und forderten die Streikenden in Appellen auf, sich über die sozialistische Partei zu organisieren. Aus dieser Beschäftigung mit dem gescheiterten Streik in den damals größten Schlachthöfen Amerikas entstand die Idee, hieraus einen Stoff für den nächsten Roman zu entwickeln.

Sinclair erhielt von dem Herausgeber des *Appeal to Reason* 500 Dollar, damit er sieben Wochen inkognito über die Arbeitsbedingungen in den Schlachthöfen von Chicago recherchieren konnte. Dafür sollte der Roman in der Zeitung vorabgedruckt werden. Sinclair gab sich als Arbeiter aus, wanderte durch die Schlachthöfe und sprach mit zahllosen Sozialisten, Gewerkschaftern und anderen Arbeitern vor Ort über ihre Erfahrung. Auch traf er dort Akademiker und Publizisten, unter anderem einen Naturwissenschaftler, der dort für einen kritischen Artikel in einer Medizinzeitschrift inkognito recherchierte. Ein Befragter erinnerte sich später, Sinclair habe sich Vertrauten gegenüber nicht ganz unbescheiden mit den Worten vorgestellt: „Hallo, ich bin Upton Sinclair und ich bin hier, um ‚Onkel Toms Hütte' für die Arbeiterbewegung zu schreiben."

Für Sinclair waren diese sieben Wochen Undercover eine entscheidende Erfahrung, die er fortan mit Stolz vor sich her trug. Das Wahrheitspostulat seines Romans und seine Wirkung beruhten im hohen Maße hierauf. Man könnte generell überlegen, inwieweit fiktionale Texte, die eine besonders starke historische Wirkung entfalteten, zumeist auf dem Versprechen einer gewissen „Authentizität" beruhten: sei es dank ihrer autobiographischen Grundierung, sei es aufgrund akribischer Recherchen, die den Anspruch der Romane erhärteten „Realität" abzubilden.

Sinclairs investigative Recherche war auch deshalb wirkungsmächtig, weil sie mit einem zeitgleichen Wandel im Journalismus einher ging. Verschiedene Journalisten begannen nun im Auftrag ihrer Redaktionen verdeckte Recherchen, um gesellschaftliche Missstände zu bekämpfen. Den Auftakt machte der Journalist William T. Stead in England, der 1885 im Prostituierten-Milieu des Londoner East End recherchierte und schließlich für fünf Pfund ein 13jähriges Mädchen als „Beweis" für den dauerhaften Missbrauch kaufte. Seine Artikel sorgten noch im gleichen Jahr für Gesetzesänderungen. Ähnlich gingen kurze Zeit später engagierte Journalisten in den USA vor. Dort arbeiteten auffällig viele Frauen investigativ, so etwa Elizabeth Cochrane, die sich 1887 in Absprache mit Joseph Pulitzers Zeitung *New York World* für einige Wochen in ein „Irrenhaus" (bei New York) einliefern ließ. Ihre Zeitungsartikel führten zu umfangreichen Reformen der Sanatorien.

Derartige Journalisten begannen zudem mit dem „Trust-

Busting" – mit sorgfältig recherchierten Artikeln und Enthüllungsbüchern, um die großen Trusts, die sich in den USA im ausgehenden 19. Jahrhundert verstärkt herausbildeten, moralisch herauszufordern. Insbesondere Ida Tarbells Artikel gegen John D. Rockefellers berüchtigten „Oil Trust" brachten dessen Ansehen in Verruf, indem sie aufzeigte, wie Rockefeller systematisch kleinere Unternehmer zugrunde richtete.

Sinclairs Roman „The Jungle" knüpfte in mehrfacher Hinsicht an diese Form des Journalismus an. Er übernahm deren Techniken und konnte aus ihnen die Hoffnung schöpfen, durch eine gute und verdeckte Recherche die Gesellschaft zu verändern. Zudem prägte der neue Stellenwert dieses investigativen Journalismus die öffentliche Deutung seines Romans. Er wurde als „reales" Dokument bewertet, gerade weil er in der Tradition von Journalisten stand, die seit 1906 oft als „Muckraker" bezeichnet wurden, also als „Schmutzwühler" oder „Nestbeschmutzer". Der Begriff ging auf eine Rede von Theodore Roosevelt zurück, der sich über diese Form des Journalismus beklagte. Zugleich sah er sich genötigt, Sinclair, der zum Kern dieser „Muckraker" zählte, ins Weiße Haus einzuladen.

Die Aufregung, die Sinclairs Roman auslöste, stand dabei in enger Verbindung zu den zahllosen Skandalen, die um 1900 in allen westlichen Ländern auftraten – von der Affäre um den französischen Hauptmann Alfred Dreyfus, über den Skandal um den umstrittenen britischen Autor Oscar Wilde, bis hin zur Aufregung um problematische Äußerungen des deutschen Kaisers Wilhelm II in der britischen Zeitung *Daily Telegraph*. Gefördert wurde dies durch die Ausbildung der Massenpresse und des modernen Journalismus, den aufkommenden Parlamentarismus und neuen Oppositionsparteien. Ebenso skandalfördernd waren die konkurrierenden kulturellen Deutungsmuster und Moralpostulate um 1900. Upton Sinclair, der zugleich investigativer Journalist, kämpferischer Sozialist und sozialer Moralist war, verkörperte damit drei Voraussetzungen für das überall grassierende Aufkommen von Skandalen.

Sinclair war dabei sicher nicht der erste, der sozialkritische Probleme in die Literatur überführte. Nicht nur viktorianische Romane wie etwa die von Charles Dickens oder der französische

Realismus Emile Zolas boten hier Anknüpfungspunkte, sondern
auch der amerikanische Naturalismus, der um 1900 sogar Themen wie die Prostitution aufgegriffen hatte. Im Vergleich zu
ihnen klagte Sinclair nicht nur im künstlerischen Sinne an,
sondern auch im Bewusstsein eines dokumentarisch arbeitenden
Journalisten.

3. Vernichtung durch Arbeit: Der Romaninhalt als Anstoß

Erst im Laufe seiner Recherchen kam Sinclair die Idee, die un-
haltbaren Arbeits- und Lebensbedingungen der Arbeiter in
Chicago in einem Roman einzufangen. Seine spannungsgeladene
Geschichte erzählt von der litauischen Auswandererfamilie
Rudkus, die in die USA als das Land der Freiheit gekommen war.
Aber trotz harter Arbeit, Sparsamkeit und moralischen Prinzi-
pien erleidet sie denkbar tragische Schicksalsschläge, weil sie im
Kapitalismus fortlaufend ausgebeutet wird. Die unterbezahlte
und menschenunwürdige Arbeit ruiniert sie körperlich und bei
jeder Unmutsäußerung oder einer Verschlechterung der Auf-
tragslage droht jederzeit die sofortige Entlassung ohne Lohn-
auszahlung. Nicht minder herausgefordert wird sie durch aus-
beuterische Wohnungsvermieter mit Knebelverträgen, durch
korrupte Vorgesetzte und Politiker oder durch die schlechte
Qualität gepantschter Milch oder verdorbener Dosenprodukte.

Dennoch glaubt die Hauptperson Jurgis, um den der auktorial
erzählte Roman angeordnet ist, lange Zeit optimistisch daran,
alle Rückschläge durch noch größeren Fleiß zu meistern: „I will
work harder" ist anfangs seine Antwort auf alle Probleme, obwohl er von Beginn an bereits in einem nahezu unmenschlichen
Umfang schuftet. Sein Vertrauen in die eigene Kraft entpuppt sich
schnell als Naivität.

Im Lauf der Handlung stirbt nacheinander ein Teil der Familie
an Krankheiten, an den schlechten Wohnverhältnissen, an der
Kälte und den Arbeitsbedingungen. Die Ehefrau von Jurgis wird
zur Prostitution mit einem Vorgesetzten gezwungen und die
gewaltsame Rache ihres Ehemannes sowie seine Verhaftung

zerstören alle Zukunftschancen endgültig. Die überlebenden Kinder schlagen sich nun auf den Straßen durch, die Frauen prostituieren sich und der moralisch gefestigte Jurgis wird schließlich durch die Schicksalsschläge zu einem bettelnden Alkoholiker, der notgedrungen als Saisonarbeiter auf das Land flieht, um dort einen letzten Rest romantischer Freiheit zu erleben.

Jurgis erneute Rückkehr nach Chicago ist von einer doppelten Verwandlungsgeschichte gekennzeichnet. Zunächst akzeptiert er die Gesetze des „Dschungels". Befreit von seiner Familie wird er nun selbst zu einem Raubtier in der Unterwelt, das sich durch kriminelle Ausbeutung anderer bereichert, streikbrechend bessere Posten erhält, sich an der Wahlkorruption beteiligt und den Stimmenfang organisiert. Nach einem erneuten Wutausbruch gegen den ehemaligen Vorgesetzten seiner Frau verliert er jedoch die so erreichte Stellung. Nun durchlebt er eine erneute Wandlung, die das Buch pathetisch abrundet: Bei einem Job in einem Hotel lernt er durch dessen Besitzer den Sozialismus kennen, für dessen Aufbau er nun mit quasi-religiösem Eifer und moralischer Läuterung eintritt. Sinclair baut hier eine sozialistische Gegenwelt zum kapitalistischen Dschungel auf, die sich im Kampf für eine gerechte Welt organisiert und ihre Utopie im Hotel bereits umsetzt. Dieser Abschnitt besitzt jedoch kaum noch den Charakter eines Romans oder literarische Qualität. Er ist vielmehr ein überschwänglicher, didaktisch gefärbter Appell, der den sozialistischen Aufbruch preist.

Die Sprache der Erzählung ist generell schlicht. Das lag sicher weniger an Sinclairs Schreibfähigkeit als an seinem Anspruch, auch Unterschichten eine leichte Lektüre zu bieten. Sehr anschaulich geschildert sind zahlreiche Details: etwa der beißende Gestank oder die detailreiche Schilderung, wie jedes Körperteil von tausenden von Tieren in wenigen Stunden verwertet wird – bis hin zu den Würsten aus alten Fleischresten, die vom Boden zwischen und mit Ratten aufgekehrt werden. Sinclair führt den Leser dabei durch jede Station der Chicagoer Schlachthöfe, vom Ausnehmen der Tiere bis zur von ätzenden Chemikalien begleiteten Knochenverwertung, die sich in die verheilenden Wunden der Arbeiter beißen. Ergreifend angelegt ist zudem ein weiteres

Motiv des Romans: der Kampf um die Abzahlungen eines schrottreifen Hauses, das den Migranten zu einem betrügerischen Zins verkauft wurde und ihnen trotz aller redlichen Abzahlung durch einen ebenso betrügerischen Vertrag wieder genommen wird.

Das eigentliche, aber nur selten explizit ausgesprochene Leitmotiv des Buches ist jedoch der Dschungel. Er steht für einen darwinistischen Überlebenskampf, der für die Arbeiter und insbesondere für Migranten nicht zu gewinnen ist. Vielmehr erscheinen sie ebenso chancenlos wie die täglich zu Tausenden geschlachteten Tiere. Von einem Darwinismus kann man deshalb eigentlich nicht sprechen: Es gibt kein „survival of the fittest", sondern der Zeitpunkt des persönlichen Zusammenbruchs ist individuell und eher zufällig. Kleinigkeiten wie ein unbedeutender Arbeitsunfall können zur tödlichen Katastrophe für mehrere Familienangehörige werden, weil ein Einkommen kurzzeitig fehlt. Allein der Sozialismus und der Zusammenschluss aller Ausgebeuteten, so lehrt das Buch zum Ende, bieten einen Ausweg aus diesem Dschungel.

Man könnte den Titel „The Jungle" sicher auch als einen Gegenentwurf zu den erfolgreichen Büchern über das koloniale Afrika sehen. Bestseller wie Stanleys Reisebericht „In Darkest Africa" (1890) berichteten über die Gefahren des fernen afrikanischen Urwaldes und die geringe Zivilisiertheit der Afrikaner. Sinclair macht nun deutlich, dass die eigentlichen Abgründe der Menschheit nicht in fernen Kontinenten, sondern in den Fabriken und Slums der eigenen Großstädte liegen. Die Metaphern und symbolischen Deutungen des fernen Afrikas erreichten damit, wie in anderen zeitgenössischen Texten auch, das unmittelbare Lebensumfeld.

4. Vermarktung, Skandal und Reaktionen

Sinclairs Werk erschien ab Februar 1905 zunächst als Fortsetzungsroman im *Appeal to Reason*. Angesicht einer Auflage von über 300.000 Exemplaren hatte der Roman damit bereits beim ersten Vorabdruck potentiell ein Millionenpublikum erreicht.

Zudem erhielt Sinclair denkbar große Vorschusslorbeeren durch die Werbung des Schriftstellers Jack London, der es im *Appeal to Reason* tatsächlich als „Das ‚Onkel Toms Hütte' der Lohnsklaverei" bezeichnete. „Es wird zahllose Ohren öffnen, die bislang dem Sozialismus gegenüber taub gewesen sind", prophezeite London.

Dennoch wollte den Roman zunächst niemand als Buch veröffentlichen. Einem Verleger, der bereits einen Vorschuss gezahlt hatte, waren viele Szenen zu grausam, aber Sinclair weigerte sich, sie zu entschärfen. Bereits bei der Verlagssuche zeigte sich, dass der Roman vor allem als ein „realer" journalistischer Bericht über die Verhältnisse in Chicago verstanden wurde. Aus Angst sie könnten falsche Fakten veröffentlichen, ließen die Verleger den Inhalt des Romans eingehend prüfen. So kontrollierte der Doubleday-Verlag, der das Buch schließlich druckte, den Text erst über einen Redakteur der „Beef Trust"-freundlichen *Chicago Tribune* vor Ort auf seinen Realitätsgehalt, was zunächst zu einer Ablehnung führte. Danach schickte der Verlag selbst einen Anwalt nach Chicago, der dort mit Zeugen und mit Bakteriologen sprach. Erst diese Untersuchung erklärte den Roman für wahrheitsgetreu und druckbar.

Sinclairs Werbekampagne für *The Jungle* förderte seine politische, soziale und kulturelle Wirkung. So wartete er nicht, bis Präsident Roosevelt auf sein Werk aufmerksam wurde, sondern schickte es ihm vorab mit einer Reihe von Begleitbriefen, die Reformen einforderten. Als die Untersuchungen zu den dargestellten Problemen stockten, bombardierte der Autor die Führung der Demokratischen Partei mit Telegrammen. Auch konterte Sinclair öffentliche Reaktionen, die den Wahrheitsgehalt hinterfragten, umgehend und machte weitere Zeugen aus, die seine Schilderungen bestätigten. Seine Schrift „Ist der Sumpf wahr?", mit der er Einwänden von Kritikern zu begegnen suchte, erschien auch in Deutschland unmittelbar, um die Faktizität seines fiktionalen Werkes zu erhärten.

Der amtierende Präsident der USA war sicherlich ein besonders geeigneter Ansprechpartner und letztlich ein Glücksfall für Sinclair, der die Wirkung des Buches entscheidend beeinflusste. Denn Roosevelt verschlang regelmäßig Bücher und hatte selbst

einige historische Werke verfasst. Auch war Roosevelts Politik
von einem progressiven Reformgeist beseelt, der sich gegen
Monopole richtete und der Arbeitnehmer, auch bei großen
Streiks, vergleichsweise stark unterstützte. Da sein Amtsvor-
gänger durch ein anarchistisches Attentat ums Leben gekommen
war, trieb Roosevelt auch ein persönliches Interesse um, den
Nährboden für den Sozialismus einzudämmen.

Zudem hatte Roosevelt sich im Amerikanisch-Spanischen
Krieg von 1898 bewährt, in dessen Verlauf Journalisten aufge-
deckt hatten, dass zahllose Soldaten an verdorbenem Dosen-
fleisch gestorben waren. Die Erinnerung an diesen Fleisch-
Skandal bildete den Hintergrund für die nun einsetzende Re-
formdebatte. So äußerte sich General Nelson Miller, das Buch
hätte bei einem früheren Erscheinen den Tod von 3000 Soldaten
verhindern können. In den Jahren nach 1898 hatte es bereits
Ansätze gegeben, die Lebensmittelkontrollen zu verbessern, die
Initiativen scheiterten jedoch vorerst an den Republikanern. Für
Roosevelt bot Sinclairs Buch somit die Möglichkeit durchzu-
greifen, und damit seinen Nimbus als Reformer zu stärken.

Nach Erscheinen von „The Jungle" setzte Roosevelt eine
Bundeskommission ein, um die geschilderten Zustände in den
Schlachthöfen zu prüfen. Gerade diese offizielle Reaktion überführte den Skandal endgültig aus dem Feld der Literatur in das
der Politik und der Gesellschaft. Die Untersuchung adelte das
Buch, wenngleich der Wahrheitsgehalt zunächst noch umstritten
war. Erst jetzt wurde „The Jungle" in der gesamten westlichen
Welt als Anstoß für politische Debatten über die Verhältnisse in
den USA gesehen.

Da Roosevelt den Kommissionsbericht nicht direkt veröffentlichen ließ, blühten die unterschiedlichsten Gerüchte auf.
Dem „Beef Trust" nahestehende Zeitungen betonten, dass der
Bericht fast alle Vorwürfe widerlegen würde. Sinclair erhöhte
deshalb in Gegen-Artikeln den öffentlichen Druck und schob in
der Presse weitere schockierende Details nach. So schürte er die
menschliche Urangst vor dem Kannibalismus, indem er einen
Kinderfinger beschrieb, der bei einem der üblichen Arbeitsun-
fälle abgefallen und in Fleischkonserven verarbeitet worden sei.
Gerade diese gegensätzlichen Einschätzungen führten

Abb. 5: Die Aufnahmen aus dem Jahr 1906 lassen die von Upton Sinclair in „The Jungle" beschriebenen Zustände bei der Fleischverarbeitung in den Chicagoer Schlachthöfen nur erahnen.

schließlich zur Veröffentlichung des Kommissionsberichtes, der durchaus zahlreiche Missstände ausmachte, wie das Vorhandensein von „Schmutz, Spänen, verdreckten Fußböden und tuberkulösem Auswurf." In einer öffentlichen Befragung betonte der Leiter der Untersuchungskommission, dass der Boden stets voller Abfälle und Brackwasser gewesen sei und das zu verar-

beitende Fleisch darauf gelegen habe. Die breite Empörung der
Öffentlichkeit und der Skandal waren damit endgültig perfekt
und Sinclairs Roman galt als weitgehend verifiziert. Auch die
internationale Presse berichtete jetzt fortlaufend über den Fall.
Die Londoner *Times* sprach in ihren Überschriften regelmäßig
vom „amerikanischen Fleischverarbeitungs-Skandal", der durch
Sinclairs Roman ausgelöst worden sei.

5. Historische Folgen einer realen Fiktion

Die Fleischindustrie reagierte auf die Diskussionen zunächst mit
eher kosmetischen Reformen, um ihren Ruf wieder herzustellen.
Dazu zählten Maßnahmen zur Reinigung, Anweisungen für neue
Arbeitskleidung oder Überprüfungen durch selbst verpflichtete
Experten, deren positive Gutachten sich in massiven Image-
kampagnen gegen Sinclairs Aussagen wandten.

Zugleich diskutierten im amerikanischen Repräsentantenhaus die Abgeordneten unter Verweis auf Sinclair und den Bericht der Präsidentenkommission neue Lebensmittelgesetze.
Zwar milderten insbesondere die industrienahen Republikaner
zahlreiche Kontrollmaßnahmen ab, die Roosevelt unterstützt
hatte. Dennoch wurden bereits im Juni 1906, also nur wenige
Monate nach Erscheinen des Buches, gleich zwei Gesetzesreformen umgesetzt, die sich auf Sinclairs Werk bezogen: der *United
States Meat Inspection Act* und der *Federal Food and Drug Act*
wurden schnell unter dem Namen „Pure Food Law" populär. Es
verordnete insbesondere für die Fleischverarbeitung eine ver-
schärfte Überwachung, für die nun auch Bundes-Inspektoren
zuständig waren, um die bei Sinclair angeprangerte lokale Korruption zu verhindern. Nach diesem Gesetz war bereits das noch
lebende Schlachtvieh zu untersuchen, wenn das Fleisch für den
interstaatlichen oder internationalen Handel bestimmt war. Die
Bundesveterinäre erhielten zudem ungehinderten Zugang zu
allen Phasen der Fleischverarbeitung, um Kontrollen vorzunehmen – auch im sanitären Bereich. Der Untersuchungsstempel
„US inspected and passed" sollte dabei das Vertrauen der Kon-
sumenten wieder herstellen.

Nicht minder markant waren die Folgen in Europa, wo die Öffentlichkeit den Skandal interessiert verfolgte. Hier wurde der Fall zunächst mit anderen Skandalen in den USA verbunden, um mit hämischem Unterton die Korruption und die fehlende Moral der Amerikaner anzuklagen. Die *Times* schrieb etwa, der Skandal überträfe alle bisherigen Korruptionsfälle und die Vorwürfe seien nicht druckbar, da sie die „Grenzen des Vertretbaren/des Anstands" überschreiten würden – um die Vorwürfe anschließend mit schillernden Beispielen zu illustrieren. Sinclair selbst arbeitete mit den europäischen Zeitungen auch direkt zusammen. So eröffnete er der *Times* seine Meinung zum Gesetzentwurf und beantwortete auch dem *Daily Telegraph* entsprechende Fragen.

Zugleich wurden in England und Westeuropa Forderungen laut, kein amerikanisches Fleisch mehr einzuführen oder dies zumindest durch Gesetzesreformen zu erschweren. In Deutschland sprachen nicht nur sozialdemokratische Blätter mit antikapitalistischem Tenor vom „Fleischskandal und Fleischwucher", sondern auch die *Tierärztliche Rundschau* oder das Fachblatt *Der Schlachter* von „Internationalen Schweinereien". Der Deutsche Schlachterverband schickte eine Petition an Reichskanzler Bernhard von Bülow und richtete sich im Dienste der deutschen „Volksgesundheit" gegen jeden Handelsvertrag, der einen Fleischimport aus den USA erleichtere. Dabei argumentierte er mit Statistiken und Expertenstudien, die die laxeren Kontrollen in den USA belegen sollten, aber auch mit Verweisen auf Sinclairs Roman. Laut Zeitungsmeldungen kam es in Europa nicht nur zu verschärften Kontrollen amerikanischen Fleisches, sondern auch zu einem Boykott von einzelnen großen Fleischhändlern, etwa im schottischen Glasgow.

Während die europäische Fleischindustrie vor amerikanischem Fleisch warnte, startete sie zeitgleich eine Imagekampagne, da sie eine Übertragung der Vorwürfe auf ihre eigenen Produkte fürchtete. Aus London, Paris, Berlin und Genf wurden nun entsprechende Kampagnen gemeldet. In der Londoner *Times* erschienen etwa große artikelähnliche Anzeigen großer Fleischfirmen, die die unabhängigen Untersuchungen an ihren Produkten versicherten.

Denn tatsächlich sorgte der amerikanische Skandal dafür, dass die Standards der europäischen Fleischqualität hinterfragt wurden. Dies zeigte sich etwa in der eingangs zitierten Reichstagsrede von Philipp Scheidemann, die sich explizit auf Sinclairs Buch bezog. Scheidemann blieb zwar gegenüber dessen Wahrheitsgehalt skeptisch, warnte aber mit Beispielen davor, die Qualität des deutschen Fleisches zu überschätzen. Wie er auflistete, hatte es im Deutschen Reich allein in den letzten zwei Jahren 695 gerichtliche Verurteilungen wegen gammeligen Fleischs gegeben. Deshalb trat die Sozialdemokratie, trotz ihrer Unterstützung von Sinclairs Buch, nun dennoch für die Ausdehnung des ausländischen Fleischexportes ein, da der nun verstärkt geforderte Protektionismus vor allem den Agrariern nützen würde, während die Arbeiter die höheren Kosten für das einheimische Fleisch zahlen müssten.

Ob der Roman den Vegetarismus förderte, der sich in der zeitgleichen Lebensreformbewegung um 1900 etablierte, lässt sich nicht nachweisen. Zumindest für Sinclair scheint dies aber zu gelten. Er aß ohnehin wenig Fleisch und vornehmlich Naturprodukte, und als er etwas später krank wurde, verzichtete er ganz darauf. In welchem Maße die Internationale Vegetarier-Union, die sich 1908 konstituierte, Bezug auf Sinclair nahm, ist bislang nicht bekannt.

Ebenso schwer ist auszumachen, ob nach dem Skandal der Fleischkonsum generell sank. Für die USA geht die einflussreiche historische Studie „Eating in America" von Waverly Root und Richard de Rochemont davon aus, dass der Verzehr von Fleisch nach 1905 für mehrere Jahre gesunken sei. Blickt man auf den Pro-Kopf-Verbrauch in England, so lässt sich ab diesem Datum tatsächlich ein leichtes Absenken des Fleischkonsums bis 1914 ausmachen. Die kulturgeschichtlichen Folgen des Buches lassen sich vermutlich ohnehin nicht in Statistiken, Gesetzen oder unmittelbaren Kausalitäten vermessen. Das Buch, so ließe sich festhalten, mobilisierte eine skeptische Haltung gegenüber den großen Fleischkonzernen, wenn nicht gegenüber Großkonzernen insgesamt. Wie lange Sinclair hier nachwirkt, zeigen aktuelle Broschüren der amerikanischen Fleischverbände: Noch heute

werben sie damit, dass sich seit Upton Sinclair alles verbessert
habe. Damit erkennen sie seine Verdienste explizit an.

Dennoch blieb der Schriftsteller mit der Wirkung seines Buches unzufrieden. In einem Interview im Oktober 1906 be-
schwerte er sich, dass er ökonomische Herrschaftsformen hatte
anprangern wollen, sich die Empörung, Debatten und Reformen
vor allem aber auf die Hygiene und die Lebensmittel bezogen
hätten: „Ich habe auf das Herz der Öffentlichkeit gezielt, doch aus
Versehen in den Magen getroffen", lamentierte er. Dass Sinclairs
Schlag den Magen traf, war jedoch – nicht nur wegen seiner
emotionalisierenden Passagen zur Fleischverarbeitung – sicher
kein ganz zufälliges „Versehen".

Dennoch muss man Sinclairs Beschwerde ernst nehmen. Sein
großes Ziel, die Kritik am Kapitalismus und die Formierung einer
schlagkräftigen sozialistischen Partei, erreichte er nicht. Denn
einerseits überlagerte gerade der „Realismus" in Sinclairs Beschreibung die sozialistische Utopie. Andererseits mobilisierte
die Fleischverarbeitung Ängste, die jeden betreffen konnten,
während das Schicksal der Migranten in den Fabriken für die
meisten Leser fernab ihrer Lebenswelt blieb. Die Angst um die
„Volksgesundheit" korrespondierte dabei mit einem zeitgleichen
Moral- und Hygienediskurs, der eine Schwächung der militärischen und demographischen Volkskraft durch die Folgen der
Moderne befürchtete. Dabei bestätigte sich eine Grundannahme
der Forschung über die Wirkung von Medien: Sie wirken eben
nicht auf direktem Wege im Sinne eines Reiz-Reaktions-Sche-
mas. Vielmehr entstehen ihre Folgen erst aus der kulturellen
Aneignung und den Debatten, die sie auslösen.

Die längerfristige Wirkung von Sinclairs Roman entwickelte
sich wellenförmig. Heute ist er zwar teilweise noch bekannt,
nimmt aber im deutschen Lesekanon keinen Spitzenplatz mehr
ein. In der Weimarer Republik war das noch anders. Hier gehörte
Sinclair zu den bedeutendsten amerikanischen Autoren und
prägte das kritische Bild der USA nachhaltig. Besonders die SPD
und die KPD förderten seine Romane regelmäßig durch Abdruck
in ihrer Presse. Aber auch im bürgerlichen Feuilleton setzten sich
prominente Intellektuelle wie Siegfried Kracauer, Elias Canetti
oder Karl Kraus mit Sinclair auseinander.

Darüber hinaus wurde Sinclairs „Jungle" vielfältig bearbeitet. Seit 1906 erschienen in den USA mehrere Theaterstücke, im Jahr 1914 eine erste Verfilmung und in Europa ist sicherlich Bertolt Brechts *Heilige Johanna der Schlachthöfe* die bekannteste Adaption. Dass Sinclair nach 1945 zunächst ein wenig in Vergessenheit geriet, lag sicherlich auch am Kalten Krieg: In der Sowjetischen Besatzungszone wurde er zunächst mehrfach im ostdeutschen Dietz-Verlag gedruckt, geriet dann in der DDR jedoch wegen seiner Kritik am Kommunismus in Misskredit, bevor ihn der Aufbau-Verlag in den 1970er Jahren wieder neu auflegte. In der Bundesrepublik waren Sinclairs Sozialismus und seine Amerika-Kritik zunächst nicht hoffähig, bis er in den 1980er Jahren mit zahlreichen Neuauflagen, auch von „The Jungle", zunächst von der amerikakritischen „Neuen Linken" wieder stärker entdeckt wurde.

Eine prägende langfristige Wirkung hatte Sinclairs „Jungle" schließlich auf den investigativen Journalismus. Obgleich Sinclair nicht der erste „Muckraker" war, zählte seine verkleidete Recherche in den Schlachthäusern doch zu den bekanntesten. Spätere Journalisten folgten seinen Spuren – von Günther Wallraff bis zu Michael Moore. Und ähnlich wie bei Wallraff und Moore kann man die Wirkung dieses Journalismus nicht allein an Gesetzesreformen messen, sondern vor allem an der Verbreitung von Mitgefühl, Moralismus und einer Anklage gegen die Mächtigen.

Weiterführende Literatur

Anthony Arthur: Radical Innocent: Upton Sinclair, New York 2006.
Harold Bloom (Hg.): Upton Sinclair's *The Jungle*, Philadelphia 2002.
Gary Wiener: Workers' Rights in Upton Sinclair's *The Jungle*, Detroit 2008.

Jürgen Reulecke

Eine junge Generation im Schützengraben

„Der Wanderer zwischen beiden Welten" von Walter
Flex (1916/17)

Dass ein in einer „stürmischen Vorfrühlingsnacht" des Jahres
1915 verfasstes, angeblich „ohne im Dunkel die ineinanderlau-
fenden Zeilen zu sehen", im Schützengraben niedergeschriebe-
nes Gedicht bis in die Gegenwart hinein immer noch heftige
Kontroversen hervorzurufen vermag, wirft ein Licht auf die
Tatsache, dass manche mentalitätsgeschichtlichen Herausforde-
rungen des frühen 20. Jahrhunderts über die verschiedenen Ge-
nerationenwechsel hinweg bis heute weiterwirken. Gemeint ist
das Gedicht „Wildgänse rauschen durch die Nacht", das die ta-
gebuchähnlichen Aufzeichnungen von Walter Flex in seinem
nach dem Ersten Weltkrieg zu einem herausragenden Bestseller
avancierenden Büchlein „Der Wanderer zwischen beiden Welten" einleitet. Bereits kurze Zeit später wurde es von dem rhei-
nischen Wandervogel, Hobbykomponisten und späteren Mu-
siklehrer Robert Götz vertont. Als eines der meistbekannten
Lieder der bündischen Jugend der Weimarer Republik in vielen
Liederbüchern abgedruckt, wird zum Beispiel in jüngster Zeit in
heutigen Jugendbewegungskreisen kontrovers darüber diskutiert, ob man sich von diesem in manchen Jugendgruppen und
Älteren-Kreisen immer noch gesungenen Lied wegen seines
„militaristischen" und „nationalistischen" Inhalts nicht deutlich
distanzieren müsse.

Auch in der medialen Öffentlichkeit kam es im Jahre 2005 zu
einer Kampagne, die sich um dieses Lied drehte: Ausgangspunkt
war die Umfrage einer schleswig-holsteinischen Tageszeitung,
die herausbekommen wollte, wie verschiedene Jugendbünde,
Politiker und auch Experten dazu standen, dass das Lied mit
seinen – so hieß es dort – „nationalistischen Phrasen" und einem

„anti-demokratischen Bekenntnis" in einem 2002 in 7. Auflage herausgebrachten und von der CDU unterstützten Liederbuch immer noch abgedruckt worden sei. Unter der Überschrift „CDU empfiehlt umstrittenes Lied" war dann als Ergebnis der Recherche zu lesen, dass die Tatsache, dass die Partei die Verbreitung dieses höchst „grenzwertigen" Liedes gefördert habe, durchgängig als „eher peinlich und total daneben" beurteilt wurde. Denn bei jedem, der dieses Lied noch verbreite und singe, sei ganz offenbar das historische Bewusstsein nicht sehr ausgeprägt. Gleichzeitig wurde festgestellt, dass es sich auch noch im 1991 herausgebrachten Liederbuch der Bundeswehr und sogar in einem Liederbuch der sozialistischen „Falken" befinde. „Verschreckt" – so hieß es – habe die Bundesverbandsspitze der „Falken" mit einer offiziellen Richtigstellung reagiert: Es handele sich bei dem Druckort bloß um die interne Publikation eines einzelnen Kreisverbandes (Bad Doberan); es sei keineswegs bei den „Falken" verbreitet und werde offiziell „auch niemals abgedruckt".

Das Werk

Einleitend nun also der Text dieses umstrittenen Liedes, das 1983 der Rezensent einer vom damaligen Bundespräsidenten Karl Carstens herausgegebenen Sammlung in „Die Zeit" massiv abwertend nur noch als „Geröchel" bezeichnet hat:

> Wildgänse rauschen durch die Nacht
> Mit schrillem Schrei nach Norden –
> Unstäte Fahrt! Habt acht, habt acht!
> Die Welt ist voller Morden.
>
> Fahrt durch die nachtdurchwogte Welt,
> Graureisige Geschwader!
> Fahlhelle zuckt, und Schlachtruf gellt,
> Weit wallt und wogt der Hader.
>
> Rausch' zu, fahr' zu, du graues Heer!
> Rauscht zu, fahrt zu nach Norden!

Fahrt ihr nach Süden übers Meer –
Was ist aus uns geworden!

Wir sind wie ihr ein graues Heer
Und fahr'n in Kaisers Namen,
Und fahr'n wir ohne Wiederkehr,
Rauscht uns im Herbst ein Amen!

Die seine Erzählung einleitende Beschreibung der Entstehungs-
umstände dieses Gedichts endet bei Walter Flex mit der Bemerkung: „Während ich das im Bois des Chevaliers schrieb, lag
drüben im Vérines-Wald ein zwanzigjähriger Student der
Theologie, Kriegsfreiwilliger gleich mir, auf Horchposten. Wir
wussten damals noch nichts voneinander." Das änderte sich dann
in der Folgezeit, denn auf der Bahnfahrt von der Westfront zur
östlichen Front zwecks Offiziersausbildung lernte Flex kurze Zeit
später diesen sieben Jahre jüngeren Kameraden mit Namen Ernst
Wurche näher kennen: einen Wandervogel. Eine intensive, fast
wohl schon homoerotische Freundschaft begann, die aber bereits
Ende August 1915 mit Wurches Soldatentod endete. Den jugendbewegten Aufbruch der Wandervögel kannte Flex von seinem jüngeren Bruder Otto, der schon im September 1914
19jährig gefallen war.
    Die ersten drei Viertel von „Wanderer zwischen beiden Wel-
ten" bestehen aus einem Bericht über diese Freundschaft im
Kontext der Kriegshandlungen, über die gemeinsame Verarbei-
tung der Kriegserfahrungen und über die Inhalte der Gespräche
der beiden Freunde über Gott und die Welt, über die Kunst und
über das Leben. Und dabei fiel dann jener viel zitierte Ausspruch
Wurches, der zu einem Leitsatz der frühen bürgerlichen Jugendbewegung werden sollte: „Rein bleiben und reif werden –
das ist schönste und schwerste Lebenskunst." Das letzte Viertel
des Büchleins ist eine ausgreifende Selbstbefragung von Flex
über den Tod allgemein und den Soldatentod im Besonderen, der
neben seinem Bruder Otto und seinem Freund Ernst Wurche
Millionen junger Männer betraf; Flex selbst fiel Mitte Oktober
1917 bei Kämpfen auf der baltischen Insel Ösel. Neben weiteren
eingängigen und viel zitierten Versen finden sich in seiner Er-

**DER WANDERER
ZWISCHEN
BEIDEN WELTEN**

*EIN KRIEGSERLEBNIS
VON
WALTER FLEX*

C.H.BECK·MÜNCHEN

Abb. 6: Der Umschlag der vielfach aufgelegten Kriegsnovelle von Walter Flex nahm Bezug auf das zentrale Gedicht von den Wildgänsen, die durch die Nacht rauschen.

zählung später immer wieder in Weihereden aufgegriffene Sätze wie zum Beispiel „Großen Seelen ist der Tod das größte Erleben", „Leutnantsdienst tun heißt seinen Leuten vorleben, das Vorsterben ist dann wohl einmal ein Teil davon" oder „Du musst hier wie dort daheim sein, oder du bist es nirgends." Um dann den Bogen zum Beginn zu schlagen, beschwört Flex zum Schluss seines Textes – bei der Darstellung einer Situation voll tiefer Trauer – noch einmal dessen Anfang: „Da ein Rauschen in den Lüften, ein scharfes Schreien, ein Näherbrausen, ein wanderndes Gänseheer rauschte hoch über Winknobroscz hin nach Süden. Ihre Schatten flogen über mich hin. Eine Erinnerung drückte auf mich wie eine lastende Hand", und er zitiert noch einmal die letzten beiden Strophen seines Wildgänse-Gedichts.

Der Autor

Kurz zur Person: Walter Flex (1887 – 1917) stammte aus einer bildungsbürgerlich-nationalbewussten Familie aus Eisenach, die betont religiös war, und er hatte drei Brüder. Er studierte zunächst in Erlangen Philosophie, Geschichte und Germanistik und wurde 1911 in Straßburg mit einer Arbeit über „Die Entwicklung des tragischen Problems von Schiller bis zu Gegenwart – besonders in den deutschen Demetriusdramen" promoviert, war Mitglied der neonationalen Burschenschaft „Bubenruthia", die einen intensiven Bismarck-Kult pflegte, betont antikatholisch auftrat und die SPD massiv ablehnte. Zudem war er begeisterter Fechter und Reiter. Nach der Promotion wurde er Erzieher in Adelshäusern, allen voran in der Bismarck-Familie selbst, und qualifizierte sich zunehmend als Schriftsteller, ehe er sich sofort bei Kriegsbeginn freiwillig an die Front meldete. Seit 1909 hatte er damit begonnen, Gedichte zu verfassen, dann auch Märchen, Novellen und Dramen – Texte, die ab 1915 der Münchner Beck-Verlag herausbrachte und von denen die 1917 erschienene Erzählung „Der Wanderer zwischen beiden Welten" in kürzester Zeit fast vierzig Auflagen erlebte: Hinter Thomas Manns „Die Buddenbrooks", Erich Maria Remarques „Im Westen nichts Neues" und dem Kinderbuch „Die Biene Maja" von Waldemar

Bonsels war dieses Werk von Flex bis Kriegsbeginn (Auflage 1939
583.000, 1960 dann etwa eine Million) eines der meistgekauften
Bücher!

Nur kurze Zeit nach dem Erscheinen der ersten Auflage lernte
der oben bereits erwähnte junge Wandervogel Robert Götz aus
Betzdorf an der Sieg als Frontsoldat das Büchlein und damit den
Wildgänse-Text kennen. Er hat später über dessen Vertonung
folgendes berichtet: „Eines Tages rauschten wilde Schwäne am
weiten russischen Himmel dahin; ich sah ihnen in Gedanken
verloren nach. Plötzlich fiel mir das Gedicht von Walter Flex ein,
das in ähnlicher Situation entstanden war und deshalb meine
Stimmung traf. Die Verse wollten mir nicht mehr aus dem Kopf,
bis am nächsten Tag die Melodie feststand und mir bald nicht
mehr gehörte." Nachdem er das Lied 1924 in seinem ersten Liederbuch „Aus grauer Städte Mauern" veröffentlicht hatte, wurde
es geradezu – wie übrigens eine Reihe weiterer Vertonungen von
ihm wie „Jenseits des Tales" und „Wie oft sind wir geschritten" –
zu einem jugendbewegt-bündischen Schlager, der eine ähnliche
Breitenwirkung hatte wie der „Wanderer zwischen beiden Welten". Götz hatte das Wildgänse-Lied eigentlich mit einer eher
schwermütig-getragenen Melodie versehen, doch wurde es bereits in der NS-Zeit als „zackiges" Marschlied gesungen, was Götz
„grauenhaft" fand: Es schüttele ihn, wenn er es in dieser Form
höre, schrieb er. Und auch die späteren, in der Zeit der Bundesrepublik auf Schallplatten verbreiteten Versionen des Montan-
ara-Chors und des Sängers Heino sind eher laute Marschlieder,
die weitgehend vergessen lassen, dass hier eigentlich eine „Welt
voller Morden" beschworen werden sollte.

Die Wirkung

Nach dieser Horizont-Abschreitung, die sich auch auf die Vertonung des Wildgänse-Gedichts bezog, soll nun der Frage nach
den Gründen für den immensen Erfolg der Flex'schen Erzählung
„Der Wanderer zwischen beiden Welten" nachgegangen werden,
wobei der generationengeschichtliche Kontext im Mittelpunkt
stehen wird. Wir wissen heute, dass bei Kriegsausbruch 1914

zwar viele junge Männer wie Flex begeistert „zu den Fahnen
eilten", dass es gleichzeitig aber auch eine Reihe von Stimmen aus
Kreisen der jungen Generation gab, die den Krieg mit Bedrü-
ckung auf sich zukommen gesehen hatten. Noch Mitte 1914, kurz
vor Kriegsausbruch, war zum Beispiel aus der Freideutschen
Jugend, der aus den Wandervogelbünden hervorgegangenen
Älteren-Organisation, ein Telegramm an Kaiser Wilhelm II. ge-
sandt worden, in dem dieser intensiv beschworen wurde, der
deutschen Jugend einen Krieg zu ersparen – dies allerdings mit
dem Zusatz, im Falle der nationalen Not werde man jedoch wie
die gesamte deutsche Jugend bereit sein, „bis zum letzten Mann
für die Verteidigung des Vaterlandes zur Verfügung zu stehen."
Besonders auf dem Lande, also unter der agrarischen Bevölkerung, sah man den bevorstehenden Krieg und den Abzug der
jungen Männer kurz vor der Ernte mit großer Sorge.

Doch die damalige, erstmalig nahezu flächendeckende Propaganda in den Medien lieferte zwei – wie sich später heraus-
stellen sollte, falsche – Argumente, die die Kriegsbereitschaft
stark beförderten: Der Krieg werde nur ein bald mit einen
grandiosen Sieg endender „Blitzkrieg" sein, und es gelte, in einer
massiven Bedrohungssituation sich mannhaft von einer „Ein-
kreisung" des Vaterlandes durch die Alliierten zu befreien. Doch
darüber hinaus gab es noch ein weiteres Argument, vor allem für
junge Männer aus bildungsbürgerlichen Kreisen, den Krieg sogar
als eine Chance zu einer persönlichen Befreiung zu erleben: Er
versprach, wie es damals hieß, geradezu eine „Fahrt in den
Orlog", also ein Auf- und Ausbruch der jungen Generation aus
den autoritären Zwängen der Wilhelminischen Gesellschaft und
deren geistiger Hohlheit zu sein. Bereits zehn Jahre vorher hatte
der 28jährige Arthur Moeller van den Bruck die Parole in dieser
Richtung mit den Worten geliefert, ein Blutwechsel tue der Nation not, eine Empörung der Söhne gegen die Väter, die Ersetzung
des Alters durch die Jugend. Der Krieg schien nun geradezu ein
kollektives Initiationserlebnis in Richtung auf eine neue Jung-
männlichkeit zu sein. Der 1892 geborene junge Dichter Heinrich
Zerkaulen reimte damals:

Aus zieh ich meiner Jugend buntes Kleid
Und werf' es hin zu Blumen, Glück und Ruh.
Heiß sprengt das Herz die Brust mir breit,
der Träume Türen schlag' ich lachend zu.
Ein nacktes Schwert wächst in die Hand hinein,
der Stunden Ernst fließt stahlhart durch mich hin.
Da steh' ich stolz und hoch gereckt allein
Im Rausch, dass ich ein Mann geworden bin.

Vielen jungen Männern schien der Fronteinsatz eine endlich
gebotene Chance zu mannhafter Bewährung, für manche auch
die Voraussetzung zur Überwindung einer immer mehr ver-
weichlichenden „welschen" Großstadtzivilisation zu sein: Ei-
serner Wille, Härte, Treue, Tapferkeit, Bereitschaft zum Opfer
„auf dem Altar des Volkes" (wie es bei Flex heißt) waren jetzt die
Kernideen in tausenden von Kriegsgedichten und auch in vielen
Kriegsbriefen: Der junge Mann trennte sich freudig und ernst
vom Vaterhaus, von der Mutter und der Geliebten, um seiner
„eigentlichen Stimmung", das heißt: seiner Bewährung in den
„Stahlgewittern" (Ernst Jünger) entgegen zu eilen. In besonders
eingängige Verse brachte diese Situation Heinrich Lersch in seinem immer wieder zitierten Gedicht „Soldatenabschied" mit der
Schlusszeile „Deutschland muss leben, und wenn wir sterben
müssen".

All solche Gedanken bestimmten zumindest auch einen Teil
der Botschaft des „Wanderer zwischen beiden Welten", denn – so
lautete ein Kernsatz darin –: „Wer auf die preußische Fahne
schwört, hat nichts mehr, was ihm selbst gehört." Recht bald
begann sich jedoch bei immer mehr jungen Soldaten ein Um-
schwung anzubahnen – dies nicht zuletzt deshalb, weil der Stel-
lungskrieg in den Schützengräben und der „Hagel tückischer
Geschosse" mit „Grauen im Herzen" immer mehr als eine höchst
abstoßende Kampfesweise empfunden wurde, wo man doch dem
Drang „vorwärts, ran an den Feind" hatte folgen wollen. Solche
Sätze finden sich zum Beispiel im Kriegsbrief eines Gießener
Studenten, abgedruckt in dem ebenfalls damals auflagenstark
verbreiteten Buch von Philipp Witkop „Kriegsbriefe gefallener
Studenten" (1918 ff.). Der begeisterte Jüngling von 1914 wurde –

wie es schließlich in einem Kriegsgedicht einer Frau, Hermine von Schönburg-Waldenburg, von 1918 heißt – „trotzig und hart ein graubärtiger Landsturmmann": „gebleicht der goldenen Locken lichthelle Pracht von Not und Tod, Entbehrung und blutiger Nacht." Auch im „Wanderer zwischen beiden Welten" findet sich eine solche bedrückende melancholische Stimmung in Versen von Walter Flex:

> Der Wald ist wie ein Sterbedom,
> Der von verwelkten Kränzen träuft,
> Die Kompanie ein grauer Strom,
> Der müde Wellen rauschend häuft.
> …
> Es schwillt der Strom und ebbt und schwillt.
> Mein Herz ist müd', mein Herz ist krank
> Nach manchem hellen Menschenbild,
> Das in dem grauen Strom versank.

Die Überlebenden kehrten dann 1918/19 aus den „Stahlgewittern" zurück in ein „Land, das ergraut" war, „von fremdem Schritt befallen" – so Hans Friedrich Blunck 1919, und er fuhr fort:

> Auf grauen Schollen hocken schwarze Raben,
> der Abend sinkt und Regen rieselt schwer …
> Zur Heimat fliehn, die keine Heimat haben,
> zur grauen Heimat zieht das graue Heer.

Und von dem Dichter Otto Paust stammen die Zeilen:

> Es klingt das Lied vom großen Totenhügel
> Und hängt gleich einer Last in unsrer Mitten.

Mit dieser Last mussten die oft noch recht jungen Männer von jetzt an leben. Resignation, eine „Seelenlähmung", wie es damals hieß, war bei vielen von ihnen die Folge ihrer Kriegserlebnisse und Melancholie eine Stimmungslage, die viele beherrschte und besonders Teile der bürgerlichen jungen „Frontgeneration" in den nächsten Jahren nicht mehr losließ. Ein solches Lied vom „großen Totenhügel", ganz konkret und nicht nur als Metapher, dürfte dann – zunächst eher leise und melancholisch gesungen – das eine solche Gefühligkeit der jungen Kriegsheimkehrer ansprechende Wildgänse-Lied von Walter Flex/Robert Götz gewesen sein. Das Singen eines solch emotionalen Liedes mag wie eine Art Droge gewirkt haben: Das Aussprechen von Gefühlen, wie es in einem Lied mit den Worten eines anderen erfolgt, so ist einmal gesagt worden, könne das Individuum von der sonst allzu starken Spannung, unter der es leiden und verkümmern würde, entlasten.

Das Fortleben

Tatsächlich war es so, dass sich jetzt in den 1920er Jahren vor allem in den Liederbüchern der Jugendbewegung eine größere Anzahl ähnlicher Lieder nachweisen lässt, in denen mit sentimentalen Texten und Melodien eine melancholische Grundstimmung beschworen wurde. Möglicherweise lässt sich jener Gedanke, dass mit dem Singen von Liedern dieser Art eine gewisse Befreiung von der „metaphysischen Obdachlosigkeit" (Gert Sautermeister) in Teilen der damaligen jungen Generation erfolgt sein könne, auch auf das Lesen solcher Schriften wie „Der Wanderer zwischen beiden Welten" übertragen. Kritische Zeitgenossen wie Georg Lukács und Walter Benjamin haben die Bereitschaft in Teilen der jungen bürgerlichen Intelligenz, sich solchen melancholischen Stimmungen auszuliefern, als ein Ausweichen vor den Realitäten und als eine Flucht in eine „negativistische Ruhe" interpretiert. Sie forderten stattdessen die „Gabe, sich zu ekeln", weil erst diese der Antrieb zu produktiver politischer Tat sei.

Der Zeitpunkt solcher Frontalkritik ist allerdings bezeichnend: In der immer hitziger werdenden „Treibhausatmosphäre" um 1930 standen sich nämlich inzwischen zwei Möglichkeiten des Umgehens mit den Texten von Walter Flex, allen voran mit seinem „Wanderer zwischen beiden Welten", gegenüber. Bis weit in die zweite Hälfte der 1920er Jahre dominierte die melancholische Rezeption, ausgelöst durch das Mitgefühl und die Trauer über den millionenfachen Soldatentod, der in nahezu jeder Familie, in den Gemeinden und in den vielen freundschaftlich verbundenen Jungmännerkreisen ganz konkret mit einzelnen Personen verbunden wurde. Diese Art der Rezeption erreichte schließlich in dem 1928 verfassten, ab Anfang 1929 zu einem neuen Bestseller werdenden Roman von Erich Maria Remarque „Im Westen nichts Neues" – 1930 in den USA von dem aus dem schwäbischen Laupheim stammenden Carl Lämmle verfilmt mit deutscher Uraufführung im Dezember 1930 in Berlin – ihren Höhepunkt.

Seit Mitte der 1920er Jahre begann jedoch, nicht zuletzt in manchen Älteren-Kreisen der bürgerlichen Jugendbewegung, eine allmähliche Distanzierung von der schwermütigen Selbstbespiegelung, die oft mit der Überhöhung der männerbündischen Frontkameradschaft, mit dem Slogan „im Felde unbesiegt" sowie mit der Metapher des Opfertodes auf dem Altar der Nation in geradezu mythischer Beziehung stand. Dabei bezog sich die letztgenannte Metapher vor allem auf jenes Langemarck-Ereignis vom 9./10. November 1914, bei dem angeblich mehrere tausend junge Soldaten mit dem Deutschlandlied auf den Lippen in den Tod gestürmt waren. So beschwor zum Beispiel bereits Ende 1924 der 21jährige Philosophiestudent Friedrich Kreppel bei einer Langemarck-Feier in der Rhön seine jugendbewegten Altersgenossen, mit Langemarck und besonders mit dem „Sturm und dem Fallen der Brüder" keinen Kult zu betreiben: „Nie wieder Langemarck!" lautete folglich sein Aufruf; es gehe jetzt um eine an den Realitäten orientierte geistige Aufbauarbeit im deutschen Volk; weder melancholische Versenkung noch Pathos seien dabei angebracht. Seine Altersgruppe, so der 1903 geborene Kreppel, müsse mehr und mehr von der „Nacktheit des Geistes und der Kälte des Bewusstseins" gepackt werden! Die Lektüre von Texten von Walter Flex empfahl sich vor diesem Hintergrund eigentlich nicht mehr, doch entwickelte sich in der schon erwähnten „Treibhausatmosphäre" seit Ende der 1920er Jahre und besonders nach der so genannten Machtergreifung ein mentales Klima, das dann eine neue Möglichkeit schuf, Zitate aus dem „Wanderer zwischen beiden Welten" aufzugreifen und zu popularisieren.

Nur ein Beispiel möge für viele stehen: In dem 1934 von Will Vesper herausgegebenen Sammelband „Deutsche Jugend. 30 Jahre Geschichte einer Bewegung" zitierte Karl Rauch, ehe-

maliger bündischer Pfadfinder und sich zunächst dem neuen
Regime andienend (nach 1945 war er Chef des Düsseldorfer Karl-
Rauch-Verlags und einer der Motoren einer deutsch-französi-
schen Verständigung), folgende Worte aus dem „Wanderer zwischen beiden Welten": Nur wer „beherzt und bescheiden" an der
Front die ganze Grauenhaftigkeit des Krieges erlitten habe, „nur
dem erschließt das Volk seine heimlichen Kammern, seine
Rumpelkammern und seine Schatzkammern. Wer mit hellen und
gütigen Augen durch diese Kammern hindurchgegangen ist, der
ist wohl berufen, unter die Führer des Volkes zu treten." Dieses
seien Sätze, so Rauch, „wie wir sie in solcher Schlichtheit der
Erkenntnis und solcher Demut des Führertums erst sehr viel
später wieder vernehmen, bei der Machtübernahme des Nationalsozialismus ...". Walter Flex' Werke ließen sich jetzt erneut als
eine Art Steinbruch benutzen, aus dem man sich bedienen
konnte – diesmal, wenn man besonders nationalistisch klingende
und heldische Phrasen brauchte. So hatten jetzt Verse und Sätze
wie die Folgenden Konjunktur:

> Durch Polen möcht' ich traben,
> Bis mir das Herz erglüht.
> Das kommt vom Gräbergraben,
> Das macht die Hände müd'.

> Bei Schwertern und bei Fahnen
> Schlief uns das Lachen ein.
> Wen schert's! – Wir soll'n die Ahnen
> Lachender Enkel sein.

Daraus hatte Flex dann die Forderung abgeleitet, die ebenfalls
immer wieder im „Dritten Reich" zitiert wurde: „Gebt euren
Toten Heimrecht, ihr Lebendigen, dass wir unter euch wohnen
und weilen dürfen in dunklen und hellen Stunden!" Und auch
folgender Satz von Flex war vor allem dann ab 1939/40 in vielen
Feierreden präsent: „Nicht das Glück ist das letzte Ziel des
Menschen, sondern seine Vollendung als leiblich-sittliches
Wesen. Dazu helfe euch der Krieg!" Dass in den 1930er Jahren das
Wildgänse-Lied bei Treffen der Hitlerjugend, bei Soldatenauf-
märschen und in den Lagern des Reichsarbeitsdienstes, der SA

und SS nicht mehr einfühlsam-nachdenklich, sondern als dröhnendes Marschlied gesungen wurde, ist bereits erwähnt worden. Dabei erhielt die Zeile „und fahr'n in Kaisers Namen" die Version „und fahr'n in Deutschlands Namen" oder „in Volkes Namen": Das Lied sollte mitreißen und keine nachdenklichen Gefühligkeiten hervorrufen! Erst in der Endphase des Krieges begann die melancholische Interpretation wieder zuzunehmen. Und es war sicher kein Zufall, dass in den nach 1945 wieder auflebenden freien und konfessionellen Jugendbünden viele melancholische Soldatenlieder, die den „verlorenen Haufen", die in den Tod reitenden Landsknechte usw. besangen, in Form einer „Restgeschichte" erneut eine breite Konjunktur besaßen. Eine Umfrage in den 1960er Jahren ergab, dass das Wildgänse-Lied zu den fünfzehn bekanntesten Liedern in Deutschland gehörte: 57,3 % der Befragten konnten es noch singen.

Fazit

Bei dem Versuch, die Frage nach den Gründen für den mehrere Jahrzehnte andauernden Erfolg des „Wanderer zwischen beiden Welten" – noch bis in die frühen 1960er Jahre hinein – zu beantworten, sind also insbesondere zwei Interpretationsstränge auseinander zu halten: melancholische Gefühligkeit angesichts der grauenvollen Kriegserfahrungen der Frontgeneration des Ersten Weltkriegs sowie der riesigen Zahl von gefallenen jungen Soldaten einerseits, aggressiver Nationalismus mit der Verherrlichung des soldatischen Opfertodes „auf dem Altar der Nation" andererseits! Da heute angesichts der verständlichen starken Fokussierung der deutschen Erinnerungskultur der letzten Jahrzehnte auf das „Dritte Reich", auf die Gräuel des NS-Regimes und die Erfahrungen des Zweiten Weltkriegs eher die zweite Interpretation des Werkes von Walter Flex im Mittelpunkt steht, konnte es zum Beispiel zu den Ergebnissen der eingangs zitierten Zeitungsumfrage kommen, hier in erster Linie bezogen auf krass ablehnende Stellungnahmen zu dem Wildgänse-Lied von Walter Flex und Robert Götz. Der Musikwissenschaftler Wilhelm Schepping hat jedoch in seiner Darstellung der Geschichte dieses

Liedes eine solche letztlich a-historische Pauschalverurteilung
mit Recht als ein allzu leichtfertiges Urteil bezeichnet, ungetrübt
durch die Kenntnis der differenzierten erfahrungs- und genera-
tionengeschichtlichen Zusammenhänge: „Ohne sorgfältige
Analyse von Texten und Kontexten, aber auch von Rezeption und
Reproduktion können auch die Lieder jener Epoche keinesfalls
gerecht beurteilt oder verurteilt werden."

Diese Feststellung ist ausdrücklich zu verallgemeinern und
lässt sich selbstverständlich auf das gesamte Flex'sche Werk und
dessen Rezeptionsgeschichte übertragen. Allein mit dem Blick
auf die einseitige „Nutzung" des „Wanderer zwischen beiden
Welten" während der NS-Zeit zu dem Urteil zu kommen, dass
dessen Inhalt – wie ein Journalist glaubte feststellen zu sollen –
ein „verwerfliches Arsenal deutschen Heroenkitsches und des
Bardengedröhns von Klopstock bis Geibel" sei – „tief anachro-
nistisch und reaktionär" –, wird den zeitspezifischen erfah-
rungsgeschichtlichen Zusammenhängen ebenso wenig gerecht
wie den in ihnen lebenden und von ihnen geprägten Menschen.
Da sollte man doch wohl den von Friedrich Nietzsche an uns, die
Nachkommenden, gerichteten Zuruf ernst nehmen, der da lautet:
„Ihr seid nicht klüger, ihr kommt nur später!"

Weiterführende Literatur

Lars Koch: Der Erste Weltkrieg als Medium der Gegenmoderne. Zu den
    Werken von Walter Flex und Ernst Jünger, Würzburg 2006.
Jürgen Reulecke/Barbara Stambolis (Hg.): Good-bye memories? Lieder im
    Generationengedächtnis des 20. Jahrhunderts, Essen 2007; s. darin die
    beiden Beiträge von Gerhard Kurz und von Wilhelm Schepping zu dem
    Lied „Wildgänse rauschen durch die Nacht" (S. 79 – 97 und S. 99 – 114).
Gert Sautermeister: Vom *Werther* zum *Wanderer zwischen beiden Welten*.
    Über die metaphysische Obdachlosigkeit bürgerlicher Jugend, in:
    Thomas Koebner u. a. (Hg.): „Mit uns zieht die neue Zeit". Der Mythos
    Jugend, Frankfurt/Main 1985, S. 438 – 478.
Justus H. Ulbricht: Der Mythos vom Heldentod. Entstehung und Wirkung
    von Walter Flex' „Der Wanderer zwischen beiden Welten", in: Jahrbuch
    des Archivs der deutschen Jugendbewegung, Bd. 16 (1986/87), Witzen-
    hausen 1988, S. 111 – 156.

Volker Roelcke

Roman der rassischen Reinheit

„Die Sünde wider das Blut" von Artur Dinter (1917/18)

„Wenn es dem deutschen Volke nicht gelingt, den jüdischen Vampyr, den es ahnungslos mit seinem Herzblute großsäugt, von sich abzuschütteln und unschädlich zu machen [...], so wird es in absehbarer Zeit zugrunde gehen. Um diese Warnung [...] aus meinem Herzen in alle Welt hinausschreien zu können, deshalb und nur deshalb habe ich meine Tat begangen. Ganz bewusst habe ich meinem Vaterlande mein Leben zum Opfer gebracht und ich hoffe, dass ich es nicht umsonst getan." In diesen Sätzen kulminiert in dem Roman „Die Sünde wider das Blut" von Artur Dinter die Rechtfertigungsrede der Hauptfigur vor dem Gericht, das ihn wegen der Erschießung eines jüdischen Offiziers verurteilen soll. Das Zitat vereint die zwei zentralen Anliegen des Protagonisten, des Privatdozenten der Chemie Dr. Hermann Kämpfer, nämlich den Kampf gegen die Juden und die Erlösung des deutschen Volkes durch ein quasi religiöses Selbstopfer.

„Die Sünde wider das Blut" war Anfang der 1920er Jahre mit einer gedruckten Auflage von über 200.000 Exemplaren ein Bestseller. Der Roman spielte bei der Verbreitung eines sowohl wissenschaftlich als auch religiös begründeten Rassismus und Antisemitismus eine erhebliche Rolle. Sein Autor war eine Persönlichkeit mit vielen Seiten: wie die Hauptfigur im Roman war er selbst ein promovierter Naturwissenschaftler, außerdem Publizist, Politiker, erster Gauleiter der NSDAP in Thüringen, in seinem eigenen Verständnis aber vor allem ein religiöser Reformator.

Biographie

Dinter wurde 1876 in Mühlhausen im Elsass geboren. Nach dem
Besuch eines humanistischen Gymnasiums studierte er Naturwissenschaften und Philosophie an den Universitäten München
und Straßburg. 1903 wurde er mit einer experimentell-chemi-
schen Arbeit zum Doktor der Naturwissenschaften promoviert.
Er begann eine Laufbahn als Lehrer im höheren Schuldienst,
zunächst an einem Gymnasium in Straßburg, von 1904 bis 1905
dann als Lehrer an der deutschen Schule in Konstantinopel.

In der Zeit seines Studiums hatte Dinter, der aus einem katholischen Milieu stammte, offenbar eine spirituelle Krise erlebt.
In der Folge wandte er sich gegen den Katholizismus und suchte
eine neue Orientierung in einem wissenschaftlichen Bezugsrah-
men, der sich aus einem neo-romantischen Naturverständnis im
Anschluss an Goethes Farben- und Metamorphosen-Lehre, aus
Charles Darwins Evolutionslehre, sowie aus dem an Ernst Haeckel anknüpfenden Monismus speiste. Etwa um 1904 hatte Dinter
die Umrisse einer eigenen „neuen Religion" gefunden. Demnach
waren Geist und Materie keine Gegensätze, vielmehr jegliche
Materie von Geistigem durchdrungen. Die Natur war damit nur
die äußere Form einer ihr zugrunde liegenden geistigen Realität.

Dinter kam auch zu der Einsicht, dass die „heilige Kunst" und
speziell das Theater der beste Weg zur Läuterung und geistigen
Reinigung seien. Er entschied sich, die Lehrerlaufbahn zu verlassen, übernahm 1905 die Leitung des Stadttheaters im elsässi-
schen Thann und intensivierte seine schriftstellerische Tätigkeit. 1906 veröffentlichte er die in lokalem Dialekt verfasste Komödie „Die Schmuggler", die vom Preisgericht für elsässische
Bühnenwerke mit einem ersten Preis ausgezeichnet wurde. Das
Stück wurde in mehrere Sprachen übersetzt und auf Hoch-
deutsch unter anderem am Berliner Schiller-Theater aufgeführt.
Ab 1906 arbeitete Dinter als Regisseur am Stadttheater Rostock,
ab 1907 am Schiller-Theater in Berlin. 1908 beteiligte er sich an
der Gründung des „Verbandes Deutscher Bühnenschriftsteller",
dessen Theaterverlag er in den Jahren von 1909 bis 1914 als
hauptamtlicher Direktor leitete. Politisch war Dinter in diesen
frühen Jahren am ehesten dem liberalen Spektrum zuzuordnen:

Er war Abonnent liberaler Tageszeitungen und artikulierte entsprechende Auffassungen in seinen Theaterstücken. In „Das eiserne Kreuz" etwa, einem 1913 aufgeführten Schauspiel, verwies er auf Lessings „Nathan der Weise" mit der zentralen Botschaft der Versöhnung zwischen Christen, Juden und Moslems.

Außer der frühen Komödie „Die Schmuggler" fanden Dinters Stücke allerdings kaum Resonanz. Seine Bemühungen, das Theater als Weg zur religiösen Läuterung zu benutzen, standen in starkem Kontrast zur zeitgenössischen Berliner Theaterszene, die durch naturalistische, expressionistische und andere, mehr experimentelle Programmatiken geprägt war. Auch bei den einflussreichen Berliner Kritikern wurden seine Bücher und Theaterwerke negativ und nicht selten sarkastisch kommentiert.

In dieser Konstellation hatte Dinter Ende 1913 durch die Lektüre von Houston Stewart Chamberlains Buch „Die Grundlagen des XIX. Jahrhunderts" ein Erweckungserlebnis. Dieses deutete auf eine populäre geschichtsphilosophische Weise das 19. Jahrhundert als geprägt durch den manichäischen Kampf zwischen der „edlen" Rasse der Arier und der „verkommenen" Rasse der Juden. Dinter selbst beschrieb später die Folgen der Chamberlain-Lektüre als „kopernikanische Revolution" für sein Denken und als „vollkommene geistige Wiedergeburt". Als Konsequenz dieser Konversion entwickelte er einen radikalen, religiös aufgeladenen Antisemitismus, der ihm auch bereits die Ursachen für sein Scheitern als Autor lieferte: die von Juden verursachte allgemeine Dekadenz, und besonders die „Verkommenheit" des Theaterwesens.

Dinter inszenierte seine neuen Einsichten durch eine Störaktion während einer Theateraufführung im Juni 1914 auf spektakuläre Weise. Mitten in dem Stück „Das Mirakel" von Karl Vollmoeller, das unter der Regie von Max Reinhardt lief, stand er auf und hielt eine leidenschaftliche, stark antisemitische Rede gegen den Theater- und Kulturbetrieb in Berlin. Die Wirkung war enorm, und Karl Kraus kommentierte in der „Fackel": „[Das Eingreifen] des Dr. Dinter in das Mirakel-Geschäft der Herren Reinhardt und Vollmöller [verdient] beifällige Erwähnung, und die Reaktion der Berufskreise, die den Mann zuerst für wahnsinnig erklären, dann brotlos machen wollten, einen verach-

tungsvollen Fußtritt". Tatsächlich verlor Dinter als Konsequenz
seiner Aktion seinen Direktorenposten und wurde wegen weiterer antisemitischer öffentlicher Auftritte 1916 auch aus dem
Verband der Bühnenschriftsteller ausgeschlossen.

Bei Ausbruch des Ersten Weltkrieges wurde Dinter in ein el-
sässisches Infanterie-Regiment einberufen. 1916 wurde er
schwer verwundet und noch im gleichen Jahr aus dem Militärdienst entlassen. 1919 ließ er sich als freier Schriftsteller in
Weimar nieder. Gegen Ende des Krieges war er in Kontakt mit
dem Okkultismus getreten. In einer Synthese dieser sämtlichen
geistigen Einflüsse differenzierte sich nun sein religiöses System,
das „Geistchristentum", immer stärker aus. Gott hatte demnach
am Anfang eine Welt reiner Geistwesen geschaffen, die sich durch
Missbrauch ihrer Fähigkeiten einerseits von Gott entfernten,
andererseits ihm gleich sein wollten. Die zunehmende Entfer-
nung von Gott bedeute eine immer stärkere Ausformung von
niedrigeren Sphären des Materiellen, bis am Ende das materielle
Weltall entstehe. Die einzelnen Körper seien Rassen zugeordnet:
Die höheren Rassen beherbergten die dem Materialismus fern
stehenden Geister, die niedrigen Rassen die unreinen, am Materiellen orientierten Wesen. Die edelsten Geister wählten sich für
ihre Verkörperung die arische Rasse, die unedelsten entweder die
Rasse der „Neger" oder die der Juden. Während die ersten eine
niedrige Intelligenz und einen naiven Egoismus verkörperten,
seien die zweiten sehr viel gefährlicher, weil sie eine hohe Intelligenz besäßen, die sie jedoch vornehmlich zur Anhäufung materieller Güter und der Befriedigung sexueller Lust einsetzten.

Mit diesem gedanklichen Konglomerat postulierte Dinter eine
übernatürliche, gleichsam religiöse Begründung für die Unterschiede zwischen den Rassen. Die Rasse wiederum erklärte für
ihn alle weiteren Charakteristika der menschlichen Existenz. Im
Nachwort zur „Sünde wider das Blut" schrieb er: „Rasse ist alles!
Sie ist der Schlüssel nicht nur zur Geschichte der Menschheit, der
Völker und Familien, sondern auch zur Persönlichkeit des einzelnen Menschen. Alles, was ich bin, fühle, denke, will, was aus
mir geworden ist, wird und werden kann, verdanke ich einzig und
allein meiner Rasse. […] Ja, meine Religion besitze ich nur durch
meine Rasse […] Rasse und Religion sind Eins".

Diese Gedanken illustrierte Dinter in der Roman-Trilogie „Die Sünden der Zeit". Zunächst erschien 1917 im Selbstverlag, ein Jahr später im Leipziger Wolf-Verlag der radikal antisemitische Roman „Die Sünde wider das Blut". 1921 und 1922 publizierte er die Folgebände „Die Sünde wider den Geist" und „Die Sünde wider die Liebe" als „Zeitromane" über „die sozialen und religiösen Fragen der Gegenwart. Mit ausführlichen religionsgeschichtlichen und religionsphilosophischen Erläuterungen".

Dinter hatte damit seine Lebensaufgabe gefunden: den Kampf gegen die jüdische Rasse und für das „Geistchristentum". In der Folge veröffentlichte er zahlreiche weitere judenfeindliche Bücher und Pamphlete. 1919 beteiligte er sich an der Gründung des „Deutschvölkischen Schutz- und Trutzbundes", dessen Vorstand er bis zum Verbot 1922 angehörte. Danach gehörte er zu den Gründungsmitgliedern der „Deutsch-Völkischen Freiheitspartei". Im Frühjahr 1923 nahm Dinter in München Kontakt mit Adolf Hitler auf. Im Unterschied zu Erich von Ludendorff und Gregor Strasser hielt er Hitler auch nach dem erfolglosen Münchener Putschversuch im November 1923 die Treue. Zusammen mit anderen Nationalsozialisten und völkischen Aktivisten gründete er in Thüringen das rechtsextremistische Wahlbündnis „Völkisch-Sozialer Block". 1924 wurde er für diese Organisation in den Thüringischen Landtag gewählt und übernahm dort den Fraktionsvorsitz. Noch aus der Landsberger Haft heraus ernannte Hitler Dinter im Herbst 1924 zum Landesführer in Thüringen. Außerdem betätigte Dinter sich als Herausgeber der in Weimar erscheinenden Zeitung „Der Nationalsozialist".

Nach der Aufhebung des NSDAP-Verbots 1925 fand die Partei einen von Dinter gut organisierten Gau mit 36 Ortsgruppen vor und konnte 1926 ihren ersten Parteitag im Weimarer Nationaltheater abhalten – dem Ort, an dem 1919 die verfassungsgebende Versammlung für die spätere Weimarer Republik zusammengetreten war. Hitler besuchte in diesem Kontext Dinter in seinem Privathaus und verlieh ihm ehrenhalber die Partei-Mitgliedsnummer fünf. Tatsächlich wirkte Dinter bereits ab 1924 als Gauleiter der NSDAP.

Zeitlich parallel zu dieser politischen Tätigkeit verfolgte Dinter sein Projekt einer religiösen Reformation oder auch Revolution, das für ihn tatsächlich Priorität vor der Politik besaß: 1926 veröffentlichte er „197 Thesen zur Vollendung der Reformation" mit dem Untertitel „Die Wiederherstellung der reinen Heilandslehre. Grundlagen zur Errichtung einer deutschen Volkskirche ohne trennende Sonderbekenntnisse". Ziel war die Vollendung der von Luther begonnenen religiösen Revolution, die Dinter als notwendige Voraussetzung für eine politische Erneuerung Deutschlands ansah. In der Konsequenz gründete er im November 1927 die „Geistchristliche Religionsgemeinschaft", die 1933 in „Deutsche Volkskirche e.V." umbenannt wurde. Mit diesem Unternehmen hatte er einigen Erfolg: Noch 1936 gehörten der Vereinigung annähernd 300.000 Mitglieder an.

Die neue Religionsgemeinschaft und die öffentlichen Auftritte Dinters waren jedoch für Hitlers „Realpolitik" nicht akzeptabel, weil damit Konflikte mit den Kirchen vorprogrammiert zu sein schienen. Im September 1927 wurde Dinter als Gauleiter abgesetzt. Er reagierte enttäuscht und verbittert. In seiner seit Januar 1928 erscheinenden Monatsschrift „Das Geistchristentum" antwortete er mit vehementen Angriffen auf Hitler, woraufhin er beim nächsten Parteitag im Herbst 1928 aus der NSDAP ausgeschlossen wurde.

In den folgenden Jahren führte Dinter eine heftige publizistische Fehde gegen Hitler und dessen Partei. Nach dem Wahlerfolg der Nationalsozialisten im September 1930 bezeichnete er Hitler als einen in die „liberalistisch-bürgerlich-kapitalistische Front eingeschwenkten Verräter", der „ein völkisches Ideal nach dem anderen" aufgegeben habe, zuletzt nun „die radikale Ablehnung des Weimarer Systems". Gleichzeitig ging Dinter mit anderen völkisch-radikalen Gruppierungen vorübergehende Allianzen ein, so mit dem „Widerstand"-Kreis von Ernst Niekisch oder den „Revolutionären Nationalsozialisten" Otto Strassers.

Nach dem Regierungswechsel 1933 bemühte Dinter sich erneut, Kontakte zu den Nationalsozialisten herzustellen und die bestehenden Differenzen auszuräumen. Dieses Vorhaben gelang jedoch nicht. Ein im April 1933 gestellter Antrag auf Wiederaufnahme in die NSDAP wurde abgelehnt. Von der Gestapo wurde Dinter überwacht und zeitweilig sogar in Haft genommen. Seine „Deutsche Volkskirche" wurde zwar im April 1937 vom

Reichsminister des Inneren als Religionsgemeinschaft aner-
kannt, kurz darauf jedoch durch den Reichsführer-SS Heinrich
Himmler wieder verboten. Seither sahen die offiziellen Vertreter
des Regimes in Dinter einen Gegner. Zunächst wurde ihm jede
rednerische und schriftstellerische Betätigung untersagt. 1939
erfolgte der Ausschluss aus der Reichsschrifttumskammer.
Wegen angeblicher Verstöße gegen das Betätigungsverbot musste
er sich schließlich 1942 vor einem Sondergericht in Freiburg
verantworten.

Nach Kriegsende wurde Dinter in einem Entnazifizierungs-
verfahren zu einer Geldstrafe in Höhe von 1000 RM verurteilt. In
der Begründung führte das Gericht aus, dass es in ihm einen
intellektuellen Urheber der Nürnberger Rassegesetze erblickte.
Dinter starb 1948 im Alter von 72 Jahren in Offenburg.

Das Buch

Dinters Kosmologie und ebenso die radikalste Ausprägung seines Antisemitismus sind in seinem Bestseller in eine Romanform
gegossen. Eröffnet wird die Geschichte mit einer mitternächtli-
chen Szene in einem Chemie-Labor. Der Privatdozent Hermann
Kämpfer meint, nach langen vergeblichen Forschungen kurz vor
der Entdeckung der Eiweißsynthese im Reagenzglas zu stehen.
Aus Erschöpfung versinkt er in Erinnerungen an sein bisheriges
Leben. Sein Vater, ein ehrgeiziger Bauer, war eines Tages vom
jüdischen Makler Levisohn überredet worden, zur effizienteren
Bewirtschaftung des Landes mit neuen Maschinen das gepfän-
dete Gut eines Nachbarn zu übernehmen und dafür sein eigenes
mit Hypotheken zu belasten. Als die Rechnung nicht aufgeht, der
Vater ruiniert ist und den Makler die Treppe hinunterwirft,
kommt er ins Gefängnis. Die Mutter stirbt aus Kummer und
Gram, der Vater erhängt sich daraufhin in seiner Zelle. Die drei
jüngeren Brüder von Hermann zerstreuen sich in alle Welt, die
Schwester wird Dienstbotin in der Stadt, dort verführt und
nimmt sich das Leben. Hermann widmet von diesem Zeitpunkt
an die nächsten zehn Jahre seines Lebens ganz dem Studium der
Chemie.

Wieder aus dem Grübeln erwacht, unterbricht Herrmann seine Arbeiten und fährt zur Erholung in die Berge. In einem mondänen Wintersportort sieht er eine auffallend schöne blonde Frau und entbrennt sofort in Leidenschaft zu ihr. Sie ist, wie sich herausstellt, die Tochter eines Berliner Kommerzienrates und Unternehmers Burghamer, dessen ursprünglicher Name Hamburger lautet. Nach einem Ski-Unfall wird Hermann von diesem im Auto mitgenommen und in dessen Villa eingeladen, wo er die schöne Elisabeth wieder findet und ihre ebenfalls blonde Mutter kennen lernt. Hermann gelingt es, dem Kommerzienrat ein technisches Problem, an dem seine Angestellten sich vergeblich abgearbeitet haben, in kurzer Zeit zu lösen. Das neue Verfahren wird patentiert, und der Kommerzienrat bietet Hermann die Leitung einer auf der neuen Technik aufbauenden Fabrik an. Herrmann akzeptiert, um der geliebten Elisabeth nahe zu sein. Der Leser erfährt über die Frau des Kommerzienrats, dass sie als Tochter eines Lehrers geboren, dann als junge Angestellte in einem Hamburger Handelshaus vom Sohn des jüdischen Besitzers verführt und nur zur Aufrechterhaltung der Konvention schließlich geheiratet wurde.

Durch lange Vorträge über Plato, Kant, Christus, die Rassen-Situation in Palästina und über Seelenwanderung gewinnt Hermann die Zuneigung der beiden Frauen. Obwohl durch eine innere Stimme gewarnt, heiratet er Elisabeth. Bald ist er befremdet durch ihre „Genussgier und Zügellosigkeit", wobei der Leser bereits darüber aufgeklärt ist, dass es sich hierbei um die Folgen der „Sünde wider das Blut" handelt, der Elisabeth ihre Existenz verdankt, – nämlich der Verführung der arischen Mutter durch den jüdischen Unternehmersohn, den späteren Kommerzienrat.

Nachdem Elisabeth einen Sohn geboren hat, ist Hermann schockiert: „Ein dunkelhäutiges, mit pechschwarzem, krausem Kopfhaar bedecktes menschenunähnliches Etwas schrie ihm entgegen [...]. Eine plattgedrückte Nase gab dem Kopfe etwas Affenähnliches". Hermann erfährt durch hastige Lexikon-Lektüre, dass es sich um einen Fall von „Atavismus" handelt, ein Wiederauftauchen von Eigenschaften früherer Generationen, die an den direkten Eltern nicht sichtbar waren – ein Phänomen, das besonders ausgeprägt bei der Mischung zwischen zwei Rassen anzutreffen sei.

Trotzdem entschließt sich das Paar zu einem zweiten Kind, in der Hoffnung, dass nun die Chance auf einen Durchbruch der Merkmale der germanischen Rasse sehr viel größer sei. Bevor es geboren wird, stirbt der Kommerzienrat, und zwar in einem Hotel in den Armen von ihm unterhaltener junger blonder Frauen. Seine zurückgelassenen Papiere geben furchtbare Einblicke: Zusammen mit einigen weiteren Juden hatte er sich vorgenommen, die deutsche Erbsubstanz planmäßig zu zersetzen. In allen deutschen Großstädten unterhielt er Blondinen-Bordelle, für die er „unberührte" Mädchen einkaufte, die durch den Geschlechtsverkehr mit Juden mit deren Blut „infiziert" und zur späteren Geburt arischer Kinder unfähig gemacht werden sollten. Weiter finanzierte er Zeitungen und förderte expressionistische Künstler, damit sie im Sinne seiner Strategie die Rassenvermischung verharmlosen oder preisen sollten. Unter dem Eindruck dieser Enthüllungen erleidet Elisabeth eine Frühgeburt und stirbt kurz darauf, auch das Kind ist nicht überlebensfähig. Hermann nimmt nun den Kampf gegen das Judentum auf. Die vom Kommerzienrat ererbten 50 Millionen Reichsmark verwendet er zur Unterstützung der antisemitischen Presse sowie zur Gründung eines Forschungsinstituts für Rassenanthropologie und Rassenhygiene.

Zeitgleich wird er allerdings mit den Konsequenzen einer Jugendsünde konfrontiert: Acht Jahre zuvor, bei seinem Abschied aus der Universität, war es zu einer stürmischen Liebesnacht mit der Tochter seines Labordieners gekommen. Hermann hatte sie dann aus den Augen verloren. Tatsächlich war in dieser Nacht ein Sohn gezeugt worden, den die Mutter allein aufziehen musste, bis sie in Armut starb. Hermann adoptiert den wieder gefundenen Sohn, der seinen eigenen Namen trägt, und zieht ihn zusammen mit seinem ehelichen Kind auf. Das sieht er als „Experiment", um eine „wissenschaftliche Frage" zu verfolgen, nämlich „ob es nicht möglich sei, einem jungen Menschenkinde durch folgerichtige Erziehung ganz bestimmte Charakter- und Geisteseigenschaften aufzuprägen, und ob die Rassenlehre, dass einzig und allein das Blut über Geist und Charakter entscheide, nicht doch nur blasse

Gelehrtenweisheit sei, die vor der Erfahrung nicht standhielte". Dinter stellt damit eine scheinbar offene, wissenschaftliche Frage, die der Roman dann auf eindeutige Weise beantwortet.

Der kleine blonde Hermann, ein Jahr älter als sein Halbbruder, entwickelt sich glänzend. Er ist gleichzeitig wissbegierig und träumerisch, der Natur zugewandt und sportlich, und kann bei entsprechender Motivation in der Schule die besten Noten erzielen. Dagegen zeigt sich der mit Elisabeth gezeugte dunkelhaarige Sohn Heinrich als ein von kalter Rationalität bestimmtes Kind. Sein Interesse richtet sich praktisch ausschließlich auf Zahlen und Geschäftemachen. Phantasie fehlt ihm völlig, ebenso hat er keinerlei Verhältnis zur ihn umgebenden Natur und ihrer Schönheit. In der Schule fängt er früh an, mit Murmeln ein Lotteriespiel zu organisieren. Im Alter von zwölf Jahren wird er von der Schule verwiesen, weil er „ein Sittlichkeitsattentat auf ein unerwachsenes Mädchen" versucht hatte. Der Vater entschließt sich, ihn zu Hause von einem Erzieher weiter unterrichten zu lassen. Bei einer Boots-Fahrt fällt Heinrich über Bord, der kleine Hermann springt sofort in voller Bekleidung nach, um ihn zu retten. Heinrich, der nicht schwimmen kann, behindert in seiner Todesangst den Bruder und beide ertrinken. Damit hat der Sohn aus der Ehe mit Elisabeth mit seinem jüdischen Blut nicht nur den Tod seines Halbbruders zu verantworten, sondern auch seinen Vater in großes Unglück gestürzt.

Die härteste Prüfung steht dem Protagonisten jedoch noch bevor. Nach einem Verkehrsunfall lernt er eine blonde Krankenschwester kennen, von der er sich unwillkürlich Kinder wünscht, obwohl sie ihm gesteht, vor Jahren schon einmal Mutter eines kurz nach der Geburt verstorbenen Kindes geworden zu sein. Als Johanna nach der Heirat ein Kind gebiert und Hermann das Neugeborene zu Gesicht bekommt, „brüllt er auf wie ein zu Tode getroffener Stier". Das Kind hatte „schwarzes Kraushaar, dunkle Haut und dunkle Augen". Es stellt sich heraus, dass der Vater des ersten Kindes von Johanna „ein getaufter jüdischer Offizier" gewesen war, der sie verführt und dann im Stich gelassen hatte. Für den schockierten Herrmann ist das Aussehen des Kindes erklärt, als er Folgendes erfährt: „Es ist ein bedeutungsvolles und in der Tierzucht ganz bekanntes Rassegesetz, dass ein edelrassiges Weibchen zur edeln Nachzucht für immer untauglich wird, wenn es nur ein einziges Mal von einem Männchen minderwertiger Rasse befruchtet wird. Durch eine solche aus unedlem männlichen Blute erzeugte Mutterschaft wird der ganze Organismus des edelrassigen weiblichen Geschöpfs vergiftet und nach der unedlen Rasse hin verändert".

Hermann fährt noch in derselben Nacht zur Garnison des Offiziers und erschießt den jüdischen Verführer, dann stellt er sich der Polizei. Vor Gericht wird er nach einem flammenden Plädoyer frei gesprochen. In der Folge erhält er zahlreiche begeisterte Zuschriften, deren Absender ihn begrüßen als „den Führer, den sie sich längst ersehnt, endlich den Kampf gegen diese Volksbetrüger und Volksvergifter aufzunehmen". Kurze Zeit später fällt Hermann jedoch im beginnenden Weltkrieg an der Front.

Quellen und Wirkung

Dinter selbst liefert mit dem Roman eine Fülle an Informationen über seine Motivation, seine Quellen und Zielsetzungen. Das Buch enthält einen etwa fünfzig Seiten langen Anmerkungsapparat zu entsprechend markierten Stellen im Haupttext sowie eine siebenseitige, mit wissenschaftlichem Anspruch auftretende „Schriftenkunde" zur „Einführung in die Judenfrage". Die angeführten Schriften dokumentieren, dass Dinter sich fast ausschließlich auf Werke und Autoren bezog, die auch im zeitgenössischen Verständnis sehr großzügig mit dem verfügbaren wissenschaftlichen Wissen umgingen. Zu nennen sind hier neben Chamberlain und Arthur de Gobineau insbesondere Theodor Fritsch mit seinem „Handbuch der Judenfrage", Ludwig Woltmann mit seiner „Politisch-anthropologischen Monatsschrift", sowie Zeitschriften wie etwa „Deutsches Volkstum" oder „Der Hammer – Parteilose Zeitschrift für nationales Leben".

All das schließt nicht aus, dass Dinter auch die zeitgenössische wissenschaftliche Rassenforschung und Rassenhygiene rezipiert haben könnte. Der deutlichste Beleg hierfür ist der im Roman beschriebene Entschluss des Protagonisten, ein Forschungsinstitut für Rassenfragen und Rassenhygiene zu gründen. Hier ist es durchaus möglich, wenn nicht wahrscheinlich, dass Dinter direkt auf eine aktuelle wissenschaftspolitische Konstellation reagiert hat: Im gleichen Jahr, in dem der Roman erstmals publiziert wurde, veröffentlichte auch die Berliner Gesellschaft für Rassenhygiene einen Aufruf zur Gründung eines solchen Instituts zur Erforschung der Charakteristika menschlicher Rassen und zur Rassenhygiene, also zum Erhalt und zur Pflege wertvollen Erbgutes innerhalb der eigenen Rasse. Die Berliner Gesellschaft für Rassenhygiene repräsentierte einen Großteil der Deutschen Gesellschaft für Rassenhygiene, in der sich fast alle damals führenden Forscher zur allgemeinen Genetik und zur menschlichen Erbforschung, wie etwas Erwin Baur, Eugen Fischer oder Carl Correns zusammengefunden hatten. Die Initiative der Berliner Gesellschaft verpuffte auch nicht einfach, sie wurde vielmehr wohlwollend sowohl im Preußischen Landesgesundheitsrat diskutiert, als auch vom Präsidenten der Kaiser-Wilhelm-Gesellschaft, dem Vorläufer der heutigen Max-Planck-Gesellschaft, aufgenommen und gefördert. Nach diversen Verzögerungen mündete diese Initiative der Rassenhygieniker dann 1927 tatsächlich in der Gründung eines Kaiser-Wilhelm-Instituts für Anthropologie, menschliche Erblehre und Eugenik, das sich innerhalb kürzester Zeit zu einem der internationalen Zentren für die eugenisch-rassenhygienisch motivierte Humangenetik entwickelte. Viele der in der wissenschaftlichen Rassenanthropologie und Rassenhygiene tätigen Forscher waren selbst antisemitisch eingestellt, machten dies aber nicht offen zu einem Thema ihrer wissenschaftlichen Arbeit. Dinter steht also mit den von ihm propagierten Ideen und Forderungen nicht völlig außerhalb der zeitgenössischen Wissenschaft, sondern eher am Rande, und er profitierte von der zeitgenössischen Konjunktur und Plausibilität von Eugenik, Rassenhygiene und Vererbungsforschung.

Ähnlich verhält es sich mit der im Eingangskapitel beschriebenen Laborszene und der im Anschluss formulierten Wissenschaftskritik. Die Aufgabe, die Eiweißsynthese im Reagenzglas nachzuvollziehen, war ein großes Forschungsthema in der Chemie und Biologie in den ersten zwei Dritteln des 20. Jahrhunderts.

Sie war also durchaus aktuell und wurde erst Anfang der 1960er Jahre durch Marshall Nierenberg gelöst, der hierfür den Nobelpreis erhielt. Im Roman wird diese Aufgabe in ein größeres Projekt eingebettet, nämlich die Erzeugung von Leben im Reagenzglas – ein Projekt, von dem sich der Protagonist nach dem vorübergehenden Scheitern seiner Laborversuche jedoch wieder abwendet. Er reflektiert über den Aufwand und die Problematik einer sich in Detailfragen verlierenden Naturwissenschaft als Experimentalwissenschaft, welche die größeren Zusammenhänge aus dem Auge verliert. Auch hierin findet sich eine um 1920 anschwellende Debatte über eine „Krise der Wissenschaften" wieder. Als eine der Antworten entstanden ganzheitliche Ansätze in unterschiedlichen Disziplinen, so etwa die Gestalt- und Ganzheitspsychologie von Wolfgang Köhler und Kurt Lewin. Dinter kann in Bezug auf die zeitgenössische Wissenschaft also nicht einfach als Phantast, Dilettant oder pseudowissenschaftlicher Ideologe abgetan werden, wie dies in der Sekundärliteratur fast durchgehend geschieht. Vielmehr nahm er zeitgenössische Debatten und Fragestellungen auf, um sie dann in popularisierter Form für seine spezifischen politischen und auch religiösen Zwecke einzusetzen.

Wie wurde der Roman rezipiert? Die erste Auflage von 1917 erschien noch im Selbstverlag, offenbar weitgehend ohne Resonanz, ähnliches gilt für die zweite Auflage von 1918. Erst die Publikation im Mathes & Thost-Verlag machte das Buch zum Bestseller: Bis 1921 waren 170.000 Exemplare gedruckt, 1922 wurde die Grenze von 200.000 überschritten, dann ließ der Verkauf offenbar nach. 1927 lag die Druckauflage bei 235.000, bis 1934 war sie dann auf 260.000 gestiegen.

Aufschlussreich ist die Reaktion der Rezensenten: Bei der assimiliert-jüdischen „Central-Vereins-Zeitung" und beim Jenaer sozialistischen „Volk" war sie scharf ablehnend. Die sozialdemokratische „Dresdner Volkszeitung" initiierte sogar einen Beleidigungsprozess gegen Dinter, in den auch Thomas Mann mit einem Gutachten eingriff. Er schrieb: „Dichterisch völlig wertlos und wohl auch ohne Ehrgeiz in dieser Richtung, wird das Buch durch die Mischung von Halbwahrheit und hetzerischer Verfälschung, die es darstellt, zur geistigen Gefahr. Bei der ge-

Abb. 7: Die Plakatwerbung für Artur Dinters Roman von 1918 zeichnete antisemitische Stereotype, die vielen Juden später zum Verhängnis werden sollten.

waltigen Verbreitung, die es, getragen von populären Strömungen, gefunden hat, scheinen die schärfsten Formen der Abwehr mir entschuldbar".

Die großen bürgerlichen Zeitungen würdigten den Roman mit keinem Wort. Positive Stellungnahmen scheinen nur kleine völkische Blätter veröffentlicht zu haben. Möglicherweise wirkte der Roman vorwiegend außerhalb der literarischen Öffentlichkeit. Interessant ist hier der Bericht des jugendbewegt-völkischen Dichters und Rassen-Apologeten Otto Hauser, der 1922 einen „Wandersommer" durch Deutschland unternahm und dabei vielfältige Kontakte zu organisierten Jugendlichen hatte. Aus seinem Bericht „Ursel Unbekannt" wird deutlich, dass er unter den Jugendlichen auf eine breite Kenntnis des Romans stieß. Der damals 19-jährige, beim rechten Freikorps stehende Heinrich Himmler las den Roman im April 1920, fand ihn allerdings „etwas blindwütig in seinem Judenhass". Auch in satirischer oder gar parodistischer Form wurde auf Dinter Bezug genommen: Das bekannteste Beispiel hierfür ist die Parodie von Hans Reimann mit dem Titel „Die Dinte wider das Blut. Ein Zeitroman von Artur Sünder" aus dem Jahr 1921, die immerhin in einer Auflage von über 20.000 gedruckt wurde.

In den Folgejahren hatte das Buch offenbar auch innerhalb der NSDAP eine erhebliche Resonanz. So schrieb 1928 ein Parteimitglied, das Buch „wurde im eigentlichen Sinn des Wortes der Urheber und zugleich das Fanal der heutigen völkischen Bewegung. Sowohl die literarischen als auch wissenschaftlichen Erzeugnisse der antisemitischen Rassenliteratur [...] gehen auf das Vorbild dieses leidenschaftlichen Buches zurück". Dinter selbst behauptete bei verschiedenen Gelegenheiten, dass seine Ideen und Thesen sich in Hitlers „Mein Kampf" niedergeschlagen hätten. In breiten Teilen der Sekundärliteratur wird Dinter anknüpfend hieran auch als intellektueller Urheber der „Nürnberger Rassegesetze" von 1935 gesehen.

Tatsächlich hatte Dinter im dritten Band seiner Trilogie, in „Die Sünde wider die Liebe" den Protagonisten, einen Theologen Dr. Helmut Schwertfeger, fünf Gesetzesänderungen für die Verfassung formulieren lassen, darunter auch ein Gesetz, das es Juden verbieten sollte, in Deutschland als Lehrer, Beamte oder

Richter tätig zu sein, sowie ein weiteres, das Geschlechtsverkehr zwischen jüdischen Männern und arischen Frauen mit Gefängnis bestrafen sollte. Beim Reichsparteitag der NSDAP 1927 in Nürnberg, noch während Dinters Funktion als Gauleiter in Thüringen, trat er als offizieller Sprecher der Partei zur sogenannten „Judenfrage" auf und wiederholte hier die von seinem Sprachrohr Dr. Schwertfeger formulierten Gesetzesvorschläge. In gewisser Weise können diese Vorschläge tatsächlich als Vorläufer von Gesetzen gelten, welche die NSDAP nach der Regierungsübernahme erließ, und zwar neben den „Nürnberger Gesetzen" auch als Vorläufer des „Gesetzes zur Wiederherstellung des Berufsbeamtentums" von 1933.

Allerdings ist Schwertfeger alias Dinter selbst keineswegs der Erfinder dieser antisemitischen Gesetzesvorschläge. Vielmehr finden sich fast identische nicht fünf, sondern sechs Forderungen am Ende des bibliographischen Essays in der „Sünde wider das Blut". Dort erwähnt Dinter ganz ausdrücklich, dass solche Gesetze die Forderung verschiedener völkischer Verbände seien, insbesondere des „Deutschen Schutz- und Trutzbundes", des „Deutschvölkischen Bundes", und des „Reichshammerbundes".

Für Dinters Roman lässt sich festhalten, dass hier im Medium der Literatur keine genuin neuen Ideen oder Programmatiken formuliert wurden. Wohl aber handelt es sich um Literatur, die zeitgenössisch aktuelle politische und auch wissenschaftliche Strömungen und Debatten aufgriff, sie mit der Autorität der Wissenschaften nochmals auflud und massiv zu ihrer Verbreitung beitrug. In dieser Hinsicht – nämlich als Multiplikator und Propagandist – hatte Dinter mit seinem Roman tatsächlich „Erfolg" auch in der „realen" politischen Geschichte.

Weiterführende Literatur

Günter Hartung: Artur Dinter, Erfolgsautor des frühen Nationalsozialismus, in: ders. (Hg.): Deutschfaschistische Literatur und Ästhetik, Leipzig 2001, S. 99–124.
George M. Kren/Rodler F. Morris: Race and Spirituality. Arthur Dinter's

Theosophical Antisemitism, in: Holocaust and Genocide Studies 6, 1991, S. 233 – 252.

Paul J. Weindling: Health, Race, and German Politics between National Unification and Nazism, 1870 – 1945, Cambridge 1989.

Hans-Jürgen Bömelburg

Der andere Untertan

„Die Abenteuer des braven Soldaten Schwejk" von
Jaroslav Hašek (1921 – 1923)

Am 28. Januar 1928 wurde, nur anderthalb Jahre nach dem Erscheinen der deutschen Übersetzung, die erste Bühnenfassung von Jaroslav Hašeks Roman „Die Abenteuer des braven Soldaten Schwejk" in der Berliner Volksbühne uraufgeführt. Die Schwejk-Ausgabe von 1926 war in Deutschland ein großer verlegerischer Erfolg, 1928 erschien bereits die dritte Auflage. Um die Rechte am Stoff entbrannte fortan eine Auseinandersetzung: Nach dem Erscheinen des Romans beabsichtigte der große Regisseur Erwin Piscator eine Adaption fürs Theater zu schreiben. Aber die Rechte lagen schon bei den Autoren Max Brod und Hans Reimann, die ihm auch ein fertiges Stück anboten: Schwejk war als Figur erhalten, aber in eine erdachte, vom Roman abweichende Handlung gestellt.

Piscator hielt das Stück für einen „Soldatenschwank", der die scharfe Hašeksche Satire verwässerte. Ein Schöpferkollektiv unter der Beteiligung von Bertolt Brecht, Felix Gasbarra und George Grosz einigte sich daher auf den Versuch, statt eines erdachten Stücks Teile des Romans in Montagetechnik zu verknüpfen und auf die Bühne zu bringen. Mit Max Pallenberg als Schwejk war 1928 der Uraufführung im Theater am Nollendorfplatz ebenfalls ein erheblicher Erfolg beschieden, über die Aufführung wurde deutschlandweit berichtet.

Was Piscator vorschwebte, war nach eigener Aussage eine getreue Wiedergabe von Hašeks Werkintention: „Die Aufgabe lautete, möglichst viele und möglichst einprägsame Episoden so aneinander zu reihen, dass sie ein totales Weltbild von Hašek ergaben." Die Fassung kürzte den Roman auf zweieinhalb Stunden. Um die ständigen Standortwechsel Schwejks wie auch

seine langen Märsche auf der Suche nach seinem Regiment an-
gemessen darstellen zu können, ließ Piscator zwei fünf Tonnen
schwere Förderbänder auf der Bühne installieren. Die Schauspieler mussten mit hoch erhobener Stimme sprechen, um bei
dem Krach der Laufbänder überhaupt hörbar zu sein. Der Text
wurde durch Filmeinblendungen und politische Parolen ergänzt.
Auf seiner Etagenbühne konnte Piscator zeitgleiches Geschehen
parallel darstellen. Die Interpretation erregte großes Aufsehen,
weil in der Aufführung ein Trickfilm nach drastischen Zeichnungen von George Grosz lief, die tanzende Gerippe, aber auch
Szenen aus dem Schwejk-Stoff zeigten. Zum Ausdruck kam hier
insbesondere die antimilitaristische und antiklerikale Seite der
Vorlage. Auch international wurde die deutsche Bearbeitung
vielfach aufgeführt. Allein in Kiew spielte man das Stück in der
Bearbeitung Piscators zwischen 1928 und 1935 mehr als vier-
hundertmal.

Die deutsche Aufführung hatte ein umfangreiches publizisti-
sches und juristisches Nachspiel: Wenige Wochen nach der Uraufführung erschienen im Malik-Verlag eine Mappe mit 17 Sze-
nenbildern von Grosz in einer Auflage von 10.000 Exemplaren.
Das größte Aufsehen erregte dabei eine Zeichnung, die Jesus
Christus am Kreuz mit Gasmaske und Soldatenstiefeln zeigte; sie
war mit der Bildunterschrift versehen: „Maul halten und weiter
dienen". Bei dem Ausspruch handelte es sich um ein Originalzitat
aus dem Roman. Dort trifft Schwejk in einer Gefängniszelle auf
Mitgefangene, die ihre Unschuld beteuern. Darauf entgegnet
Schwejk: „Jesus Christus war auch unschuldig und sie ham ihn
auch gekreuzigt. Nirgendwo is jemals jemandem etwas an einem
unschuldigen Menschen gelegen gewesen. Maulhalten und wei-
terdienen! – wie mans uns beim Militär gesagt hat. Das is das
Beste und Schönste."

Der Berliner Polizeipräsident erstattete im März 1928 Straf-
anzeige wegen Gotteslästerung. Das Amtsgericht Charlottenburg
beschlagnahmte drei Originalblätter der Mappe. Daran schloss
sich ein jahrelanger Prozess vor Berliner Gerichten und
schließlich dem Reichsgericht an, das 1931 in höchster Instanz
mit einem Freispruch und zugleich der Einziehung und Ver-
nichtung der Zeichnung, aller Exemplare der Graphik sowie der

Druckplatten endete. Für in Deutschland wie teilweise auch international folgende Prozesse wegen „Gotteslästerung" oder „Verletzung religiöser Gefühle" besaß der Vorgang Präzedenzcharakter.

Gegen diesen furiosen und konfliktträchtigen Auftakt der Rezeption des Schwejk-Stoffes in der deutschen Öffentlichkeit zwischen 1926 und 1933 – Buch und Thema waren im Nationalsozialismus verboten – kann man die gleichsam domestizierte Aufnahme im Deutschland und Österreich der 1960er Jahre stellen: Zwischen 1960 und 1971 erschienen allein drei deutschsprachige Verfilmungen des Romans, allesamt besetzt mit erstklassigen Schauspielern: 1960 „Der brave Soldat Schwejk" mit Heinz Rühmann in der Hauptrolle; 1963 der österreichische Spielfilm „Schwejks Flegeljahre" mit Peter Alexander in der Titelrolle und schließlich 1972 als 13-teilige deutsch-österreichische Koproduktion „Die Abenteuer des braven Soldaten Schwejk" mit Fritz Muliar in der Hauptrolle, die auch in der Folgezeit immer wieder im deutschen und österreichischen Fernsehen lief.

Die Filme wurden vom deutschsprachigen Publikum sehr positiv als Humoresken aufgenommen, besaßen aber politisch zugleich keinerlei Brisanz. Hierfür war sicher auch die Themen- und Motivauswahl ursächlich: Die Auswahl der Szenen blieb in allen drei Filmen auf Harmloses beschränkt, der massive Antiklerikalismus der Vorlage wurde gänzlich entfernt, die Fäkaliensprache abgemildert. Im deutschen Spielfilm von 1960 wurden alle Szenen, in denen Deutsche vorkommen – und das heißt immer auch: parodiert werden – unter den Tisch fallen gelassen. Selbst in den nachträglich zur Romanhandlung eingefügten Verbindungsszenen, die mit Archivmaterial und bemüht harmlosen Kommentaren den historischen Hintergrund erläutern sollten, fand sich vom deutschen Militär bis auf eine Karikatur und einige Pickelhauben keine Spur. Freilich kann argumentiert werden, dass sich die satirische Schärfe des Textes, insbesondere dessen antimonarchische und antihabsburgische Spitzen, in den 1960er Jahren erledigt hatte und nun zur bloßen böhmisch-österreichischen Folklore transformiert werden konnten.

Das Werk

In zahlreichen, immer wieder durch Erzählungen und Abschweifungen unterbrochenen Episoden erzählt Hašek in seinem Roman die Geschichte des Prager Hundehändlers Josef Schwejk im Ersten Weltkrieg. Nach einer Verhaftung wegen Majestätsbeleidigung wird er schließlich für militärtauglich erklärt und landet als Bursche bei dem versoffenen Feldgeistlichen Katz. Es folgt eine Folge von Episoden, in der vor allem der Antiklerikalismus Hašeks zur Geltung kommt. Nachdem Schwejk als Einsatz an den Oberleutnant Lukasch verspielt wird, assistiert er diesem bei allerhand amourösen Abenteuern. Im Kontrast zwischen Schwejk und Lukasch werden dabei verschiedene Optionen einer tschechischen Identität im frühen 20. Jahrhundert beschrieben: Lukasch bekennt sich nur privat als Tscheche, zeigt sich nach außen hin aber als treuer Untertan der k.u.k.-Monarchie.

An die Front versetzt, irrt das Regiment Schwejks schließlich durch Ungarn und bis an die russisch-österreichische Front in Galizien. Der Transport in das heutige Südostpolen ist von Chaos, langen Wartezeiten und Schikanen gekennzeichnet. Die Vorgesetzten erweisen sich durchweg als hinterhältig, brutal, korrupt und unfähig. Schwejk soll schließlich, als er in russischer Uniform aufgegriffen wird, als Spion in der Festung Przemyśl erschossen werden. Auch hier steht die Vorlage in starker Korrespondenz zur Kriegsrealität: In Galizien wurden zwischen 1914 und 1916 zwischen 10.000 und 30.000 angebliche Verräter hingerichtet, übrigens von beiden militärischen Lagern.

Nur durch ein zufälliges Telegramm entgeht Schwejk der Hinrichtung und kehrt zu seinem Regiment zurück. An dieser Stelle, kurz bevor die österreichischen Truppen die Vorkriegsgrenze zwischen Österreich und dem russländischen Reich überschreiten, bricht die Erzählung ab, das Manuskript Hašeks endet mit dem Gespräch zweier Offiziere: „Patriotismus, Pflichttreue, Selbstüberwindung, das sind die richtigen Waffen im Krieg. Ich erinnere mich gerade heute daran, wo unsere Armee in absehbarer Zeit die Grenzen überschreiten wird."

Die Handlung kann hier nur in groben Zügen vorgestellt werden, denn sie zerfließt in verschiedene Nebenstränge und

eingeflochtene Erzählungen. Schwejk ist keine auf eine Entwicklung angelegte Figur, wir erfahren fast nichts über ihn, über
seine Eltern oder seine Herkunft. Die Figur repräsentiert eher
einen destruktiven Diskurs, dessen ätzender und zersetzender
Kraft der Erzähler alles aussetzt. Mit ihrer Hilfe entlarvt der Erzähler das gesamte Staatswesen mitsamt seinem religiösen
„Überbau". Alle Institutionen erscheinen als durch und durch
repressiv, Persönlichkeiten und Ereignisse werden gleichermaßen karikiert und lächerlich gemacht. Zugleich springt der Erzähler in Kommentaren seinem Helden bei und spricht das aus,
was dieser nur andeuten konnte.

Der Autor

In vielen öffentlichen Diskussionen ist die Figur des Schwejk mit
dem Leben seines Erfinders Jaroslav Hašek gleichgesetzt worden,
insbesondere weil im „Schwejk" tatsächlich zahlreiche Episoden
der Biographie Hašeks eingewoben sind. Doch ist die Mehrzahl
der Anekdoten über Hašeks Leben erst nach seinem Tode erschienen, als der „Schwejk" bereits berühmt geworden war. Aber
auch ohne diese Überblendung war das Leben Hašeks abenteuerlich und skandalös genug: Jaroslav Hašek, im gleichen Jahr
1883 wie Franz Kafka in Prag geboren – was oft zu Vergleichen
anregte –, brach eine Banklehre ab, gehörte zu anarchistischen
Zirkeln im Böhmen des frühen 20. Jahrhunderts und führte das
Leben eines Vaganten und Bohemiens. Zeitweise journalistisch
tätig, entwickelte er in ersten Erzählungen seit 1910 die Figur des
„Schwejk".

   1915 meldete sich Hašek freiwillig als „Einjährig-Freiwilliger",
also als Offiziersanwärter, zur österreichisch-ungarischen
Armee, erhielt im August 1915 die silberne Tapferkeitsmedaille,
desertierte aber im September 1915 mit anderen tschechischen
Truppen und geriet in russische Gefangenschaft. 1917 trat er in
der russischen Kriegsgefangenschaft für die zukünftige tschechoslowakische Republik unter Tomaš G. Masaryk ein und trat
zugleich den tschechoslowakischen Legionen bei, für die unter
böhmischen Kriegsgefangenen geworben wurde. Der Aufbau

dieser Einheiten wurde nun rasant vorangetrieben, so dass bis Ende 1917 ein tschechoslowakisches Armeekorps mit zwei Divisionen in einer Stärke von ca. 35.000 Mann aufgebaut war.

Hašek erklärte sich aber im Frühjahr 1918 für die revolutionären russischen Bolševiki. Nach Samara in Südrussland geschickt, geriet er in die Kämpfe zwischen Bolševiki und tschechoslowakischen Legionären, die über Sibirien an die Westfront geschickt werden sollten, aber in Mittelasien strandeten. Die tschechoslowakische Legion besetzte 1918 die gesamte Transsibirische Eisenbahn und wurde in blutige Kämpfe mit der Roten Armee verwickelt. 1918–1920 war Hašek im politischen Stab der Fünften Roten Armee tätig und wurde 1920 in die Tschechoslowakei entsandt.

Im politisch stabilen Prag konnte er jedoch nichts bewirken, wurde im Gegenteil von den tschechischen Legionären als „Vaterlandsverräter" angefeindet und widmete sich in seinen letzten zwei Lebensjahren der Niederschrift des „Schwejk". Er war zu dieser Zeit bereits schwer alkoholkrank und starb im Januar 1923 mit nur 39 Jahren an Tuberkulose. Die Niederschrift des Romans blieb unvollendet. Hašek führte also ein in vieler Hinsicht skandalträchtiges Leben, gekennzeichnet von Verhaftungen wegen Anarchismus (1907) und Landstreicherei, von Anzeigen wegen Bigamie und schwerem Alkoholismus.

Debatten um das Buch

Hašek hat seit spätestens 1910 an unterschiedlichen Varianten seines „Schwejk" gearbeitet. Die Figur begegnet dem Leser bereits im Mai 1911 in Erzählungen, die als „Ur-Schwejk" bezeichnet werden, als „guter Soldat Schwejk" (Dobrý voják Švejk) hier allerdings noch als kindlich-naive Figur eines einfältigen und stets hungrigen Soldaten, der die satirische Schärfe und die zahlreichen Anspielungen noch weitgehend fehlen.

1917, während seiner Tätigkeit in russischer Kriegsgefangenschaft in Kiew, veröffentlichte Hašek in der „Bücherei der Tschechoslowakischen Zeitschrift" (Knihovničce Časopisu Čechoslovan) weitere Schwejk-Episoden. In dieser Erzählung

„Der gute Soldat Schwejk in der Gefangenschaft" ist die satirische Kritik an den österreichischen Offizieren besonders scharf, doch wenig hintergründig. Die Vorgesetzten werden hier als brutale Menschenschinder dargestellt. Der sadistische Fähnrich Dauerling wird schließlich vom patriotischen Schwejk erschossen, ein protschechisch engagierter und panslawisch argumentierender Erzähler macht die Romanaussage erheblich eindeutiger als bei der späteren Fassung.

Die 1921/22 niedergeschriebene Version hatte Hašek nach Aussagen aus dem Freundeskreis für den gesamten Zeitabschnitt von 1914 bis 1920 konzipiert. Durch eine erheblich stärkere Brechung der Erzählerfigur, durch Montagetechnik, die Anlage von weiteren Figuren neben Schwejk, durch Erzählungen im Roman und eine durchgängige Ironie ist der Text um einiges vielschichtiger als vorhergehende Varianten. Auch gewann die Ausgabe von 1921/22 viel durch die Zeichnungen Josef Ladas, die eher den gemütlichen Schwejk darstellen und rasch volkstümlich wurden. Aufgrund der Biographie Hašeks wurde das Buch bei seinem Erscheinen in Fortsetzungslieferungen als Groschenroman bereits vielfach angefeindet, da es in keiner Weise dem Selbstbild der militärischen Leistungen der tschechischen Soldaten im jungen tschechoslowakischen Staat entsprach. Die tschechoslowakische Legion und deren Rolle im russischen Bürgerkrieg galten im jungen tschechoslowakischen Staat als Gründungsmythos und als nationale Ikone. Die Legionäre, die im neuen Staat wichtige Plätze einnahmen, griffen den „Schwejk" scharf als „zersetzend" und für „den tschechischen Soldaten beleidigend" an, Hašek selbst wurde vom Geheimdienst wegen seiner Verbindungen zur Roten Armee bespitzelt.

Die – erst in der Ausgabe von 1921/22 im Tschechischen ausgeprägten – sprachlichen Vulgarismen, sprachliche Fehler und der Unterschichtenjargon schreckten zudem das bürgerliche Publikum ab, das zum Roman meist indigniert schwieg. Jaroslav Durych, ein konservativer tschechischer Schriftsteller, schrieb etwa: „Schwejk ist ein bleibendes Denkmal der Plattheit und Nichtswürdigkeit, in seiner Gestalt hat sich alles Vulgäre und Unedle des Volkes konzentriert." Zwar wurde endlich einmal ein tschechischer Autor weltweit gelesen, übersetzt und bewundert, zwar schien das Ziel der Anerkennung der tschechischen Nation und der tschechischen Sprache endlich erreicht. Doch der Anlass dieser Anerkennung war ein Text, der in einer ordinären Sprache statt der engagiert entwickelten tschechischen Literatursprache verfasst war! Der Säufer und Anarchist Schwejk erschien den tschechoslowakischen Eliten der Zwischenkriegszeit geradezu als rufschädigend. Für den „Schwejk" setzten sich dagegen die tschechische Linke und Hašeks literarische Freunde ein, der breite Absatz der billigen Fortsetzungsheftchen war ein starkes kommerzielles Argument. Der Verlag gab nach dem Tode Hašeks auch eine Fortsetzung durch Karel Vaněk in Auftrag, die unter dem Titel „Schwejk in russischer Gefangenschaft" erschien und dem Werk den fragmentarischen Charakter nehmen sollte.

Der „Schwejk" war in der Tschechoslowakei der Zwischenkriegszeit also keineswegs unmittelbar ein Klassiker, sondern vielmehr politisch höchst umstritten. Zeitgenossen sprachen sogar vom „Krieg um Schwejk": So brachte etwa 1928, pünktlich zum 10. Jahrestag des Bestehens der tschechoslowakischen Republik, Rudolf Medek das Drama „Oberst Švec" (Plukovník Švec) heraus. Innerhalb von 100 Tagen sollen es im Prager National-theater an die 85.000 Menschen gesehen haben, kurz darauf wurde es bereits verfilmt. Die Handlung stellt den tapferen Oberst Josef Švec dar, der sich erschießt, nachdem seine Soldaten sich geweigert hatten, weiter zu kämpfen. Dieser Heldentod spornt die Soldaten nun zu weiterem Kampf und letztendlichem Sieg an. Der „Švec" ist konsequent gegen den Drückeberger „Švejk" gerichtet und bildete ein zeitgenössisches, heute weitgehend vergessenes tschechoslowakisches Heldendrama.

Bekannt wurde Hašeks „Schwejk" nicht über die tschechische literarische Öffentlichkeit, die bis 1939 gespalten und zudem in der Zwischenkriegszeit ausgesprochen klein war. Tschechisch wurde um 1922 von etwa sechseinhalb Millionen Menschen ge-sprochen, weniger als anderthalb Prozent der damaligen euro-päischen Bevölkerung. Es stellt sich daher die Frage, wie ein li-terarisches Werk aus einer kleinen europäischen Literatur so rasch eine internationale Bedeutung erwarb.

Die internationale Wirkung

Maßgeblich für die Wirkung des „Schwejk" ist anfänglich die deutsche Rezeptionsgeschichte: Hier setzte sich für ihn sehr früh der Autor Max Brod ein, der Hašek in Besprechungen mit Miguel de Cervantes und François Rabelais verglich. Die deutsche Fassung entstand als erste Übersetzung überhaupt 1925/26 in Prag. Grete Reiner übertrug die vielfältigen Wortspiele, Wortneuschaffungen und Vulgarismen sowie das teilweise von Hašek verwandte gebrochene Tschechisch durch Rückgriffe auf das Prager Kleinseitner Deutsch, die Sprache der deutschsprachigen Prager Bevölkerung. Reiner, geboren 1892 als Grete Stein, versuchte als Übersetzerin und Herausgeberin gelegentlich, das fragmentarische Werk Hašeks durch eigene Episoden zu ergänzen. Sie wurde als Jüdin später nach Theresienstadt deportiert und vermutlich im März 1944 in Auschwitz ermordet. Der deutsche „Schwejk" in der Fassung Reiners ist erheblich stärker dialektal geprägt als die tschechische Ausgangsfassung. Diese hatte bewusst mit Sprachexperimenten, mit Unterschichtenjargon, mit deutschen, ungarischen oder polnischen Einfügungen und Brechungen gearbeitet. Die deutsche Fassung hat durch dialektale Abmilderungen und den Verzicht auf sprachliche Vulgarismen viel an Schärfe verloren. Zugleich wurde mit dem böhmisch-gemütlichen Schwejk ein spezifisch deutsches Klischee animiert.

Das spezifische Wahrnehmungs- und Rezeptionsproblem der kleinen europäischen Literaturen hatte Kurt Tucholsky bereits 1926 bei der Lektüre der deutschen Übersetzung erkannt:

> „Schwejk ist einen halben Millimeter von der Unsterblichkeit entfernt. Er ist nur zu lokal. Er fühlt tschechisch, was ein Vorzug ist – aber er fühlt nur tschechisch, was ein Nachteil ist. (Gegenbeispiel: Tolstoi.) Im Vorwort nimmt die Übersetzerin den Mund etwas voll und sagt, was der Leser sagen müßte: Tschechischer Cervantes … und dergleichen. Man kennt die Intensität der kleinen Staaten! Ungarn besteht ja nur aus ›berühmtesten‹ Künstlern – und wenn sie die Landesgrenzen einmal verlassen haben, ist es nachher halb so schlimm. Hasek ist ein großer Satiriker – nur dass er das Unglück hat, in der tschechischen Sprache zu dichten, aus der man ihn erst her-

ausholen muß, ist bitter. Hätte er englisch geschrieben, wäre der Mann eine Weltberühmtheit. Nicht nur, weil ihn Millionen automatisch verstünden – sondern weil Millionen in denselben Formen empfinden wie er. Die Gefühle Schwejks sind universal komisch – ihre Ausdrucksform kaum. Und erklären kann man da nichts. Er ist um den entscheidenden Hauch zu provinziell."

Nicht die tschechische Originalfassung, sondern die Übersetzung von Grete Reiner, über deren Qualität es unter Bohemisten bis heute geteilte Auffassungen gibt, wurde Vorlage für zahlreiche Übersetzungen in andere Sprachen. Der internationale Erfolg in den späten 1920er Jahren wurde insbesondere durch die publizistischen Auseinandersetzungen in Deutschland befördert. Eine Schlüsselrolle spielten dabei die konfliktträchtigen Diskussionen über Militarismus und Pazifismus, über Kadavergehorsam und Revolution. Kurt Tucholsky hatte sich vergleichsweise begeistert geäußert:

> „Das völlig Absonderliche des Buches ist sein Humor, der aus Flaschenbier und Schnaps anmutig gemischt ist. Nicht nur Schwejk ist blöd, sondern auch die kleine Welt, die da vor uns aufgebaut wird: verzerrt, schief und krumm und schauerlich wahr. Es gluckert ein Hohn unter den Zeilen, eine solche hassende Verachtung Österreichs, des Militärs, der Kriege, dieses ganzen militärischen Gehabes, dass der Autor, wäre Ludendorff nicht nach Schweden ausgerissen, hätte alt werden müssen wie Methusalem, um alles abzusitzen, Der Höhepunkt dieses Trubels ist Schwejk. Dem kann nichts passieren: er hats gut, er ist blöd. Er sagts auch – und wenn ihn der Oberleutnant anbrüllt: ‚Kerl, ich glaube, Sie sind ein großer Idiot', dann spricht er sanft und freundlich: ‚Melde gehorsamst, Her Oberlajtnant, jawohl. Ich bin sogar für völlig blödsinnig erklärt worden. Da hatten wir mal in der Gasse bei mir zu Hause …' Und dann wird er rausgeschmissen."

Da der „Schwejk" eines der ersten Werke war, das ein gänzlich unheroisches und groteskes Bild vom Alltag in der österreichisch-ungarischen Armee zeichnete, fand er unter Pazifisten viel Zustimmung, traf aber auch allgemein deutsche Vorstellungen von einem schlampigen österreichischen Militär. Sein Erscheinen lag vor den berühmten Antikriegsromanen eines

Arnold Zweig „Der Streit um den Sergeanten Grischa" (1927)
oder Erich Maria Remarques „Im Westen nichts Neues" (1928).
In dem zwischen 1928 und 1930 in der deutschen Öffentlichkeit
explodierenden Konflikt um die Deutung des Ersten Weltkriegs
erschien Hašeks „Schwejk" als weiteres Argument für die Sinnlosigkeit und Leere des Krieges. Bis 1929 wurden in deutscher
Sprache bereits 50.000 Exemplare verkauft.

Die erste – sehr verstümmelte und verkürzte – Übersetzung
ins Englische 1930 stand im Kontext einer international geführten Militarismusdiskussion, die von der amerikanische Verfilmung von „Im Westen nichts Neues" befördert wurde. Der
„Schwejk" erschien vielen als beispielhafter Typus des in den
Krieg hineingeworfenen „kleinen Mannes" und zählte seit den
1930er Jahren zum Grundbestand der internationalen Antikriegsliteratur von links. Noch vor dem Zweiten Weltkrieg wurde
das Werk in 18 Sprachen übersetzt und war damit das meist-
übersetzte Werk der tschechischen Literatur.

In der tschechischen Bevölkerung führte hingegen die Tatsa-
che des nationalsozialistischen Verbots zu einer neuen Aktualität
des Romans. Nach der Zerschlagung des tschechoslowakischen
Staates in München 1938 und nach der deutschen Besetzung im
März 1939 wurde die tschechische Bevölkerung im Protektorat
Böhmen und Mähren zu Arbeitskräften insbesondere für die
deutsche Kriegswirtschaft degradiert und die Kulturpolitik strikt
reglementiert. Die tschechische Bevölkerung las den Schwejk-
Stoff nun auf neue Weise und interpretierte ihn als subversive
Anleitung zu einer Sabotage der deutschen Kriegsanstrengun-
gen. Jan Masaryk, Außenminister der tschechoslowakischen
Exilregierung, empfahl 1942 seinen Landsleuten in einer Rede
aus dem Exil: „Verhalten Sie sich unauffällig auf Schwejk'sche
Art, drücken Sie sich, wenn es geht. Und kämpfen Sie, wo Sie
können". Zahlreiche tschechische Schwejk-Adaptationen und
ein in Großbritannien gedrehter Film entstanden im Verlauf des
Zweiten Weltkriegs.

Diese sogenannte „schwejksche Einstellung" (tsch. švejkovi-
na), das destruktive Ins-Leere-laufen-Lassen österreichischer
oder deutscher Einstellungen, besaß nun einen hohen argu-
mentativen Stellenwert und konnte zu einem bestimmenden

Moment der tschechoslowakischen Selbstcharakteristik werden. Nach 1945 haben sich dann viele Tschechen, die sich gegen den Vorwurf einer Kollaboration mit der deutschen Militärwirtschaft verwahrten, auf diese heimliche Einstellung berufen.

Aber auch in anderen Kontexten wurde zu dieser Zeit auf den „Schwejk" zurückgegriffen. In der Sowjetunion entstanden 1942 und 1943 zwei Filme um die Schwejk-Figur, die insbesondere die deutschen Militärs karikierten. Bertolt Brecht verfasste 1943 seinen „Schweyk im zweiten Weltkrieg", der den Prager Hunde-händler in das Protektorat Böhmen und Mähren versetzte: Dieser kommt durch seinen Freund in Schwierigkeiten mit der deut-schen Besatzungsmacht und muss – nach kurzer Anstellung bei der Gestapo – als Strafe für sein Vergehen in die Wehrmacht. Das Vergehen bestand darin, den Lieblingshund seines Gestapo-Chefs geschlachtet und seinem Freund serviert zu haben. In einer Rahmenhandlung trifft Schweyk sogar auf Hitler selbst, dem er entgegnet: „Und ich sags dir ganz offen, daß ich nur noch nicht weiß / Ob ich auf dich jetzt schieß oder fort auf dich scheiß."

Letztendlich handelte es sich in dem Stück um eine auf Komik aufgebaute Demontage des Nationalsozialismus, wobei die Schweyk-Figur ihre opportunistischen und fremdbestimmten Züge behielt. Das Stück wurde zu Lebzeiten Brechts aber nicht aufgeführt, die Uraufführung fand durch das Theater der polni-schen Armee erst im Januar 1957 in Warschau statt. Seine Wertschätzung für den „Schwejk" äußerte Brecht wiederholt, so etwa 1955: „Wenn man mich auffordern würde, aus der schönen Literatur unseres Jahrhunderts drei Werke auszuwählen, die meiner Meinung nach der Weltliteratur angehören werden, wählte ich als eines davon Haseks Abenteuer des braven Soldaten Schwejk."

Dieser Überblick über die Popularität des Schwejk-Stoffes darf nicht überdecken, dass das Hašeksche Original im Zweiten Weltkrieg wegen seines subversiven Potentials in allen Armeen durchaus gefürchtet war. So wurde der Roman von Hašek nach 1941 sogar in der US-Army verboten. Auch die sowjetische Kulturpolitik im Kriege duldete nur propagandistische Bearbei-tungen, zumal Hašeks anarchistische Sympathien in der So-wjetunion nur allzu gut bekannt waren. Sergej Tretjakov schrieb

daher: „Der alte Schwejk, der dem Bösen auswich, war passiv.
Jetzt muss er ein braver Soldat ohne Anführungszeichen werden
und mit dem Gewehr in der Hand seine demokratische Freiheit
verteidigen."

In der Nachkriegszeit

Zwar konnte der „Schwejk" seit 1946 wieder in tschechischen
Drucken erscheinen, doch nach der kommunistischen Machtübernahme im Jahr 1947 lag den kommunistischen Behörden
nichts an einer Popularisierung eines ihrer Ansicht nach zwei-
felhaften, weil defätistischen Ideals. Die Verbreitung der Fortsetzung von Karel Vaněk blieb in der ČSSR sogar bis 1990 verboten. Im Stalinismus war vor 1956 keine Verfilmung des
Hašekschen Stoffes möglich, eine zweiteilige tschechische Verfilmung kam erst in der Zeit des politischen „Tauwetters" um
1956/57 in die Kinos.

Abb. 8: Als die UdSSR 1968 in die Tschechoslowakei einmarschierte,
wandte sich der Schwejk auf einem Protestplakat gegen den sowjetischen
„Bruder": „So groß ihr auch seid, so klein seid ihr doch."

Seit den 1960er Jahren wurde in der Tschechoslowakei der widerständige, antiautoritäre, von anarchistischen Einflüssen geprägte Hašek wiederentdeckt. Im Vorfeld des Prager Frühlings erschien er als ein kritischer Geist und wurde gerne von tschechischen Schriftstellern und Intellektuellen, so etwa 1964 von Pavel Kohout, bearbeitet. Bei der karikaturistischen Darstellung des „Prager Frühlings" im Jahr 1968 spielten Schwejk-Motive ebenfalls eine große Rolle. Grundsätzlich besaß der „Schwejk" im bis 1989 real existierenden Sozialismus ein erhebliches subversives Potential. Es konnte sich in vielfältigen Wortspielen, Zitaten und Anspielungen äußern. Mehrere Autoren übertrugen den Schwejk in die Tschechoslowakei der Gegenwart. Noch 1992 erschienen „Die Geschicke des braven Schwejk nach dem Zweiten Weltkrieg" von Josef Jaroslav Marek.

Besonders stark lebte der antimilitaristische Schwejk in der DDR fort, während in Polen mit mehreren Bearbeitungen und Fortsetzungen eine ganz eigenständige Rezeption entstand, etwa der an Schwejk-Motive angelehnte Roman „K.u.K. Deserteure" von Kazimierz Seyda, der 1986 in einer Verfilmung von Janusz Majewski in die polnischen Kinos kam. Der große Publikumserfolg beruhte auf den Habsburg-Stereotypen der Verfilmung und einem ironischen Umgang mit den polnischen Klischees über Galizien.

In den westdeutschen und österreichischen Verfilmungen dagegen traten sowohl das subversive Potential wie auch die antimilitaristische Grundeinstellung zugunsten einer harmonisierenden, glättenden und in Folklore aufgelösten Darstellung zurück. Hier wurde Schwejk zum ebenso gemütlichen wie gewitzten böhmischen Kleinbürger, der aus deutscher Perspektive Züge eines tschechischen Nationalcharakters annahm. Am Ende der Fernsehfilmserie stand ein Happy-End, und niemand wurde hier von Granaten zerfetzt. Als eigenständig war hingegen die Aufnahme in der Schweiz zu sehen, wo der „Schwejk" die motivische und typologische Vorlage zum „HD-Soldaten Läppli" abgab, einer 1945 erdachten Adaptation, die allerdings nicht den mörderischen Weltkrieg behandelte, sondern die Auswüchse des Schweizer Militärdienstes im Zweiten Weltkrieg.

Eine eher folkloristische Nachblüte hatte der „Schwejk" nach

1989 über das Prag-Marketing und den Tourismus in allen historischen Ländern Österreich-Ungarns zu verzeichnen: In Polen, der Slowakei, in Ungarn und in der Ukraine schossen Schwejk-Denkmäler nur so aus dem Boden. Eine weltweit verbreitete tschechische Schwejk-Gastronomie und Bierkultur spielte gezielt mit Versatzstücken aus dem Roman. In Polen gibt es Schwejk-Plastiken in Przemyśl und Sanok sowie einen Schwejk-Wanderweg, in der Ukraine wurde 2007 eine neue aufwändige Verfilmung gedreht. Die Figur wird aber auch weltweit in der modernen Pop- und Hip-Hop-Kultur aufgegriffen, „Schweyk it easy" in der Bearbeitung Konstantin Weckers hatte im Jahr 2001 Premiere.

Auch die Tschechen selbst schlossen nach 1989 ihren Frieden mit der Figur. Sie wird heute vor allem als Verkörperung eines pragmatischen, nüchternen und reflektiert-ironischen Tschechentums gelesen. Ein Beleg hierfür ist eine 1997 in Tschechien erschienene Briefmarke mit dem im Rollstuhl sitzenden Schwejk auf dem Weg zur Musterungskommission – denkt man sich die von dem Krüppel gerufene Parole „Nach Belgrad! Nach Belgrad!" hinzu, so könnte man daraus angesichts des Jugoslawienkriegs auch noch 1997 eine politische Aussage herauslesen...

Über den Umweg der deutschen Rezeption wurde aus Hašeks „Schwejk" im Gefolge des Ersten Weltkrieges ein internationaler Archetyp für die subversiven Perspektiven des „kleinen Soldaten" wie auch für die Widerständigkeit der Tschechen gegen die Fremdbestimmung. Noch heute prägt er weltweit das populäre Tschechenbild, ein Umstand, mit dem sich die ironischen Tschechen inzwischen versöhnt zu haben scheinen. Auch wenn der Stoff in der gegenwärtigen Populärkultur teilweise in der „Gemütlichkeitsfalle" gefangen ist, so sind zukünftige politische Aktualisierungen, die durch den hohen Bekanntheitsgrad der Figur begünstigt werden, doch keinesfalls auszuschließen.

Weiterführende Literatur

Kenneth Hanshew: Švejkiaden. Švejks Geschicke in der tschechischen, polnischen und deutschen Literatur, Frankfurt/Main u. a. 2009.

Gustav Janouch: Jaroslav Hašek. Der Vater des braven Soldaten Schwejk, Bern/München 1966.

Jaroslav Hašek 1883 – 1983. Proceedings of the International Hašek-Symposium Bamberg, June 24 – 27 1983. Hg. v. Walter Schamschula, Frankfurt/Main 1989.

Pavel Petr: Hašeks „Schwejk" in Deutschland, Berlin 1963.

Martina Winkler: Nationale Identität Revisited. Die Tschechen und ihr Švejk im 20. Jahrhundert. In: Themenportal Europäische Geschichte (2007), URL: http://www.europa.clio-online.de/2007/Article=156.

Vadim Oswalt

Nur ein „Schlachtruf des Ritts gen Osten"?

„Volk ohne Raum" von Hans Grimm
(1926)

„Frische weite Luft und ein unbegrenzter Blick sind selten geworden. Sagen Sie mir, Herr Doctor, wo wir ihn finden! Sagen Sie mir, wo der Schritt aus dieser verköterten, jämmerlichen Welt ist zu größerer Weite. Ist es denn nicht so, dass unser Aufeinanderhocken als Volk uns kleinlich werden lässt? Oder habe ich Ihr ‚Volk ohne Raum' so falsch verstanden?" Diesen Leserbrief schrieb der arbeitslose Jugendliche Hermann Eschke an den Autor Hans Grimm am 20. Januar 1933 – wenige Tage vor der Machtübernahme der Nationalsozialisten. An diesem Schreiben zeigen sich zentrale Aspekte der Wirkungsweise von Dichtung im Spannungsfeld von Geschichte und Literatur: Literatur ist ein mehrschichtiger *Sinnproduzent:* Sie kann wie im Falle von „Volk ohne Raum" das individuelle Familienschicksal seiner fiktiven Helden und das kollektive Erleben eines Volkes in einer weit gespannten Erzählung zusammenführen.

Insofern beruht die Stärke und damit auch Wirkungsmacht fiktionaler Texte darauf, das Grundbedürfnis des Menschen nach erzählten Geschichten zu befriedigen und gleichzeitig die Sehnsucht nach „kollektiver Sinngebung" und „kultureller Identifikation" einzulösen. Die Macht narrativer Argumente ruht dabei auf zwei Elementen, die sich im Zusammenspiel von Autor und Leserschaft zeigen: Wie überzeugend ist die Identifikationskraft der Helden des Romans? Wie sehr stimmt die Handlung mit der Erwartung der Leser überein, steht doch in den so genannten „kommunikativen Kontrakten" mit dem Publikum, dass am Ende nicht nur die Geschichte zu Ende ist, sondern sich auch ein „Sinn" erfüllt. Das „eigensinnige Gegenwissen" seines Publikums kann der Autor nicht mehr steuern, wie sich an dem jugendlichen

Leser zeigt, der meinte, alle Deutschen müssten nun Bauern werden. Der Roman wird zur Projektionsfläche, aus der man nicht nur etwas heraus-, sondern in die man auch viel hineinlesen kann.

Wenn wir also im Folgenden einen Roman tief aus dem Giftschrank des 20. Jahrhunderts aufschlagen, geprägt durch völkisch-rechtsextremistisches Denken, 1300 quälende Seiten – rassistisch, antidemokratisch, antisemitisch, antipluralistisch, getränkt in tief gekränktem nationalistischen Chauvinismus –, dann nur deshalb, um sich der Grundfrage dieses Bandes nach dem komplizierten Wechselverhältnis von Geschichte und Roman, von Literatur und ihrem Einfluss auf die historische Wirklichkeit zu stellen. Hierbei wird sich zeigen, dass sich die Wirkung des Romans „Volk ohne Raum" nicht auf die propagandistische Verwendung seines Titels einschränken lässt. Er war nicht nur Leitmotiv eines mörderischen Vernichtungskriegs der Deutschen im Osten Europas, sondern besaß eine wesentlich breitere Wirkung durch die in ihm propagierten Raumkonzepte und Leitbilder.

Der Autor Hans Grimm

Prägend für seine literarischen Werke wurde für den 1875 in Wiesbaden geborenen Hans Grimm die Kolonialerfahrung, die ihm gewissermaßen in die Wiege gelegt wurde, war doch sein Vater, der Jurist und Landtagsabgeordnete der Nationalliberalen Partei Prof. Julius Grimm, 1882 an der Gründung des Deutschen Kolonialvereins beteiligt gewesen. Das Ziel, Schriftsteller zu werden, gab Hans Grimm auf Druck des Vaters zunächst auf und durchlief stattdessen eine Ausbildung als Außenhandelskaufmann in London. Als solcher wurde er zunächst in Südafrika, teilweise auch als Farmer, für mehr als zehn Jahre tätig. 1908 kehrte er kurz nach Deutschland zurück, um 1910 als Presseberichterstatter in Deutsch-Südwestafrika tätig zu werden. Im Ersten Weltkrieg war Grimm zunächst Frontsoldat, später Dolmetscher, schließlich auch im Dienste der Kolonialpropaganda tätig, etwa mit der seit 1917 im Auftrag des Reichskolonialamts verfassten Novelle „Der Ölsucher von Duala".

Folgenreich war seine Tätigkeit am Ende des Krieges in der Auslandsabteilung der Obersten Heeresleitung. Hier begegnete er Arthur Moeller van den Bruck, dem zentralen intellektuellen Kopf der so genannten Konservativen Revolution zu Beginn der Weimarer Zeit, dem Initiator des so genannten Juniklubs – benannt nach dem Monat der Unterzeichnung des Versailler Vertrags –, eines *Thinktanks* im Kampf gegen Demokratie und westliche Werte, der mit „Das Gewissen" sogar eine eigene Zeitschrift herausgab. Der Kontakt zu van den Bruck, der mit seiner Schrift „Das Dritte Reich" ebenfalls zum Stichwortgeber für die Nationalsozialisten avancierte, bildete eine wichtige Voraussetzung für Grimms Verankerung im Umfeld rechtsextremer Netzwerke.

Noch im Krieg ließ sich Grimm mit seiner Familie im Herrenhaus einer aufgelösten Klosterdomäne in Lippoldsberg nieder und arbeitete fortan als freier Schriftsteller. In der Region des Weserberglandes ist auch der Anfang und das Ende des Romans „Volk ohne Raum" angesiedelt. Das in den Jahren 1920 bis 1925 entstandene Epos erschien 1926, es wurde zu einem der beliebtesten Romane der Weimarer Zeit und machte seinen Verfasser schlagartig berühmt. Neben dem Roman von Walter Flex „Der Wanderer zwischen beiden Welten" war es das bekannteste und meist gelesene Werk der völkischen Literatur in der Weimarer Zeit und gehörte in seiner Zeit zu den 20 meistverkauften und gelesenen Werken in Deutschland. Schon in den 1920er Jahren begeisterte sich Hans Grimm für die nationalsozialistische Bewegung:

> „Ich sehe im Nationalsozialismus mit einigen anderen die erste und bisher einzige echte demokratische Bewegung des deutschen Volkes. Ich höre die Nationalsozialisten als erste Volksfreie sich nicht zur Gleichheit, sondern zur Gemäßheit, und das heißt, sich zur Führerschaft der jeweils Besten bekennen, wodurch eben sie ganze Deutschheit dartun."

Grimm lud auch Joseph Goebbels zu sich nach Lippoldsberg ein, und bei der Reichspräsidentenwahl 1932 rief er zur Wahl Adolf Hitlers auf. Insofern ist es sicher richtig, Hans Grimm als überzeugten Nationalsozialisten zu bezeichnen und zwar so überzeugt, dass er die „wahre" Idee des Nationalsozialismus gegen die Partei und ihre Führer meinte verteidigen zu müssen. So ist es zu erklären, dass der Schriftsteller, der sich so sehr zum Aushängeschild des NS-Staates eignete, durchaus eigensinnig und in manchen Situationen auch mutig, Missstände in eben diesem Staate anprangerte. Die Reichsminister Wilhelm Frick und Joseph Goebbels erhielten von ihm mehrere Beschwerdebriefe, die sich etwa auf die Erschießungen beim so genannten Röhm-Putsch oder die seiner Ansicht nach ungerechtfertigte Zusammenlegung des Amtes des Reichskanzlers mit dem des Reichspräsidenten nach dem Tod Hindenburgs bezogen. Schließlich bestellte Goebbels den renitenten Schriftsteller zum Rapport und drohte ihm kurzerhand mit der Einweisung in ein Konzentrationslager, was den Mann aus Lippoldsberg fortan vorsichtiger stimmte. Nun hielt er Distanz zur Partei, in die er nie eintrat, und vermied auch den Gruß „Heil Hitler" in seinen Briefen. Die Ehrungen, die er zu Beginn des NS-Staates erfuhr, ebbten schnell ab, 1935 schied er nach erneuten Differenzen auch aus dem Präsidialrat der Reichsschrifttumskammer aus.

Dies hatte aber nichts mit seiner grundsätzlichen Übereinstimmung mit den Grundideen des Nationalsozialismus und seiner Unterstützung des Expansionskrieges zu tun – einen Aspekt, den viele seiner Apologeten nachträglich übersahen. Es ist daher folgerichtig, dass er in der Nachkriegszeit zunächst die in der deutschen Bevölkerung populäre These einer grundsätzlich guten, aber von ihren Führern – allen voran dem geistig verwirrten Adolf Hitler – verratenen „nationalsozialistischen Idee" verteidigte. So meinte in einer Umfrage des Meinungsforschungs-Instituts Allensbach noch lange nach dem Zweiten Weltkrieg eine Mehrheit der Deutschen, dass der Nationalsozialismus „eine gute Idee" gewesen sei, die „einfach nur schlecht ausgeführt" wurde.

In zwei Werken, der „Thomas-Mann-Schrift" und vor allem der „Erzbischofschrift" von 1950, reagierte Grimm auf moralische Vorhaltungen des Auslands, indem er das deutsche Volk

vom „Volk ohne Raum" zum „Volk ohne Schuld" umdefinier-
te. 1953 war Grimm Kandidat der neonazistischen *Deutschen
Reichspartei* für die Bundestagswahlen, die jedoch an der neu
eingeführten Fünf-Prozent-Hürde scheiterte. Als Höhepunkt der
revisionistischen Tätigkeit Grimms kann die Schrift von 1954
"Warum, woher, aber wohin?" bezeichnet werden. In ihr zeigte er
sich als entschiedener posthumer Verehrer Adolf Hitlers, verteidigte den Rassenantisemitismus und sah die „Lösung der Judenfrage" weiterhin als eine zentrale Aufgabe an, wobei er auf
ältere nationalsozialistische Vorstellungen (wie den so genannten
Madagaskar-Plan) zur Aussiedlung „auf eigenem ausreichenden
Boden" zurückgriff. Weiterhin betonte er die Opferrolle
Deutschlands und bezeichnete die in Nürnberg verurteilten
Kriegsverbrecher als „Märtyrer". Die „Lippoldsberger Dichter-
tage" – sie wurden in der Nachkriegszeit von etwa 2000 – 3000
Menschen besucht – wurden zu einem Treffpunkt der Ewiggest-
rigen. Hier wurden eigene Preise an NS-Literaten verliehen und
für inhaftierte NS-Größen gesammelt. Sie wurden nach dem Tod
des Dichters im Jahr 1959 noch bis zum Jahr 1981 fortgeführt.

Die Handlung des Romans

In vier Teilen, von denen drei den Begriff „Raum" im Titel führen,
entwickelt Hans Grimm die Handlung seines Romans: Er ist in
„Heimat und Enge", „Fremder Raum und Irregang", „Deutscher
Raum" und „Volk ohne Raum" gegliedert. Der Lebensweg des
Helden Cornelius Friebott ist in diese Stationen im Sinne eines
völkischen Entwicklungsromans eingebettet. Da es keine Tren-
nung zwischen dessen individuellem Schicksal und dem
Schicksal des deutschen Volkes gibt, erhebt der Roman den
Anspruch, eine Deutung der deutschen Geschichte im Zeitraum
von 1890 bis zur Gegenwart des Autors im Jahre 1923 vorzulegen.
Die historische Erzählung greift dabei bis weit in die germanische
Frühgeschichte zurück.
    Der Held Cornelius Friebott entstammt einer proletarisierten
Bauernfamilie im Weserbergland. In dem durch Erbteilung zer-
splitterten Landbesitz sind die Friebotts zur Lohnarbeit in den

Steinbrüchen gezwungen, während die Mutter die Landwirtschaft betreibt. Der begabte Cornelius kann sich eine anspruchsvolle Bildung nicht leisten und erlernt den Beruf des Schreiners. Das Leben in der kargen Gegend mit seiner Erbfolge der Realteilung – dass es etwa auch Anerbengebiete in Deutschland gibt, wird geflissentlich übersehen – wird hier zum *pars pro toto* für das gesamte deutsche Volk. Und hier setzt gleich das Generalmotiv des ganzen Romans ein:

> „Was heißt Leben, Freund? Es lebt der Sieche und es lebt der Dieb und lebt die Hure und lebt das Gewürm, das einander frisst, aber der deutsche Mensch braucht Raum um sich und Sonne über sich, um gut und schön zu werden. Soll er bald zwei Jahrtausende umsonst darauf gehofft haben? Und wenn du gerade und adlig zu sein vermagst von Körper und Sinn, und wenn deine Kinder noch nicht kranke Krüppel und verstohlene Diebe und arme Huren geworden sind, ist das dein Verdienst? Schau um dich, schau vor dich und bedenke die Enkel und Neugeborenen! Es gibt eine Sklavennot der Enge, daraus unverzwungene Leiber und Seelen nie mehr wachsen können. Ich aber, mein Freund, ich weiß, dass meine Kinder und mein Geschlecht und das deutsche Volk ein und dasselbe sind und ein Schicksal tragen müssen."

Der Lebensweg des Cornelius Friebott spiegelt 33 Jahre deutscher Geschichte. So lernt er bei seinem Militärdienst bei der kaiserlichen Kriegsmarine „den weiten afrikanischen Raum" kennen und den Imperialismus als Antwort auf die drängendsten Fragen der Zeit. Größter Feind der deutschen Raumnöte sei der britische Imperialismus mit seinen rein materialistischen Interessen, der „nach dem Gelde" denkt und, weil der Engländer selbst kein Bauer sei, sondern ein Krämer, keine Liebe zu Volk und Boden entwickeln könne. Ein Charakteristikum des Buches ist es also, historische Sachverhalte in Wesenszüge eines Volkes umzuformen: Die frühere englische Industrialisierung und die spätere in Deutschland sind für den Erzähler verursacht einerseits durch englische Geldgier und Materialismus, andererseits durch die größere Ursprünglichkeit der Deutschen.

Nach seinem Dienst bei der Kriegsmarine geht Friebott ins Ruhrgebiet nach Bochum, um in einem Bergwerk zu arbeiten.

Hier wird noch einmal die Verquickung der deutschen Raumnot mit dem Übel der Industrialisierung drastisch veranschaulicht. Als Aufrührer inhaftiert, geht er nach Verbüßung seiner Haftstrafe nach Südafrika.

Im zweiten Teil „Fremder Raum und Irregang" lernt er den vermeintlichen Hauptfeind der Deutschen, den englischen Imperialismus, noch intensiver kennen. Als Mitglied einer deutschen Kampftruppe nimmt Friebott am Burenkrieg teil und schlägt sich dann als Handwerker durch die britische Kolonie. „Fremder Irregang" bedeutet, dass er unter britischer Herrschaft als Deutscher nicht wirklich zu seiner Bestimmung finden kann. Die Buren, die auch als Volk mit Verbindung zum Boden dargestellt werden, müssen vor den Briten ausweichen und finden sich daher in der gleichen Raumnot wieder wie die Deutschen. Deshalb ist der Auszug in den „Deutschen Raum" – so die Überschrift des dritten Teils – nach „Deutsch-Südwestafrika" nur eine logische Konsequenz. Bevor Friebott dort wieder zum Bauer wird, muss er sich in einer Strafexpedition gegen die aufständischen Nama – im Duktus der Zeit „Hottentotten" – bewähren. Dabei lernt er die zweite Hauptfigur des Romans kennen, den Hauptmann Friedrich von Erckert. Dieser Militär ist eine historische Figur, er war Hauptmann der deutschen Schutztruppe in Südwestafrika und wurde im Deutschen Reich bekannt als „Vater der Kamelreitertruppe". Dieser führte einen Feldzug gegen die Nama und ihren Führer Simon Kopper, der ihn bis in die damals britische Kalahari-Wüste führte. Erckert wird von Grimm zum „raumbewussten" Helden hochstilisiert und als derjenige vorgestellt, der zur Lösung der „sozialen Frage" in Deutschland wirklich etwas beigetragen habe. Zugleich wird das Grundmotiv des Romans noch einmal angeschlagen – diesmal in einer Form, die wie eine negative Fassung des Deutschland-Liedes wirkt: „Wir sind von dem Volke, das eingeschnürt sitzt zwischen Wasgen [Vogesen]- und Böhmerwald, zwischen einer kurzen Ecke Nordsee und zwischen einer Ostseelänge und Russland…".

Die völkische Führer- und Vorbildpersönlichkeit Friedrich von Erckerts fällt in heldenhaftem Kampf in der Wüste. Gegenüber seinen Taten erscheinen die innenpolitischen Auseinan-

dersetzungen des deutschen Kaiserreiches wie kontraprodukti-
ves Gezänk:

> „Was ist das für ein Mann, der Hauptmann Friedrich von Erckert?
> [...] Seine Fragen, seine Befehle sind genau und kühl und knapp und
> klar. Er lebt als wie in drei schweren Ringen. Im innersten Ring ist er
> selbst mit sich und seinen Zweifeln, mit Gott und Spott, mit der
> Leidenschaft für die gründliche Tat, mit der Faust, die an den Himmel
> schlägt und an die eigene Brust und an jegliche Enge des Raumes und
> Geistes. Der zweite Ring ist seine Berufung und Aufgabe an jener
> Stelle. Der dritte Ring ist das Land um ihn: Das rötliche Sandgewelle
> der Hunderte von Dünen, das von Windhand gestrichene gelbe Gras,
> die alten runzligen Kameldornbäume, die drei eingeschnittenen
> Flußbetten ohne Naß, der Auob, der Elefantenfluß und der Nossob,
> und Sonne und Weite und Wasserlosigkeit und vor allem in Gluten
> zitternde Einsamkeit."

Obwohl er nach dem Feldzug durchaus Chancen hat, in der Lü-
deritzbucht in das Diamantengeschäft einzusteigen, besinnt sich
Cornelius Friebott auf seine bäuerlichen Ursprünge und lässt sich
als Farmer in Deutsch-Südwestafrika nieder. Der soziale Rege-
nerationsprozess ist damit vollendet, er wird wieder als Bauer
„Schicksalsherr der eigenen Scholle und Freiherr des eigenen
Armes". Im Weltkrieg von den Engländern aus Deutsch-Südwest
vertrieben, kehrt er nach Deutschland zurück und stellt sein
Leben fortan in den Dienst kolonialer Propaganda, für die er auch
als Märtyrer sein Leben lässt. Kurz vor dem 9. November 1923,
dem Datum des Hitlerputsches, wird er von einem „roten" Arbeiter durch einen Steinwurf erschlagen. Melsene, die uneheliche
Tochter seiner Jugendliebe, die er inzwischen geheiratet hat, erzählt dem Autor vom Tode des Helden und überträgt so seinen
Auftrag an den Leser, damit Cornelius Friebott nicht umsonst
gestorben ist.

Als völkischer Entwicklungsroman und als Deutung der
Zeitgeschichte versucht der Roman sämtliche Funktionen des
Geschichtsbewusstseins, nämlich Gegenwartserfahrung, Ver-
gangenheitsdeutung, Zukunftserwartung und -auftrag, wirkungsvoll miteinander zu verknüpfen. In einem Dreischritt
entwickelt Grimm ein schlichtes politisches Programm: Wie sind

unsere Erfahrungen der letzten 30 Jahre? Trostlos, demütigend und verworren. Wo stehen wir heute? In einer menschenunwürdigen, beengten Situation. Und was lernen wir daraus für die Zukunft? Raumeroberung in Afrika ist die einzige Lösung. Verstärkend agiert der auktoriale Erzähler penetrant didaktisch, indem er den Leser beständig mit rhetorischen Fragen traktiert wie: „Weißt du das etwa nicht?" Woher stammt das Ideengemisch, das im Roman so eifrig gepredigt wird?

Volk und Raum

Was im Roman schlicht als „Das Unende" des Weltkriegs bezeichnet wird, ist Ausdruck der unverdauten Kriegsniederlage von 1918. Die Erzählung variiert denn auch alle Lebenslügen breiter Kreise der Weimarer Republik, die davon ausgingen, dass Deutschland, von neidischen Nachbarn überfallen, einen gerechten Verteidigungskrieg führte und, „im Felde unbesiegt", erst durch den „Dolchstoß" in der Heimat besiegt worden sei. Indem die jungen „raumlosen" Völker von den älteren „raumreichen" Völkern überwältigt wurden, seien die deutschen Kolonien durch einen seit langem ausgeheckten Plan der Siegermächte verloren gegangen.

In der extremen Rechten rückte bereits im Kaiserreich, verstärkt aber seit dem Ersten Weltkrieg das „Völkische" an die Stelle der Nation als ein ideologisch radikal aufgeladener Begriff. Die Vielfalt der völkischen Ideen und Gruppen, die sich teilweise heftig bekämpften, ist dabei kaum zu überblicken, dennoch besaßen sie ein ideologisches Feld mit festen Koordinaten. Das „Völkische" gab der Vorstellung eines überindividuellen Zusammenhalts eine radikale Wendung, und sie verstand sich nun als Bluts- und Geschichtsgemeinschaft. Das Volk besaß eine durch das Blut vererbte Wesenseinheit und Charaktermerkmale, die sich in der Vorstellung eines deutsch-germanischen Gemeinschaftswesens niederschlugen. Und diese Merkmale galt es wieder freizulegen. Fremde, „undeutsche" Einflüsse wie der slawische, der jüdische oder der französische wurden für alle Übel der Moderne wie Industrialisierung, Parteiwesen und freie

Presse, später auch für die deutsche Niederlage im Ersten Weltkrieg verantwortlich gemacht. Die Vorstellung spezifisch deutscher Werte wie Opferbereitschaft und Unterordnung führten zur Idee eines „Führertums" und die Vorstellung eines autoritären Führerstaats.

Ebenso zentral war die Vorstellung von der Ungleichwertigkeit der Menschen, die Bedeutung ethnischer Zugehörigkeit vor allen anderen sozialen Merkmalen. Dieser Rassismus mündete schließlich in ein extremes Freund-Feind-Denken. Auch das Gesellschaftsbild in „Volk ohne Raum" zeichnet sich durch antidemokratische und antipluralistische Überzeugungen aus. So spricht etwa der Vater Görge Friebott in Bezug auf Parteipolitiker verächtlich von den „Vorwärts- und Rückwärtsschwätzern". Das aus diesen Affekten resultierende Gesellschafts- und Politikmodell tendierte zu autoritären Lösungen, die im extremsten Fall im totalitären Führerstaat mit seinen männlichen Leitbildern mündete, für die der „völkische Führer" Friedrich von Erckert im Roman als Leitbild dient.

Auch der *Raum* bildet in den 1920er Jahren einen extrem populären und zugleich ideologisch hochgradig aufgeladenen Begriff. Raum bedeutete dabei im Gegensatz zu *Land* etwas, das nicht nach Grenzen oder rationalen Kategorien fassbar schien. Die Geographen Friedrich Ratzel und vor allem Karl Haushofer entwickelten die Idee des „Lebensraums", der als schicksalhaftdeterministische Gesetzmäßigkeit im Leben der Völker verstanden wurde. „Geopolitik" – so Jürgen Osterhammel – war dabei „der Name eines Diskurses, der Geschichte aus Naturzwang, nicht aus Freiheit" entstehen ließ. Die natürliche Umwelt galt dabei als Auftrag an die Völker zu einer „raumgemäßen" Lebensweise, jedes Volk müsse „seinen" Raum suchen und sich den Raumbedingungen anpassen – im Roman Grimms erweisen sich die Bauern infolgedessen als „kalender- und wettergehorsam", und die Raumbewusstheit Friedrich von Erckerts wurde bereits geschildert.

Die geopolitische Diskussion intensivierte sich in der Zwischenkriegszeit weiter, da die Geographen das deutsche Scheitern im Ersten Weltkrieg auf eine zu geringe geopolitische Schulung zurückführten. Karl Haushofer nutzte daher vor allem suggestive Karten, um politische Argumente zu propagieren. Sie sollten „Raumwahrnehmung" in „Raumsinn" verwandeln, aus dem dann wiederum der „Raumwillen" erwachsen sollte. Revisionistische Ansprüche und künftige Expansionen waren in den Raumkonzepten deutscher Geographen also bereits angelegt. Der Geograph Albrecht Penk etwa entwickelte schon in den 1920er Jahren das Konzept des „deutschen Kulturbodens" im europäischen Osten, der weit über die im Versailler Vertrag gesetzten, aber auch über ethnische Grenzen hinausgriff.

Grimms Verwandtschaft zu den Geopolitikern war eng, wie auch Karl Haushofer gute Beziehungen zum *Juniklub* unterhielt. Bei seiner Thematisierung der „Überbevölkerung" griff er freilich auf ältere Ideen von Thomas Malthus zurück. Dieser britische Nationalökonom hatte 1798 in seinem „Essay on the Principles of Population" die These aufgestellt, dass die Erdbevölkerung schneller steige als die Lebensmittelproduktion. Hans Grimm sollte diese Annahme noch zuspitzen, indem er als Wirkung der Raumenge auch einen Werte- und Intelligenzverfall prognostizierte. Noch 1955 formulierte er diesen Gedanken in einer Rede explizit: „Was Malthus ebenfalls nicht erkannt hatte, war, dass eine Überbevölkerung begleitet sein werde von einem relativem Absinken der geistigen Fähigkeiten unter den Menschen, d.h. also von einem menschlichen Begabungsschwund, und weiter von bösen Gefahren biologischer Entartung kommender Geschlechter durch nicht ausgemerzte Erbkrankheiten."

Seltsamer Weise wurde Malthus auch für die Kolonialpropaganda instrumentalisiert, obwohl deren charakteristischer Hinweis auf die Funktion deutschen Kolonien als Siedlerkolonien schlichtweg nicht zutraf. Selbst nach Deutsch-Südwestafrika wanderte erst nach dem Herero-Aufstand eine nennenswerte Zahl an Siedlern ein, aber auch hier handelte es sich um Zahlen, die keinesfalls einen deutschen „Bevölkerungsdruck" auffangen konnten, wie er allenfalls für das 19. Jahrhundert feststellbar war. Darauf wies bereits Kurt Tucholsky in seiner Kritik an „Volk ohne Raum" in der „Weltbühne" hin, die er folglich als „Grimms Märchen" titulierte: Der „deutsche Menschenüberschuß" sei „nie, niemals in die deutschen Kolonien abgewandert, und wer das etwa behaupten wollte, der lügt." Doch konnte wohl nur über die Betonung deutschen Siedlertums und seiner Verbundenheit mit dem Boden die positive Abgrenzung vom britischen Kolonialismus aufrecht erhalten werden. Der nationale Sozialismus, der Grimm vorschwebte, bestand darin, der besitzlosen Klasse in den Kolonien Siedlungsland zur Verfügung zu stellen. Denn die Raumnot des Volkes war nicht durch Sozialisierung und Umverteilung zu beseitigen, sondern nur durch „imperialistische Expansion".

Von daher ist es nur logisch, dass die beiden zentralen Helden des Romans den Märtyrertod sterben. Sie sind Vertreter einer völkischen Raumutopie als Gegenentwurf zu Konservatismus und Sozialismus. Doch die Behauptung Grimms, dass die „höchste Bedeutung eignen Koloniallandes für ein übervölkertes, eingeengtes Land auf der ‚moralischen' Seite" liege, konterte Kurt Tucholsky ebenfalls mit bissigem Spott: „Damit also zehn oder hundert deutsche Psychopathen ihren sadistischen Trieb nicht mehr in Lichtenberg an den Arbeitern, sondern in der Wüste an den Kaffern austoben können: darum brauchen wir Kolonien."

Nur ein „Schlachtruf des Ritts gen Osten"?

In der nationalsozialistischen Propaganda hatte der Kolonialismus der Vorkriegszeit freilich keinen Platz. Die Idee vom „Lebensraum im Osten" und des daraus resultierenden Expansionskriegs war bereits in Adolf Hitlers „Mein Kampf" vorgezeichnet. Trotz der Ablehnung der kolonialen Ausrichtung seines Programms gingen führende Nationalsozialisten wie der Reichsbauernführer Richard Walter Darré dennoch davon aus, dass sich „Volk ohne Raum" auch als populäres Schlagwort für die Expansion im Osten nutzen ließ. Darré sorgte auch dafür, dass die Verfechter der kolonialen Idee innerhalb der NSDAP nach und nach kaltgestellt wurden, auch Franz Ritter von Epp als Vorsitzender des gleichgeschalteten Reichskolonialbundes. Als Argument gegen die „wilhelminischen Imperialisten" führte Darré die Gefahr einer „Verkafferung" der Auswanderer an, der durch „Rassenmischung" gefährdete „Pflanzling" gehe zudem – wie Kanada oder Australien – früher oder später seine eigenen

Wege. Da Tropensiedlung nicht in Frage komme, erwachse dem deutschen Volk das sittliche Recht, sich „soviel Raum im Osten wiederzuholen, als notwendig ist, um zwischen unserem Volkskörper und dem geopolitischen Raum einen Einklang herzustellen." So wurde das Schlagwort vom „Volk ohne Raum" im nationalsozialistischen Sinn umgepolt: Nicht in Übersee, sondern im Osten war der nötige Raum zu erobern. Hans Grimm hat diese Ablösung des Schlagwortes von seinem Buch bedauert; doch 1937 wurde es in Georg Büchmanns Sammlung „Geflügelte Worte" aufgenommen.

Abb. 9: Zu den Interessenten der 1955 auf der Frankfurter Buchmesse angekündigten Neuausgabe von „Volk ohne Raum" gehörte auch der Verleger Leonhard Schlüter, der wegen seiner allzu „völkischen" Gesinnung kurz zuvor als niedersächsischer Kultusminister zurückgetreten war.

Allerdings ist die Wirkungsgeschichte des Romans mit der Nutzung des Titels nicht erschöpft, zu sehr entwickelte er sich zu einem zentralen Werk des NS-Literaturkanons. Auf der Weltausstellung in Chicago 1933 vertrat „Volk ohne Raum" die deutsche Literatur als einziges Werk. Als Klassiker der Blut-und Boden-Literatur wurde Grimms Bestseller zur schulischen

Pflichtlektüre. In Arno Mulots Literaturgeschichte „Die deutsche Dichtung in unserer Zeit" (1941) wurde der Roman unter jene Werke gerechnet, die „die sehnsüchtige Bereitschaft für eine volksgerechte Ordnung" transportierten. Noch 1967 stellte der amerikanische Historiker Francis L. Carsten fest: „Wenn Millionen von Deutschen in dem Glauben erzogen wurden, dass mehr Raum zu besitzen die vornehmste Aufgabe einer Nation sei – und dies war ein wesentliches Merkmal des Unterrichts in den höheren Schulen seit den 1920er Jahren und mehr noch seit 1933 gewesen –, dann würden sie eines Tages tatsächlich bereit sein, für diese Idee zu sterben." Noch auf dem Weg zur Erfüllung des Auftrags zur Eroberung des östlichen „Lebensraums" schien die ideologische Begleitung durch „Volk ohne Raum" im Tornister des deutschen Landsers das geeignete Mittel zu sein: Auszüge des Romans, vor allem der Feldzug Erckerts, wurden in riesigen Auflagen in der Tornister-Schriftenreihe für die deutschen Soldaten sowie in der Bertelsmann-Feldpostreihe gedruckt. Bis 1945 konnten so insgesamt 680.000 Exemplare des Romans an den Mann gebracht werden. Dass sie durchaus von den am Ende erfolglosen Raumkriegern rezipiert wurden, zeigt etwa ein Schreiben des aus der russischen Kriegsgefangenschaft zurückgekehrten Landsers namens Christian Vasterling an den Autor:

> „Nach rund drei Jahren aus russischer Kriegsgefangenschaft heimgekehrt, ist es mir nun eine Freude, Ihnen mitzuteilen, wie sehr wir uns in den Erbärmlichkeiten der Gefangenschaft aufgerichtet haben an Ihrem 'Vermächtnis des Hauptmanns von Erckert'. In so unzähligen Gedichtsammlungen unter schwierigen Verhältnissen mit der Hand geschrieben, stand fast als einziges Prosawerk dieses Vermächtnis. Ja, Ihr Wort rüttelte auf und gab Kraft. Dafür darf ich im Namen meiner Kameraden herzlich danken!"

Es waren also zahlreiche Elemente, die den Roman ideologisch attraktiv machten: Eine diffuse Emotionalisierung, die „Raumbewusstsein" mit „Raumwillen" verband und Expansion als zwingend notwendig begründete; die Propagierung eines völkischen Führerprinzips in der Figur des Hauptmann Friedrich von Erckert, das Märtyrerschicksal der zentralen Figuren – im Falle Cornelius Friebotts besonders sinnfällig kurz vor dem für die

nationalsozialistische „Bewegung" magischen Datum des
9. November 1923 – und schließlich das Selbstverständnis, dass
ein entwickeltes Volk einem „weniger entwickelten" den Raum
ohne weitere Bedenken entwenden dürfe. Am Ende sterben die
Figuren mit dem sie tragenden Ferment. Demnach sind Cornelius Friebott und der Hauptmann Friedrich von Erckert inzwischen zu Recht weithin unbekannte Helden eines Romans, den
wir insofern beruhigt in den Giftschrank des 20. Jahrhunderts
zurückstellen können.

Weiterführende Literatur

Peter Zimmermann: Kampf um den Lebensraum. Ein Mythos der Blut- und
    Boden-Literatur, in: Horst Denkler/Karl Prümm (Hg): Die deutsche Li-
    teratur im Dritten Reich. Themen – Traditionen – Wirkungen, Stuttgart
    1976, S. 165 – 182.
Annette Gümbel: Volk ohne Raum. Der Schriftsteller Hans Grimm zwischen
    nationalkonservativem Denken und völkischer Ideologie, Darmstadt
    2003.
Hans Sarkowicz: Zwischen Sympathie und Apologie: Der Schriftsteller
    Hans Grimm und sein Verhältnis zum Nationalsozialismus, in: Karl
    Corino (Hg.): Intellektuelle im Bann des Nationalsozialismus, Hamburg
    1980, S. 120 – 135.

Günther Oesterle

Das Kriegserlebnis im für und wider

„Im Westen nichts Neues" von Erich Maria
Remarque (1929)

I.

Erich Maria Remarques *Im Westen nichts Neues* ist der größte
Verkaufserfolg in der Geschichte des deutschen Verlagswesens.
Der Roman ist freilich nicht allein ein Buchbestseller geworden,
sondern ein Erfolg, der durch das Zusammenspiel von drei Medien möglich wurde: Feuilleton – Buch – Film. Vom 12. November bis 9. Dezember 1928 erschien *Im Westen nichts Neues* als
eine Fortsetzungsgeschichte in der zum Ullstein-Verlag gehö-
renden *Vossischen Zeitung*. Das ist nicht nebensächlich, sondern
für die Erzählweise durchaus relevant. Der Text von Remarque ist
von Anfang an als Episodenfolge, als Serie von Situationen geschrieben worden. Am 31. Januar 1929 erschien dann das Buch
Im Westen nichts Neues mit großem Ankündigungsaufwand im
Berliner Propyläen Verlag der Ullstein AG. Die außerordentlich
hohe Startauflage betrug 30.000 Exemplare. Eine broschierte
Ausgabe kostete vier, eine in Leinen gebundene sechs Mark. Nach
knapp drei Wochen waren bereits 100.000 Exemplare verkauft,
am 7. Mai waren es 500.000, am 30. Juni 650.000, am 1. Juli 1930
war die Millionengrenze überschritten. Zu diesem Zeitpunkt lag
das Werk schon in 23 Übersetzungen vor, mit den höchsten
Auflagen in Frankreich (440.000), Russland (410.000), der
Tschechei (81.500), Spanien (75.000), Holland (70.000), Schwe-
den (67.000) und Japan (50.000). Der nationale und internationale Erfolg deutet darauf hin, dass *Im Westen nichts Neues* zehn
Jahren nach Kriegsende den Nerv der *Nach*kriegszeit getroffen
haben musste, indem er einen im angloamerikanischen Raum
inzwischen etablierten Kriegs- und Nachkriegsmythos der

„verlorenen Generation" aufgriff, nach Deutschland importierte, ihm eine neue deutsche Eigenart verlieh und in dieser bereicherten und neuen Form wieder exportierte. Der Roman hat eine aktuelle politische Bedeutung und eine spätere Langzeitwirkung. Beginnen wir mit der späteren Wirkung: 1945, also direkt nach dem Zweiten Weltkrieg wurde der Roman im Rahmen der Umerziehung in der Bücherreihe *Neue Welt* für in US-Lagern internierte deutsche Kriegsgefangene aufgelegt. Inzwischen, also im Jahre 2010, ist der Roman in mehr als 40 Sprachen übersetzt und hat eine Gesamtauflage von 20 Millionen erreicht. Er gehört heute – nicht nur in Deutschland – zum Kanon der Schullektüre. Anfang der 1930er Jahre hat der Roman *Im Westen nichts Neues* in verschiedenen Ländern eine unterschiedliche Rezeptionsart gefunden. In Westeuropa, in Japan und in Russland ist der Roman ein kontroverse Debatten auslösendes Lese- und Medienereignis geworden; in Deutschland und Italien wurde es hingegen zum Politikum. Drei dafür verantwortliche Ereignisse seien kurz genannt. Erstens: Auf Beschluss des Berliner Magistrats wurde Mitte Mai 1929 je ein Freiexemplar für die Schulbibliotheken „gestiftet". Mussolini verbot zweitens in Italien schon 1929 den Verkauf und Vertrieb von *Im Westen nichts Neues*. Schließlich wurde drittens nach einer ‚bösen' Hetz-Vorgeschichte am 10. Mai 1933 der Roman von den Nationalsozialisten zu einem Teil der Bücherverbrennung gemacht. Mit dem demonstrativen Ausruf: „*Gegen* literarischen Verrat am Soldatentum des Weltkriegs / *Für* Erziehung des Volkes im Geist der Wehrhaftigkeit" wird *Im Westen nichts Neues* öffentlichkeitswirksam dem Feuer übergeben.

Der bisher erfolgte knappe Bericht hat zwei Informationen bereitgestellt. *Im Westen nichts Neues* hat eine bis zu diesem Zeitpunkt noch nie erreichte schnelle und hohe Auflage erreicht. Mehrfach ist bezeugt, dass dieses Buch viele Menschen gelesen haben, die üblicherweise keine Bücher lesen. Das Buch hat schon kurz nach seinem Erscheinen, vornehmlich in Deutschland selbst, eine politische Debatte vehementester Art ausgelöst, an der die politische Auseinandersetzung und die neuartige Werbestrategie des Verlages gleichermaßen beteiligt waren. Bis 1930 sind 435 öffentliche Reaktionen in Form von Rezensionen, Leserbriefen, Gegenschriften dokumentiert. An dieser Kontroverse um *Im Westen nichts Neues* sind alle politischen Lager, Gruppierungen und Parteien (Mitte – Rechts – Links) beteiligt. Die verschiedenen Parteiungen ließen sich am meisten von der im Motto des Buches zum Ausdruck kommenden Devise provozieren: kein „Bekenntnis" und keine „Anklage" darstellen zu wollen. Es ist überliefert, dass sich zunächst auch konservative Leser von Remarques Darstellung des Ersten Weltkriegs haben beeindrucken lassen. Im Blick auf unsere Fragestellung, auf welche Weise Literatur geschichtswirksam werden kann, möchte ich diesen in der Öffentlichkeit ausgetragenen Ideenkampf in Deutschland auf eine bestimmte Weise vorstellen. Der jeweilige Übergang solcher Ideen in die Sphäre der Tat soll einerseits als Kampf um die Medienmacht, andererseits als brutale und gewalttätige Agitation transparent werden. Zunächst zur Medienmächtigkeit: Schriftsteller und Intellektuelle der politischen Mitte und der Sozialdemokratie haben sehr schnell die Wirkmächtigkeit von *Im Westen nichts Neues* erkannt. Sie haben die Werbestrategie des Verlags Propyläen bzw. Ullstein unterstützt. Am Tag des Erscheinens des Buches (31. Januar 1929) haben sie in verschiedenen Illustrierten und Zeitungen – Carl Zuckmayer z. B. in der *Berliner Zeitung* (die damals die höchste Auflage einer deutschen Bilderzeitschrift hatte) – emphatisch positive Rezensionen publiziert. „Es gibt jetzt ein Buch von einem Mann namens Erich Maria Remarque, gelebt von Millionen, es wird auch von Millionen gelesen werden, jetzt und zu allen Zeiten, und nicht gelesen, wie man Bücher liest: sondern wie man seinem Schicksal unterliegt, dem Unentrinnbaren seiner Zeit und seines Daseins, wie man es packt und wie man gepackt wird, wie man blutet, wie man kämpft, wie man stirbt. Dieses Buch gehört in die Schulstuben, die Lesehallen, die Universitäten, in alle Zeitungen, in alle Funksender, und das alles ist noch nicht genug. Denn es handelt sich nicht um eine gute Sache, wie bei vielen Kriegs- und Friedensbüchern der Zeit – es handelt sich um die Grundtatsache unseres Lebens und Werdens. […] Das ist der Krieg, wie *wir* ihn an der Front erlebt haben – gerade wir, eine ganz bestimmte, *mit wenigen Jahreszahlen abzugrenzende Generation.*" Diese aufklärungsnahe, didaktische, auf ein Volksbuch hinzielende, auf

die Unterstützung der Massenmedien hoffende Position nimmt
beispielsweise auch der Präsident der Dichterakademie Walter
von Molo ein: *Im Westen nichts Neues* sei „die bisher einzige
neutrale Schilderung des furchtbaren Geschehens des Weltkriegs
[…]. Dieses Buch ist unser Weltkriegsdenkmal, das Denkmal
unseres unbekannten Soldaten. Gebt dieses Buch in jedes Haus,
das noch keinen durch Krieg verlor, in jedes Haus, das Angehörige opfern mußte, es ist von allen Toten geschrieben, es ist das
Testament aller Gefallenen aller Nationen an alle Lebenden." Die
behauptete „neutrale Schilderung" von Remarques Publikation
machte es für diese genannten Schriftsteller der politischen Mitte
möglich, das Buch als Volksbuch, Denkmal und Testament aus-
zugeben, das gleichsam dem Tagesstreit entzogen sei. Als solches
neutrales ‚Dokument' wurde es aber gerade nicht auf der extremen Linken wie Rechten akzeptiert. Den radikal Linken – und
dazu zählten bedeutende Schriftsteller wie Carl von Ossietzky,
Siegfried Kracauer, Anna Seghers – war die von Remarque
ostentativ demonstrierte Neutralität Anstoß der Kritik. Es fehlte
ihnen eine klare und dezidierte Stellungnahme; sie forderten
Analysen der gesellschaftlichen Ursachen des Krieges. Die
Wirkmächtigkeit des Buches war ihnen zu ambivalent. Sie
glaubten Residuen einer gewissen sentimentalen Kriegsromantik
ausmachen zu können. Völlig überrascht waren sie schließlich,
dass dieses von ihnen mit kritischer Distanz wahrgenommene
Modebuch *Im Westen nichts Neues* für die extrem Rechten und
insbesondere die Nationalsozialisten eine zentrale Provokation –
das Politikum – wurde. Die radikalen Rechten haben Remarques
Buch zunächst als „Entheiligung" des „großen Ringens" des
„deutschen Frontsoldaten" begriffen, als Darstellung des heroi-
schen Krieges aus der „Latrinenperspektive". Ihre Polemik zielte
zunächst weniger auf das Werk als auf die Person des „degene-
rierten" „Kaffeehaus-Literaten" Remarque. Im Einzelnen versuchten sie sich auch an Widerlegungsversuchen z. B. der empi-
rischen Überprüfung einzelner Textstellen des Romans. Obwohl
diese Polemik innerhalb der Sequenz kritischer Kommentare
allmählich Wirkung zeigte (neuere Untersuchungen konnten
nachweisen, dass die anfänglich überwiegend positiven Stimmen
in den Zeitungsbesprechungen ab Mitte Mai 1929 allmählich

kritischer und kritischer wurden) änderte sich die Strategie der extremen Rechten, insbesondere der Nationalsozialisten, grundsätzlich. Sie hatten nämlich bemerkt, dass ihre Kritik nur die Aufmerksamkeit auf den Roman lenkte und damit die Auflage steigerte. Just in dem Augenblick, als die kritischen Kommentare zu Remarques *Im Westen nichts Neues* zu überwiegen beginnen – Herbst 1929 –, konstatierte Roman Hoppenheit in seinem Artikel *Der Fall Remarque* in der *Politischen Wochenschrift für Volkstum und Stadt* die „kulturpolitische Niederlage der Rechten" im Streit um Remarques Buch. Es sei die „falsche Taktik" gewesen, sich auf die Person Remarque und die Wahrhaftigkeitsfrage eingelassen zu haben. Damit habe man „unfreiwillig Beiträge für eine werbebewirksame Legendenbildung um Remarque" geleistet. Die „Werbeabteilung" des Ullstein-Verlags habe es verstanden, die „Agitation" gegen das Buch „zu einer Agitation mit umgekehrtem Vorzeichen" gewinnbringend auszunutzen. Dennoch, so ermahnte Hoppenheit und in seinem Gefolge Hans Teichmann in einem Artikel seine Leser, sei es noch nicht zu spät „aus dieser Niederlage einige praktische Nutzanwendung zu ziehen […] die erlittene Niederlage […] wieder gut zu machen." Anders als die radikale Linke begriff die radikale Rechte *Im Westen nichts Neues* unmittelbar als Politikum. Sie erkannte, dass dieses Buch eine Speerspitze war gegen die Dolchstoßlegende. Gerade weil dieser Bericht aus dem Krieg sich nicht als parteiisch ausgab, wirkte er gegen Versuche der Remilitarisierung durch die Rechten. Dieses Buch war brisant und aktuell politisch, gerade weil es ‚unpolitisch' auftrat. Die Rechte spürte auch, dass sie eine falsche Taktik angewendet hatte. Die Suggestionskraft der Aussagen des Buches war stärker als die Denunziation Remarques als degenerierter „Kaffeehausliterat", der den Krieg als ungern „Eingezogener" statt als freiwilliger Heroe mitgemacht habe. Der Strategiewechsel der Rechten bestand nun darin, nicht mehr den Fall Remarque sich denunziatorisch vorzunehmen, sondern den „Fall Ullstein": Eine Woche nach dem Eingeständnis einer „kulturpolitischen Niederlage" beginnt Joseph Goebbels *Im Westen nichts Neues* zu lesen. Zwei Einträge in seinem Tagebuch (21. Juli und 23. Juli 1929) sind höchst signifikant. „Ein gemeines, zersetzendes Buch. Die Kriegserinnerungen eines Eingezogenen.

Weiter nichts. Nach 2 Jahren spricht von diesem Buch kein Mensch mehr. *Aber es hat seine Wirkung* getan in Millionen Herzen. Das Buch ist gemacht. Deshalb so gefährlich." Am 23. Juli 1929: „Zu Ende gelesen. Eine elende Tendenzmache. Das merkt man vor allem im zweiten Teil. Von uns fällt keiner mehr auf dieses Buch herein." Goebbels erkennt die Gefährlichkeit des Buches. Er spürt die Stoßrichtung des zweiten Teils von *Im Westen nichts Neues* heraus. Die implizite politische Botschaft gegen die Dolchstoßlegende lautet: schon 1917 habe der einfache Soldat die Niederlage auf Seiten der Deutschen realisiert, und trotzdem habe die militärische und politische Führung noch zigtausende Menschen sinnlos sterben lassen. Ein Zitat aus Remarques Publikation steht für viele: „Jeder weiß, daß wir den Krieg verlieren. Doch der Feldzug geht weiter – das Sterben geht weiter. Warum macht man kein Ende?" Goebbels erkennt: „Das Buch ist gemacht. Deshalb so gefährlich". Bei der nächsten ‚Kampfesrunde' auf dem „Remarque-Kriegsschauplatz", bei der Premiere der amerikanischen Verfilmung des Romans nämlich nutzt Goebbels die Tatsache, dass der deutschstämmige *jüdische* Amerikaner Carl Laemmle die Verfilmungsrechte vom Ullstein-Verlag erworben hatte, um die Verfilmung des Remarque-Bestsellers antisemitisch und verschwörungstheoretisch als „jüdische Mache" zu denunzieren. Es genügt, die Lektüre der Schlagzeilen der von Goebbels herausgegebenen Berliner Kampfzeitung *Der Angriff* zu zitieren: 6. Dez. 1930: „Im Westen etwas Neues. Einmütiger Entrüstungssturm über den jüdischen Sudelfilm ‚Im Westen nicht Neues'"; 8. Dez.: „Neuer Hetzfilm in Sicht! Frechheit der Filmjuden!"; 10. Dez.: „Sturmlauf gegen den jüdischen Schandfilm." Der Strategiewechsel, keine wie immer geartete Auseinandersetzung mit Inhalt oder Person von *Im Westen nichts Neues* zu führen, sondern antisemitische Hetze und brutale Gewalt durch Störung der Filmaufführungen anzuwenden, führte zum sogenannten „Filmsieg" Goebbels', zum Verbot des Films *Im Westen nichts Neues*. Mit dem Sieg der Straße in diesem „Filmkrieg" 1930 war der Beginn des Endes der Weimarer Republik sichtbar geworden. Ich fasse zusammen: *Im Westen nichts Neues* hat Geschichte gemacht. Es hat die Remilitarisierungsversuche der Rechten in der Weimarer Republik seit Ende 1928 empfindlich gestört, bis sie andere text- und autor*ferne* Strategien wählten: Gewalt und antisemitische Hetze. Insofern zeigt Remarques Fortsetzungsroman, Buch und Film – so meine These – *Macht* und *Ohn*macht belletristischer, literarischer und filmischer Medien.

II.

In der Forschung war früh schon ersichtlich geworden: es gibt ungefähr zeitgleich oder kurz vor Remarques Veröffentlichung von *Im Westen nichts Neues* literarisch gleichwertige oder poetisch sogar besser geschriebene Werke über den Krieg (die Remarque übrigens zur Kenntnis genommen hatte und zum Teil rezensierte). Keines dieser Bücher hatte aber nur annähernd diesen Erfolg zu verzeichnen wie das bei Ullstein erschienene Werk Remarques. Es lag also nahe, den überraschenden und einzigartigen Erfolg von *Im Westen nichts Neues* den in der Tat innovativen Marketingstrategien des Verlags zuzuschreiben. Ein Großteil der Forschung hat sich mit fraglos bedeutenden Ergebnissen auf die Rekonstruktion dieser Ullsteinischen Marketingstrategien gestürzt. Das Werk selbst geriet dabei fast gänzlich aus dem Blick. Übrig blieb nur noch eine schale Referenz gegenüber der „Leistung Remarques" – die mit einer „wenngleich"-Formel eingeleitet wird. Man beachte die Einrahmungstechnik der symptomatischen Argumentation, wie man sie in der Forschung antrifft: „In der Tat hatte Ullstein maßgeblichen Anteil an dem Erfolg von ‚Im Westen nichts Neues', *wenngleich* Remarques Leistung unbestritten sein soll: er hat das richtige Thema, in der ansprechendsten Form zum optimalen Zeitpunkt geliefert." Dann heißt es aber: „*Allerdings* ist zu bezweifeln, daß ohne den Werbe- und Presseapparat des Konzerns ein so gewaltiges Publikumsinteresse vom Veröffentlichungszeitpunkt des Vorabdrucks hätte geweckt werden können." Es wird Zeit, diese mit Attributen wie „ansprechendste Form" latent, wenn auch unfreiwillig abwertende Formel der Leistung Remarques zu korrigieren. Es gilt die These zu wagen, dass der innovativen und raffinierten Vermarktungsstrategie eine nicht weniger artistische, innovative und raffinierte Schreibform im Roman selbst korrespondiert. Die Marketingstrategie des Ullstein-Verlags kann man am besten an zwei Vorgängen erläutern: Erstens die vom Verlag vorgenommene Streichung des Untertitels *Roman* (sie wurde erst nach 1945 wieder eingefügt) und zweitens die am 8. November 1928 abgedruckte „redaktionelle Vorankündigung" der Fortsetzungsgeschichte *Im Westen nichts Neues:* „Erich Maria Remarque, kein Schriftsteller von Beruf, ein junger Mensch in den ersten Dreißigern, hat plötzlich vor einigen Monaten den Drang und Zwang empfunden, das in Worte zu fassen, *zu gestalten* und innerlich zu überwinden, was ihm und seinen Schulkameraden, einer ganzen Klasse von jungen, lebenshungrigen Menschen, von denen keiner wiederkehrte, geschehen war […]. So ist das erste wirkliche Denkmal des ‚unbekannten Soldaten' entstanden." Es ist fraglos: diese Marketingstrategie-Behauptung, Remarque sei „kein Schriftsteller von Beruf" gewesen, leugnet die schriftstellerische Artistik Remarques. Die Forschung hat indes längst gezeigt, dass der Roman „minutiös vorstrukturiert, skizziert und in drei Fassungen ‚erprobt'" wurde. Das Marketing hingegen verwandelt den Romancier in einen Autobiographen und macht ihn um einige Jahre älter, damit er mit der Hauptfigur des Vorabdrucks „Paul Bäumer, dem Freiwilligen des ersten Kriegsjahres" identisch erscheint.

Thomas F. Schneider hat in detaillierten Studien nachweisen können, dass der Verlag den Richtungspfeil des Remarqueschen genetischen Schreibprozesses vom zunächst „autobiographisch motivierten Text" zum fiktionalen des Romans *rückgängig* machte und damit, das ist die Pointe, die Rezeptionserwartung des Genres erfüllt: „Die Erwartungshaltung bei der Rezeption eines Textes des Genres ‚Kriegsliteratur/Fronterinnerung' war auf einen autobiographischen, unpolitischen, ahistorischen, ‚naturalistischen' und nicht-literarischen Text ausgerichtet." Diese Rückübersetzung des Romans in ein illiterates Bekenntnisbuch erklärt zwar den gattungsbedingten Bedarf an Authentizität, nicht aber, warum aus der Unzahl von vorhandenen Kriegserinnerungen, eben just dieser Text *Im Westen nichts Neues* zu einer kollektiven ‚Offenbarung' wird. Dafür bietet eine Verlagsannonce eine zweite Plausibilität. Hieß es noch in der

„redaktionellen Vorankündigung" zur Feuilleton-Fortsetzungs-
geschichte im November 1928: „Erich Maria Remarque, kein
Schriftsteller von Beruf [...] hat plötzlich vor einigen Monaten
den Drang und Zwang empfunden, das in Worte zu fassen zu
gestalten und innerlich zu überwinden" – so wird ein halbes Jahr
später das Freischreiben von einem Trauma in einer Annonce im
Börsenblatt des deutschen Buchhandels viel markanter hervor-
gehoben: „Als sich im Herbst 1927 die verschütteten Eindrücke
seiner Frontzeit ungestüm meldeten, schrieb Remarque sie sich
in wenigen Wochen von der Seele. Nur um sich von ihm zu befreien, hatte er seine Kriegserlebnisse gestaltet". Remarque hat
dieser doppelten Mystifikation, die der Verlag virtuos betrieb,
nicht widersprochen. Er hat sie, so das Ergebnis der Forschung,
mit einer Reihe literarischer Strategien sogar bedient. Er hat
seinem Helden und der Gruppe, die aus verschiedenen Schichten
stammenden mitkämpfenden Soldaten eine „kollektive Erzähl-
stimme" gegeben, indem er erstens den Protagonisten Paul
Bäumer häufig im Wir-Ton sprechen lässt, indem er zweitens
typische Standardsituationen des Krieges durch erlebte Zeit- und
Raumdarstellung sowie authentisch klingende derbe Soldaten-
sprache authentisiert und verlebendigt. Diese Rekonstruktion
bestimmter, weniger literarischer Strategien z. B. einer Verleb-
endigung von Standardsituationen und einer Melodramatisie-
rung von Szenen des Krieges verharmlost aber den Roman Remarques und bringt ihn herab auf das Niveau, das die damalige
Werbung propagierte.

Bedingt durch das Vorurteil des Trivialen hat die Literaturwissenschaft bislang versäumt, eine genaue ästhetische Analyse
dieses höchst intrikaten Romans vorzunehmen. Es steht an das
Wechselreiten von Horrorszenen, burlesken und elegisch poetischen Szenen zu rekonstruieren. Wichtig wäre auch, den Wechsel
von Kollektivdarstellungen und präzisen individualisierten einsamen Einstellungen, von kinematographischen, mit Visualität
arbeitenden und von poesienahen Szenen zu analysieren. Es ist
signifikant, dass der Roman auf der einen Seite die kollektive
Kriegserfahrung an der Front und in den Verschnaufpausen
hinter der Front derb realistisch herausarbeitet, auf der anderen
Seite entscheidende poetische und erinnerungstheoretische

Passagen in einer kontrapunktischen Weise auf den Einzelnen in seiner Einsamkeit (z. B. allein auf dem Posten in der weiten Landschaft) fokussiert. Die Struktur des Romans wird transparent durch die Offenlegung der komplexen Beziehung zwischen schutzsuchender Kollektivität und gefährdeter Individualität. Eine einlässliche Interpretation könnte auch zeigen, dass und wie Remarque mehrere Typen von Romanen ineinander verschränkt – den Adoleszenz-Roman, den Erinnerungsroman und den Kriegsroman – und wie er dadurch zugleich zeitgenössische Mythen wie die „verlorene Generation" aufgreift und rezeptionspsychologisch bedient. Eine präzise Analyse müsste aber zeigen, dass Remarque gerade nicht die gängigen Kategorien der Regression und Verrohung als Symptome der verlorenen Generation profiliert. An Stelle einer psychologischen Regression des Menschen zum Soldaten im Krieg zeigt er etwas viel Kühneres – gleichsam einen Evolutionsrücksprung an der Front zum „Tiermenschen" mit seinen Instinkten, mit seinem kynischen Ducken und Einpassen in die jeweilige Situation und seiner einzigartigen Fähigkeit, instinktiv und blitzschnell zu handeln und zu reagieren:

> „Wir schnellen mit einem Ruck in einem Teil unseres Seins beim ersten Dröhnen der Granaten um Tausende von Jahren zurück. Es ist der Instinkt des Tieres, der in uns erwacht, der uns leitet und beschützt. Er ist nicht bewußt, er ist viel schneller, viel sicherer, viel unfehlbarer als das Bewußtsein. Man kann es nicht erklären. Man geht und denkt an nichts – plötzlich liegt man in einer Bodenmulde und über einen spritzen die Splitter hinweg; – aber man kann sich nicht entsinnen, die Granate kommen gehört [zu haben,] es ist diese hellsichtige Witterung in uns, die uns niedergerissen und gerettet hat, ohne daß man weiß wie. [...] Wir fahren ab als mürrische oder gutgelaunte Soldaten – wir kommen in die Zone, wo die Front beginnt, und sind Menschentiere geworden."

Neben der Verrohung des Frontsoldaten, die Remarque nicht verschweigt, zeigt er zugleich die tiefgreifende Melancholie dieses Kriegserlebens. Beide Erfahrungsschilderungen, das kynische Ducken der zu ‚Tiermenschen' gewordenen Soldaten und ihre abgründige Melancholie, haben die Leser ergriffen. Nachvollziehbar wurde für die Leser auch die Rückkehr der Überlebenden aus der psychisch gepanzerten, vereisten und verschwiegenen Kriegswelt in das ‚normale' Leben nach dem Krieg. Im Zentrum des Romans steht dabei die Ambivalenz der Erinnerung. Erinnerung und Nachdenken ist mitten im Krieg eine tödliche Gefahr – sie führt den Einzelnen in den „Frontkoller", in die Desertion oder in den Wahnsinn. Das im Krieg überlebensnotwendige Schweigen, dieser kollektive „Winterschlaf", diese erinnerungslose abgeschnittene Vereisung, beginnt nun nach dem Krieg mit zehnjähriger Verspätung durch die Sprachfindung des Romans seinen späten Ausdruck zu finden. Remarque gelang mit seinem Roman *Im Westen nichts Neues* eine andere, nicht heroische Darstellung und Erinnerung des Stellungskrieges im Ersten Weltkrieg.

Weiterführende Literatur

Imke Harjes: ‚Im Westen nichts Neues'. Bestseller und politischer Skandal, in: Lesekultur (1999), S. 177–188.

Peter Dörp: Goebbels' Kampf gegen Remarque. Eine Untersuchung über die Hintergründe des Hasses und der Agitation Goebbels' gegen den Roman ‚Im Westen nichts Neues' von Erich Maria Remarque, in: Erich-Maria-Remarque-Jahrbuch 1 (1991), S. 48–64.

Angelika Howind: Ein Antikriegsroman als Bestseller. Die Vermarktung von ‚Im Westen nichts Neues' 1928–1930, in: Tilmann Westphalen (Hg.): Erich Maria Remarque 1898–1970, Bramsche 1988, S. 55–64.

Thomas F. Schneider: Das Genre bestimmt die Quelle, in: Anton Schwob (Hg.): Quelle – Text – Edition, Tübingen 1997, S. 361–368.

Dietmar Rieger

Der französische Existentialismus

Albert Camus und „Les Mouches" von Jean-Paul
Sartre (1942/1943)

Alle literarischen Werke, sofern sie den Weg zu Lesern finden,
bewirken Veränderungen – zunächst nur im Bewusstsein einzelner Leser oder Lesergruppen, möglicherweise darüber hinaus
mit Auswirkungen auf die soziokulturelle Praxis von Individuen
oder sozialen Gruppen und ihre Diskursformationen. Die damit
angedeuteten konzentrischen Kreise können sich erweitern bis
zu politischem Handeln, wobei die Überprüfbarkeit derartiger
Wirkungen zunehmend abnimmt. Dabei kommt verkomplizie-
rend hinzu, dass die Wirkung eines Werks in der Regel nur darin
besteht, Wirkungen, die aus anderen Quellen gesellschaftlicher,
kultureller und politischer Praxis herrühren, zu bestätigen, zu
verstärken, zu modifizieren oder zu neutralisieren. Abgesehen
davon: Die Wirkung von Literatur auf die Geschichte ist natürlich
in hohem Maß unter anderem auch vom jeweiligen Realitätsbe-
zug eines literarischen Werks, also vom Maß seiner Übertrag-
barkeit, seiner Wirkungsintention und dem Erwartungshorizont
der Leser abhängig.

Zwei kleine Beispiele aus der französischen Literatur – ein
historisch-*theoretisches* und ein historisch-*praktisches* – sollen
dies einleitend verdeutlichen:

1. Seit den vierziger Jahren des 20. Jahrhunderts proklamierte
der große Lyriker Paul Éluard – unter Berufung auf Goethes berühmte Definition – eine Art neue „Gelegenheitsdichtung"
(„poésie de circonstances"), die als eine spezifische Form der
Auseinandersetzung mit der Wirklichkeit zu verstehen ist und
auf dem Plädoyer für Welt- und Wirklichkeitshaltigkeit von
Kunst basiert. Es seien – so Éluard 1946 – die „circonstances",
also die Gesamtheit der jeweiligen historischen Rahmenbedin-

gungen, die das Dichten bestimmen, das von der „inspirierenden
Realität" ausgeht und im Kreislauf von den „circonstances" zurück in die „inspirierte Realität" eingeht. Dichtung „inspiriert"
also die Wirklichkeit, so wie umgekehrt die Wirklichkeit die
Dichtung inspiriert: marxistischer Idealismus pur – allerdings
im Nachhall der bedeutenden französischen Widerstandsdich-
tung von 1940 bis 1944, die unter Beweis zu stellen vermochte,
wie eine zielgerichtete Dichtung tatsächlich zur Veränderung der
Wirklichkeit beitragen kann.

2. Bei dem historisch-*praktischen* Beispiel handelt es sich um
die 1828 in Paris uraufgeführte Oper *La Muette de Portici* von
Daniel Auber und Eugène Scribe, die den Masaniello-Stoff be-
handelt, also den Aufstand des neapolitanischen Volks unter der
Führung des Fischers Tommaso Aniello gegen den spanischen
Vizekönig (1647). Diese Oper ist – obgleich insgesamt soziale
Revolutionen und Revolutionäre deutlich diskreditierend – als
„Revolutionsoper" und „Marseillaise des opéras" in die Opern-
geschichte eingegangen. Tatsache ist, dass am 25. August 1830 in
Brüssel eine Aufführung dieser Oper stattfand, die, speziell auf
Grund des Duetts „Amour sacré de la patrie" im 2. Akt, die den
Beginn der letzten Strophe der *Marseillaise* zitiert, in einer ge-
spannten innenpolitischen Atmosphäre den „Initialfunken" für
den Brüsseler Aufstand und damit die Septemberrevolution be-
deutete. Da heißt es u. a.: „Es falle das Joch, das uns niederdrückt!
/ Und unter unseren Hieben gehe der Fremdherrscher zugrunde!
/ Heilige Liebe zum Vaterland, / Gib uns Mut und Stolz; / Meiner
Heimat verdanke ich mein Leben; / Sie wird mir ihre Freiheit
verdanken." Da

> „kam das Publikum in eine so hochgradige wildaufschäumende
> Erregung, daß es, bis zur besinnungslosen Wut entflammt, in die
> Straßen der Stadt hinausstürmte, die Volksmassen mit sich fortriß,
> den Palast des holländischen Justizministers, die Wohnung des
> Brüsseler Polizeidirektors, die Druckerei des niederländischen Re-
> gierungsblattes zerstörte und damit das Signal zum Ausbruch der
> Revolution gab…" (C.F. Wittmann, 1926)

Die Oper wurde zum Auslöser eines Ereignisses, in dessen Folge sich die südniederländischen Gebiete zum unabhängigen Königreich Belgien erklärten. Der Mythos von der spontanen Wirkung von Kunst auf die politische Aktion war damit geboren.

Noch komplexer ist das Verhältnis von Literatur und Geschichte im Fall der beiden Beispiele, die im folgenden vorgestellt werden: Albert Camus, Nobelpreis von 1957, und Jean-Paul Sartre, abgelehnter Nobelpreis von 1964, abgelehnte Légion d'honneur und abgelehnter Lehrstuhl am Collège de France – zwei Autoren, die beide nach der Mitte des 20. Jahrhunderts eine besondere Form der Kanonisierung erhalten haben, nicht zuletzt auch in Deutschland: Vor etwa zwei Jahrzehnten veröffentlichte ich die Ergebnisse einer Umfrage zur Behandlung französischer Literatur in der gymnasialen Oberstufe. Wie auch in vorhergehenden und späteren Erhebungen ergab sich die Prädominanz von Camus, insbesondere des Romans *L'Étranger*, mit einigem Abstand gefolgt von Sartre an zweiter Position. Die vielfach schon erwartete Camus-Sättigung scheint sich bis heute einfach nicht einstellen zu wollen. Camus und Sartre sind aber nicht nur Schriftsteller, die „Schul-Geschichte" und allgemeine „Lektüre-Geschichte" geschrieben haben, sondern deren Hauptwerke fast ein halbes Jahrhundert lang die Welt „bewegt" haben. Man wird – durchaus im Sinn Paul Éluards – zunächst feststellen müssen, dass sie in ihren Werken Fragen berührt und Probleme verhandelt haben, die auf der jeweiligen historischen Tagesordnung der Nachkriegszeit standen, darüber hinaus aber – auch dies in Éluards Sinn – ihrerseits in gewissem Maß Veränderungen in der Wirklichkeit „inspiriert" haben. Natürlich handelt es sich in beiden Fällen nicht um konkrete politische Veränderungen, wie Aubers und Scribes Oper sie ausgelöst hat. Aber sie hatten öffentliche Diskussionen zur Folge, sie haben kulturelle Umorientierungen mit geformt und Problemlösungen angeboten, die verstanden oder missverstanden und teilweise auch in der Lebenspraxis aufgegriffen wurden, sie haben lebensphilosophische Schulen angeregt oder weiterentwickelt und auf ihrer – oft missverstandenen – Grundlage modisch werdende Lebensformen mitgeprägt.

Die existentialistische Mode

Damit komme ich zunächst auf die Mode des Existentialismus seit 1945 zu sprechen, um von vornherein deutlich zu machen, dass der Mythos von Saint-Germain-des-Prés für eine gewisse Begriffsverwirrung gesorgt hat. Natürlich haben Jean-Paul Sartre und Simone de Beauvoir, in weit geringerem Maß Albert Camus, der sich selbst nie zu den Vertretern des Existentialismus zählte, etwas mit der Entstehung dieses Mythos zu tun. Vor allem sie, aber auch andere haben bereits während des Zweiten Weltkriegs mit Vorliebe in den verrauchten Cafés dieses Viertels verkehrt, um zu diskutieren, und im Winter, um sich aufzuwärmen. Das *Café des Deux Magots*, das *Flore*, das *Procope* und die *Brasserie Lipp* waren längst Treffpunkte der Künstler, Theaterleute, Literaten und Philosophen – die Nähe zum *Quartier latin* trug dazu bei. Pablo Picasso hatte 1937 in seinem Atelier in Saint-Germain-des-Prés sein Guernica-Gemälde fertiggestellt. Nach Kriegsende verstärkte sich diese Funktionalisierung des Viertels, in dem Sartre wohnte, als Ort der jungen Generation, die nach den Schrecken des Kriegs einen Neuanfang suchte. Von hier nahm das Avantgarde-Theater seinen Ausgangspunkt. Maler und Photographen ließen sich hier in besonderem Maß nieder. Saint-Germain-des-Prés wurde auch zum Ort des Nachkriegschansons – nicht nur des sogenannten existialistischen einer Juliette Gréco, der Muse von Saint-Germain-des-Prés. Hier tummelte sich alles, was die Verkrustungen, aber auch die Schrecken der Vergangenheit überwinden, deren ästhetische, philosophische und auch moralische Grenzen überschreiten, mit neuen musikalischen Rhythmen ein neues Lebensgefühl zum Ausdruck bringen wollte, befreit von den Bedrückungen der unmittelbar vergangenen Jahre, bereichert durch die Öffnung zum Fremden. Man war aber nicht nur in bloßer Vergnügungssucht befangen, die indessen die Mode von Saint-Germain-des-Prés auch zum Riesengeschäft verkommen ließ, sondern durchaus auch animiert durch eine avantgardistische Reflexion über die „conditio humana" und den politischen und geistigen Neuanfang von einem voraussetzungslosen, sehr bewusst wahrgenommenen Nullpunkt der Entwertung aller Ideale aus. Hat der Krieg auf schmerzhafte Weise die Absurdität des menschlichen Lebens offenkundig werden lassen, so weist die Grundhaltung vieler Akteure von Saint-Germain-des-Prés durchaus Analogien zu Camus' Definition des absurden Menschen im 1942, wenige Monate nach dem *Étranger*, erschienenen *Mythe de Sisyphe* auf: Dieser „homme absurde" hat die Absurdität, das heißt die Diskrepanz zwischen dem Anspruch des Menschen auf Deutbarkeit der Welt und deren tatsächlicher, letztlich ontologischer Sinnlosigkeit, erkannt. Er lehnt aber den „philosophischen Selbstmord", also die Flucht in den Schutz des Metaphysischen, als Ausweg ab. Vielmehr revoltiert er metaphysisch insofern dagegen, als er sich als ein zum Tode Verurteilter begreift und dennoch dem Tod, der einzigen, aber ebenfalls sinnlosen Gewissheit in der Sinnlosigkeit, durch die willentliche Multiplikation des Absurden trotzt.

Ein anderer Teil der Jugend von Saint-Germain-des-Prés begann dagegen, dieses oder jenes Element aus Sartres, des neuen Guru, Gedankengebäude herauszugreifen, vor allem sein viel weitergehendes Engagement, die von ihm proklamierte totale Freiheit des Menschen und das Prinzip der „responsabilité", der „Verantwortlichkeit", zu Leitlinien des Neubeginns zu erheben – doch für die Literatur dadurch ein wesentlich gebremstes Engagement, dass Sartre 1948 in *Qu'est-ce que la littérature?* die Lyrik, in vollkommener Mißachtung und Verkennung der Widerstandslyrik, kategorial aus dem Bereich der engagierten Literatur verbannte, weil für den Lyriker Schreiben nicht Handeln durch Enthüllen bedeute, sondern Selbstzweck.

Also insgesamt ein sehr komplexes generationelles Phänomen, in dem der Existentialismus insbesondere auf Grund seiner Revitalisierung des Individualismus nach einer Epoche des Kollektivismus und in Anbetracht des erstarkenden Parteikommunismus zwar einen wichtigen Platz einnahm, in dessen Gesamtheit die von Sartre und Camus entwickelten existentialistischen Philosopheme aber Mühe hatten, sich in der Lebenspraxis des *Club Saint-Germain*, des *Bar Vert* oder des *Tabou* wiederzufinden. Die junge Generation von Intellektuellen oder Möchtegernintellektuellen hielt sich für existentialistisch und subversiv, wenn sie an diesem – vor allem nächtlichen – Treiben teilnahm, in den Jazzkellern über den Sinn des Lebens und den Tod Gottes diskutierte, in einer neuen Bohème einen Ort fand, um sich durch vorwiegend schwarze Kleidung und ein bestimmtes Sozialverhalten zu Akteuren zu stilisieren – ohne zu bemerken, wie schnell ihr ostentativer freiheitlicher Individualismus zur Mode geworden und zum Konformismus degeneriert war und sich aus einer neuen, experimentellen Existenzform doch recht wenig Essenz ergab.

Natürlich haben auch die Existentialisten, vor allem Sartre und seine Gruppe, an dieser Mode partizipiert – Juliette Gréco etwa war lange mit Sartres Freund und Mitdenker Maurice Merleau-Ponty liiert. Doch nicht nur Sartre war keineswegs glücklich über die Etikettierung dieser besonderen Lebensform als „existentialistisch". Es gefiel ihm nämlich absolut nicht, wenn er (so 1948 in der Ost-Berliner *Täglichen Rundschau*) zur „dekadenten Kaffeehauskunst" gerechnet wurde, ein westdeutscher Kritiker ihn als „tanzenden Philosophen" bezeichnete oder eine Autorität wie André Malraux zu Sartres Résistance-Aktivität meinte, diese habe allein im *Café de Flore* stattgefunden. Inwieweit Sartre selbst, Merleau-Ponty und Camus, gefolgt von Boris Vian, dem Chansonnier Marcel Mouloudji und der Chanteuse Gréco und vielen anderen, diese von links und rechts in die polemische Zange genommene Lebensform mit kreiert oder auch nur ausgelöst haben, ist schwer zu beantworten. Sartre dürfte sie sicher mitgeprägt haben, aber sie ist eher ein kollektives Nachkriegsphänomen und weist mit der Lebensphilosophie Sartres oder Camus' kaum eine tiefergehende Vernetzung auf. Eine Verbindung etwa von Camus' Roman *L'Étranger* – 1942 erschienen, doch bereits in den letzten Vorkriegsjahren verfasst – oder von Sartres Theaterstück *Les Mouches* – 1943 in Paris uraufgeführt – mit Saint-Germain-des-Prés kann allenfalls über eine ganze Reihe von Vermittlungen und Trivialisierungsprozessen herausgearbeitet werden.

Davon unberührt bleibt allerdings der bald auch über Europa hinausreichende immense Einfluss der existentialistischen Werke und ihrer philosophischen Grundlagen. Ja der Existentialismus-Disput begann in den ersten Nachkriegsjahren beispielsweise in Deutschland, bevor Übersetzungen von Sartres

philosophischen Schriften vorlagen. Er entzündete sich zunächst
in erster Linie an seinen Dramen, vor allem den *Mouches* („Die
Fliegen"). Camus' *Étranger*, der erst 1948 in einer ersten deutschen Übersetzung („Der Fremde") erschien, spielte da zunächst
eine viel geringere Rolle. Das hat seinen guten Grund in der
Tatsache, dass die *Mouches* fast von Anfang an und mit Recht als
hochpolitisches Theaterstück rezipiert wurden. Und hier ist auch
schon der entscheidende Unterschied zwischen den immer wieder fälschlich in einen terminologischen Topf geworfenen Le-
bensphilosophien Camus' und Sartres erkennbar. Er ist bereits
im Lebenslauf der beiden einstigen Freunde zu greifen, die 1951,
als Camus seinen *Homme révolté* publizierte, zu erbitterten
Gegnern wurden.

Die Écrivains

Camus war ein Algerienfranzose aus relativ einfachen Verhältnissen – seine Mutter blieb ihr Leben lang Analphabetin. Ohne
die Förderung durch eine Tante hätte er es nicht bis zum Abitur
und dem Studium der Philosophie in Algier geschafft. Nach der
Bildung der Volksfront trat er der Kommunistischen Partei bei,
die ihn im muslimisch-arabischen Teil von Algier antikolonialistische Propaganda betreiben ließ. Um das Bildungsniveau der
niederen Schichten zu heben, gründete er mit anderen Genossen
in Algier ein „Théâtre du Travail" und wurde auch Mitglied der
Schauspieltruppe von Radio Algier. Als seine Parteiführung auf
Anweisung von Moskau jegliche antikolonialistische Agitation
einstellte, um Frankreich gegenüber Deutschland nicht zu
schwächen, Camus aber das Ziel der sozialen und politischen
Gleichberechtigung der „Arabes" nicht aufgeben wollte, wurde er
aus der Partei ausgeschlossen. Große Fortschritte konnten seine
Gesinnungsbrüder und er nicht erzielen. 1937 fiel in der französischen Nationalversammlung sogar ein Gesetz durch, das
wenigstens einer frankophilen Elite das französische Bürgerrecht
zugesprochen hätte. Aus gesundheitlichen Gründen von der
Beamtenlaufbahn als Lehrer ausgeschlossen, verdiente er sich
seinen Lebensunterhalt zunächst als Reporter beim *Alger répu-*

blicain – vor allem als Gerichtsreporter, zumal von Prozessen gegen Araber und Berber – und begann seine ersten literarischen Werke. Ab 1940 lebte und arbeitete er weitgehend in Paris, stellte dort unmittelbar vor dem „blitz allemand" den *Étranger* fertig, den er – entgegen der ursprünglichen Konzeption – fast vollständig entpolitisierte. 1942 wurde er Lektor bei Gallimard und trat dann als Mitbegründer und Mitarbeiter des klandestinen *Combat* der Résistance bei. Nach der Befreiung wurde er Chefredakteur dieses *Combat*. Mit seinen *Lettres à un ami allemand* von 1945 war er einer der ersten, die eine deutsch-französische Versöhnung ins Auge fassten. 1945 nahm er anlässlich der grausamen Niederschlagung der algerischen Freiheitsbewegung durch französische Truppen eine mittlere Haltung ein: Nicht Unabhängigkeit Algeriens von Frankreich, sondern vollkommene Gleichstellung aller Algerier in einem demokratisch geeinten Frankreich. In seinem letzten Lebensjahrzehnt profilierte sich Camus als humanitärer, gemäßigt linker Pazifist, der sich 1949 an der Intervention zugunsten zum Tod verurteilter griechischer Kommunisten beteiligte, 1956 zu Beginn des Algerienkriegs sein Renommee für den Schutz der Zivilbevölkerung einsetzte – dann aber, als er von allen Seiten angefeindet wurde, bis zu seinem Unfalltod (1960) keine öffentliche Stellungnahme mehr abgab –, der 1952 gegen die Aufnahme des franquistischen Spanien in die Unesco polemisierte und 1956 gegen die sowjetische Intervention in Ungarn protestierte.

Dass Camus' „homme absurde" zwar – vor allem seit dem Roman *La Peste*, während der Okkupation verfasst – die Intention einer engagierten Einwirkung auf die soziale und politische Wirklichkeit nicht ausschließt, ist ebenso hervorzuheben wie seine Grundauffassung, dass keine soziale und politische Revolte die Sinnlosigkeit zu beseitigen vermag. Seine luzide Revolte ist eine permanente und metaphysische insofern, als sie das Absurde und die daraus resultierende Angst zu überwinden versucht, indem sie es sisyphusartig annimmt – bis zum Tod, dem „krönenden" Abschluss der Absurdität des Lebens. Wenn aber – so kommt Camus seinen christlichen und marxistischen Kritikern schon in *La Peste* in einer leicht kollektivistischen Wendung entgegen – alle Menschen der gleichen „condition humaine"

unterworfen sind, ist es notwendig, dass sie eine Art humane
Werte- und Schicksalsgemeinschaft bilden, die von gegenseitiger
Liebe, Freundschaft und Solidarität getragen ist. So erhält zwar
nicht die sinnlose Welt, so doch die Revolte gegen sie und gegen
das Gefühl transzendentaler Obdachlosigkeit einen Sinn.

Dass Sartre, der sich proletarisierende Bürger, mit dieser
Konzeption des sich verbürgerlichenden Proletariers letztlich auf
Kriegsfuß stehen musste, ist klar. Zwar steht auch in seinem
existentialistischen, antiessentialistischen Entwurf das Individuum im Zentrum und geht auch er vom Fehlen eines apriori-
schen Sinns und einer transzendentalen Rechtfertigung aus.
Doch schon in *La Nausée* von 1938 politisiert er dieses Konzept
durch eine antibürgerliche Präzisierung: Roquentin, der Protagonist, erkennt die Absurdität des als kleinbürgerlich markierten „être-en-soi", des Uneigentlichen. Er wird, nach der erzählten
Zeit des Romans, wenigstens als Romanschriftsteller – nicht
mehr als Historiker – sich und der Welt über die Existenz hinaus
eine Essenz, einen Sinn schaffen, der beide imaginär von der
Kontingenz und der damit verbundenen Angst zu befreien vermag. Und darum geht es in Sartres Konzeption des „engagement"
und der „littérature engagée": Hat der Mensch einmal die Phase
des „être en situation", des unmittelbaren In-der-Welt-Seins,
durch Reflexivität überwunden und in der Angst seine absolute
Freiheit erkannt – eine Art Sündenfall, der nicht mehr unge-
schehen zu machen ist –, ist er gezwungen, sich selbst zu ent-
werfen, für sich ein in die Zukunft gerichtetes Projekt zu schaffen,
das intentional auf Veränderung der Wirklichkeit angelegt ist,
will er nicht im Zustand der „mauvaise foi", der Unaufrichtigkeit,
verharren. Er ist also vor die Wahl seiner selbst, seiner Essenz
gestellt – ohne feststehende und unveränderliche moralische
oder religiöse Anhaltspunkte. Die Freiheit der Wahl impliziert
indessen auch Verantwortlichkeit, denn indem der Mensch sich
selbst wählt, wählt er auch alle anderen. Und dieses „être-pour-
autrui" im Engagement des Menschen mit der Wirklichkeit,
deren Last er allein zu tragen hat, bestimmt auch das Handeln
durch Schreiben des engagierten Schriftstellers Sartrescher
Prägung: Der „écrivain" intendiert Veränderung der Realität.
Schreiben ist Handeln durch Enthüllen. Die Funktion des

Schriftstellers besteht darin, die Wirklichkeit aufzudecken, so dass niemand sich seiner „responsabilité" für sie entziehen kann. Er stellt die Dinge so dar, wie er sie sieht, informiert, stellt Fragen, will überzeugen, suggerieren, ja beleidigen – all dies in einer Kommunikation mit einem Leser, der seinerseits durch die Lektüre Verantwortung in Freiheit übernimmt, so dass sich zwischen Schriftsteller und Leser ein Dialog, ein dialektisches Verhältnis als Verhältnis zweier Freiheiten ergibt.

Bei allen Widersprüchlichkeiten, Illusionen, politischen Irrtümern und zum Teil beängstigenden Fehleinschätzungen muss man Sartre konzedieren: Er hat – nach einer eher anarcho-individualistischen Vorkriegsphase – während des Zweiten Weltkriegs und danach versucht, in seinem Leben seiner zwischenzeitlich formulierten Lebensphilosophie zu entsprechen. Dies reichte über sein vielfältiges literarisches und philosophisches Œuvre hinaus, das 1948 auf den päpstlichen Index gesetzt wurde: In deutscher Kriegsgefangenschaft mit einem ersten „résistance"-lesbaren Drama; als (allerdings nicht sehr erfolgreicher) Résistant und als Mitarbeiter der klandestinen Presse im intellektuellen Widerstand, wo er 1943 Camus kennenlernt. Seine Widerstandsaktivität wird in neuerer Zeit allerdings erheblich relativiert, unter anderem weil man herausfand, dass der Gymnasiallehrer und spätere Verfasser der *Réflexions sur la question juive* (1946) 1941 von den neuen Rassengesetzen Vichys profitierte, indem er eine Stelle im Pariser Lycée Condorcet übernehmen konnte, die ein jüdischer Lehrer verloren hatte; dann, nach der Libération, als Sonderberichterstatter der Zeitungen *Combat* und *Figaro* in den USA; als Mitbegründer und anfangs Chefredakteur der literarisch-politischen Zeitschrift *Les Temps Modernes* (seit 1945); als ideologisch nicht unumstrittenes Haupt, ja teilweise als Meinungsführer der Pariser Intellektuellen der ersten Nachkriegsjahre, dessen Vortrag über *L'existentialisme est un humanisme* im Oktober 1945 in die Intellektuellen-Geschichte der Nachkriegszeit einging; als Mitgründer des zwischen stalinistischem Kommunismus und Sozialdemokratie stehenden *Rassemblement démocratique révolutionnaire* (1948), aus dem er aber ein Jahr später wieder austrat; als vielfältig militanter Gegner von Indochina-, Korea- und Algerienkrieg; als

Mitglied des Weltfriedensrats und Weggefährte der Kommunistischen Partei Frankreichs von 1952 bis zum Ungarnaufstand von 1956, dessen Niederschlagung er ebenso verdammte wie diejenige des Prager Frühlings.

Die zuweilen eher unglückliche Rolle Sartres, die dieser von Mai 1968 bis zu seinem Besuch im Gefängnis von Stammheim spielte, oder auch seine Unterstützung der Maoisten Anfang der siebziger Jahre sei hier nicht weiter vertieft. Dass der seit 1972 so gut wie blinde Sartre, dessen Existentialismus nach 1960 mehr und mehr an Dominanz verlor, sich bis zu seinem Tod (1980) auch weiterhin immer wieder einmischte, ein „homme embarqué" blieb und für alle eintrat, die er für zu Unrecht verfolgt hielt, mag genügen.

Die Fliegen

Abschließend soll aus dem umfangreichen literarischen Werk der beiden Existentialisten *ein* Theaterstück Sartres näher beleuchtet werden, das in den ersten Nachkriegsjahren in ganz besonderer Weise für die Diskussion über das Selbstverständnis des Nachkriegsdeutschland wichtig war und in diesem Sinn zweifellos auch „Geschichte" geschrieben hat. Gemeint sind die *Mouches* (1943): Der Atridenmythos, der diesem Theaterstück zugrunde liegt, ist bekannt. In Sartres Drama kehrt Oreste, zum ersten Mal seit Agamemnons Ermordung, gleichsam als Tourist nach Argos zurück, wo das Volk von Égisthe durch eine künstlich, ja rituell gezüchtete Reue in Unfreiheit gehalten wird – die Fliegen, von denen die Stadt voll ist, sind Zeichen dieser von Jupiter in seinem eigenen Interesse unterstützten Reue für eine Tat, die das Volk selbst ja gar nicht begangen hat:

> „Ach, ich bereue; wenn Ihr wüßtet, wie sehr ich bereue, und meine Tochter bereut auch, und mein Schwiegersohn opfert jedes Jahr eine Kuh, und mein Enkelchen, das bald sieben Jahre alt ist, das haben wir in der Reue erzogen; es ist brav wie ein Engel, ganz blond und schon ganz durchdrungen vom Gefühl seiner Erbschuld."

– so eine Bürgerin von Argos. Die Hassreden Électres gegen die
Unterdrückung durch Égisthe und Clytemnestre tun ein Übriges,
um Oreste, in totaler Gegnerschaft zu Jupiter, dazu zu bewegen,
durch die Ermordung Égisthes und seiner Mutter das Schre-
ckensregime zu beseitigen. Während Électre ein Opfer der Fliegen wird, sich voller Reue Jupiter weiht, weist Oreste jedes
Schuldgefühl von sich: Im uneingeschränkten Bewusstsein seiner als notwendig erachteten Tat verabschiedet er sich als Herrscher ohne Reich von seinem Volk. Aber er nimmt die Fliegen, die
Schuldgefühle und die Reue, mit sich ins Exil, dem Volk von
Argos damit einen Neubeginn ermöglichend.

Die philosophische Aussage des Dramas ist relativ klar:
Oreste, der – im Unterschied zu seiner Schwester – keine „mauvaise foi" kennt, wählt, ohne jede Bindung an das Metaphysische,
seine Freiheit, indem er das von Jupiter gestützte System der
Unterdrückung und Repression durch Thron und Altar beseitigt,
geleitet von der Idee der Autonomie und Selbstverantwortlichkeit
des Menschen. Am Ende vermag er seinem Volk das diesem
bislang verborgene Faktum seiner prinzipiellen Freiheit zu ver-
künden, kann den Bürgern indessen nicht ihre eigene Wahl ab-
nehmen. Er hat sie aus der Unwissenheit und dem Terrorregime
von Reue und Schuldbewusstsein herausgeführt, doch müssen
sie selbst ihre weitere Zukunft wählen. Das mag hier genügen.

Bedeutsam ist zunächst die vom Kriegsende bis heute diskutierte Frage, inwieweit die problemlos die deutsche Zensur pas-
sierenden *Mouches* im Jahr 1943 als Widerstandsdrama aufge-
fasst wurden und gewirkt haben. Umsichtige, dem Résistance-
Mythos widerstehende Untersuchungen haben ergeben, dass
offenbar nur relativ wenige Zeitgenossen, darunter insbesondere
einige mit Sartres Denken vertraute Intellektuelle, die Anwend-
barkeit des mythologischen Stoffs auf die aktuelle politische Situation der Okkupation erkannten. Sartre selbst wurde nach dem
Krieg nicht müde, seine *Mouches* als symbolisches Drama, ja
explizit als Allegorie und Rechtfertigung der Résistance und als
Aufforderung zum Widerstand zu qualifizieren. Und in der Tat
fällt die Entschlüsselung der politisch-allegorischen Ebene recht
leicht: Jupiter und Égisthe repräsentieren die deutsche Besatzung
und das Vichy-Regime, das Volk von Argos steht für das gede-

mütigte französische Volk, Électre für dessen passiven Teil und
Oreste verkörpert die zur Tat schreitende Gruppe der Résistants.
Sartre selbst spezifizierte 1948 weiter: Er wollte mit seinem
Theaterstück die Franzosen von der durch das Vichy-Regime
gezüchteten Krankheit der Reue und der Schmach über Frankreichs Geschichte seit der Volksfront befreien, sie aufrichten und
ihnen neuen Mut geben. Außerdem sollte Orestes Beispiel die
Widerstandskämpfer prophylaktisch gegen jene Reue und Ge-
wissensbisse immunisieren, die dann entstehen konnten, wenn
militante Aktionen gegen die Besatzer Erschießungen unschul-
diger Geiseln zur Folge hatten.

Diese Konzeption legte Sartre auch in einem kleinen Text dar,
der im Juni 1947 in einer Zeitschrift der französischen Besatzungszone anlässlich der Aufführung des Originals in Baden-
Baden und Freiburg erschien, der, ins Deutsche übersetzt, seit
1947, dem Jahr der deutschen Uraufführung (Düsseldorf – Regie:
Gustaf Gründgens), bis heute der deutschen Fassung des Dramas
als Vorwort dient und zum Ausgangspunkt der deutschen Diskussion geriet. Hier fügte Sartre nämlich eine spezielle Appli-
zierbarkeit für das deutsche Premierenpublikum hinzu:

> „Nach unserer Niederlage im Jahre 1940 verfielen zu viele Franzosen
> der Mutlosigkeit oder gaben in ihrem Innern der Selbstverleugnung
> (Original: „remords"=„Reue") Raum. Ich aber schrieb „Die Fliegen"
> und versuchte zu zeigen, dass *Selbstverleugnung* (Original: „re-
> mords"=„Reue") nicht die Haltung war, die die Franzosen nach dem
> militärischen Zusammenbruch unseres Landes wählen durften.
> Unsere Vergangenheit existierte nicht mehr. Sie war uns in der Hand
> zerronnen, ohne daß wir Zeit hatten, sie festzuhalten, sie weiterhin
> zu beachten, um sie zu begreifen. Neu aber war – auch wenn ein
> feindliches Heer Frankreich besetzt hatte – die Zukunft! Wir hatten
> Gelegenheit, sie kritisch zu prüfen; es stand uns frei, daraus eine
> Zukunft der Besiegten zu machen oder – in umgekehrter Richtung –
> eine Zukunft der freien Menschen, die sich gegen die Behauptung
> wehren, daß eine Niederlage das Ende all dessen bedeutet, was das
> menschliche Leben lebenswert macht.

> Heute haben die Deutschen das gleiche Problem vor sich. Auch für
> die Deutschen, glaube ich, ist Selbstverleugnung (Original: „re-
> mords"=„Reue") unfruchtbar. Ich will damit nicht sagen, dass die

Erinnerung an die Fehler der Vergangenheit aus ihrem Gedächtnis verschwinden soll. Nein. Aber ich bin überzeugt, daß nicht eine willfährige Selbstverleugnung (Original: „Reue") ihnen jenen Pardon verschafft, den die Welt ihnen gewähren kann. Dazu verhelfen ihnen nur: eine totale und aufrichtige Verpflichtung auf eine Zukunft in Freiheit und Arbeit, ein fester Wille, diese Zukunft aufzubauen, und das Vorhandensein der größtmöglichen Zahl von Menschen guten Willens. Möge dieses Stück sie nicht nur in die Richtung auf diese Zukunft lenken, sondern ihnen helfen, sie zu erlangen."

Das heißt: Auch Nachkriegsdeutschland soll, ohne zu vergessen, sich durch die Befreiung vom sterilen, rückwärtsgewandten „remords" für die selbstbestimmte, freie Konstruktion der Zukunft gleichsam vom Nullpunkt aus befähigen. Keine Riten der Reue, keine lähmende Übernahme einer Erbschuld – nur so werde das deutsche Volk, frei von „mauvaise foi", durch ein verantwortungsbewusstes, in die Zukunft gerichtetes Engagement für die Freiheit die Vergebung der Welt erlangen. Reue – in der deutschen Übersetzung überraschenderweise mit „Selbstverleugnung" wiedergegeben – halte den Menschen in Unfreiheit. Und aus dem letzten Satz lässt sich sogar schließen, dass Sartres *Mouches* für das deutsche Volk die gleiche pädagogische Leistung vollbringen könnten wie Oreste für das Volk von Argos – nämlich durch Bewusstmachung und Ermutigung, von der „tabula rasa" aus den Neubeginn zu wagen – ganz nach Orestes Schlussrede an das Volk von Argos: „alles hier ist neu, alles muß neu begonnen werden". Und: Dieser Quasi-Appell enthält keinerlei Bestimmung der *Richtung* des Engagements für einen Neubeginn.

In der Tat enthüllt die Auswertung von weit über 100 Kritiken und Stellungnahmen der Jahre 1947 und 1948 zu diesem in dieser Zeit heiß und kontrovers diskutierten Problem, das Sartres Selbstkommentar anspricht, eine sehr vehemente Diskussion über das, was wenig später deutsche Vergangenheitsbewältigung genannt wurde – wenige Monate vor der Berlinblockade. In den Westzonen Deutschlands wurden Sartres Worte gegen den „widerlichen Reuekult", gegen die „selbstbetäubende Reue", häufig sehr bereitwillig, oft geradezu dankbar gleichsam als Entlastung von außen, als Vorschlag zur bequemen Lösung der „generellen deutschen Schuldfrage" und zur Überwindung des „deutschen Elends", aufgenommen. In der kommunistisch orientierten Presse dagegen gab gerade dieser Punkt Anlass zur vehementen Polemik. So meinte der marxistische Filmjournalist Eylau:

> „So ist das also. Die Mörder dürfen wieder Hoffnung schöpfen. Es wird schon einer kommen, der so frei ist, für sie weiter zu morden, damit sie, selber frei von jeder Schuld, nicht länger zu bereuen brauchen. […] Ist dieses nun die Richtung, in der das deutsche Volk den Weg in seine Zukunft suchen soll? […] sie brauchen eine klare Einsicht in die Vergangenheit und einen festen Halt, an dem sie sich geistig emporrichten können."

Dass die *Mouches* erst 1987 auf einer Bühne der DDR zur Aufführung gelangt sind, hat mit solcher Kritik zu tun. Auch bei einer öffentlichen, von der Berliner „Mission culturelle française en Allemagne" organisierten Table Ronde mit Sartre, der Ende Januar 1947 eigens dafür nach Berlin reiste, prallten die unterschiedlichen Ansichten kompromisslos aufeinander. Wenn Sartre dabei von „Missverständnissen" sprach, so war vor allem er selbst ihr Verursacher. Die Annäherung an das in den Jahren 1947 und 1948 lautstark protestierende marxistische Verständnis dieser besonderen Problematik der *Mouches* blieb in der Folgezeit aber auch im Westen nicht aus, auch wenn dessen weitere Instrumentalisierung durch den Osten im Sinn einer Delegierung der Reue allein an den kapitalistischen Westen durchschaut und abgelehnt werden musste. Ein Missverständnis liegt aber auch in der Annahme begründet, das Ziel eines Theaterstücks wie der *Mouches* sei – trotz aller Freiheit des individuellen „choix" („Wahl") – die Übermittlung einer eindeutigen Botschaft des Dramatikers an ein globales Publikum und nicht die kontroverse Diskussion selbst, die in Deutschland angestoßen zu haben nicht das geringste Verdienst des Dramenautors gewesen sein dürfte.

Ein Schlusswort: Auf den Komplex „Sartre und der Mai 1968" einzugehen oder gar die Frage zu klären, ob Andreas Baader zu den Nachfahren von Sartres Oreste zählt, kann in diesem Zusammenhang nicht geleistet werden. Hier nur so viel: Zweifellos war Sartre eines der großen Vorbilder der ersten 68er-Generation in Sachen Freiheitsideologie und gelebtes politisches und gesellschaftliches Engagement. Doch es waren nicht so sehr Sartres *Mouches* und die existentialistischen Klassiker der dreißiger und vierziger Jahre, die Daniel Cohn-Bendit und seine Genossen zur Revolte angetrieben haben. Eher war es seine *Critique de la raison dialectique* von 1960, in der Sartre auf dialektische Weise versuchte, den Existentialismus in den Marxismus zu integrieren, oder vielmehr: hineinzuschmuggeln. Doch die marxistischen Klassiker von Karl Marx über Michail Bakunin bis Mao Tse-tung waren zweifellos viel einflussreicher. Im Übrigen weiß man heute, dass Sartre von den Ereignissen des Mai 1968 weit mehr selbst gelernt hat als umgekehrt die Protagonisten der Revolte von ihm. Und: Sartre hat im Dezember 1974 im Gefängnis von Stuttgart-Stammheim keineswegs seinen ‚Oreste' besucht. Ein offener Dialog zwischen beiden ist nicht entstanden – der eine verstand den anderen nicht. Und das blieb auch so. Nach dem Treffen mit Andreas Baader sagte Sartre zu Cohn-Bendit, der ihm als Dolmetscher diente: „Was für ein Blödmann! Das ist ein unverständliches Kauderwelsch!"

Mark Kirchner

Leben zwischen Wolga und Ural, hingerichtet in Berlin

Die „Moabiter Hefte" Musa Dschälils (1944)

Kazan, die Hauptstadt der Russischen Föderationsrepublik Tatarstan, präsentiert sich für die nicht allzu große Zahl von deutschen Reisenden, welche die Stadt meist im Rahmen einer organisierten Wolga-Kreuzfahrt besuchen, zunächst mit dem ein-
drucksvollen Ensemble des hoch über dem Fluss liegenden, sehr
wehrhaft erscheinenden Kreml. Dieses Bauwerk, das nach der
Eroberung des tatarischen Khanats von Kazan durch Iwan den
Schrecklichen im Jahr 1552 als Zeichen der neuen russischen
Macht entstanden war, ist heute ein touristischer Anziehungs-
punkt, an dem sich der russische Osten und der islamische Orient
begegnen. Doch auch, wenn man sich in Kazan viele hundert
Kilometer östlich von Moskau schon „weit hinten in der Tatarei"
wähnt, wird man unmittelbar am zentralen Platz vor dem Tor
zum Kreml, dort, wo die Reisebusse mit den Besuchern vorfahren, direkt und unvermittelt mit den Erinnerungen an die
dunklen Kapitel der deutschen Geschichte konfrontiert. Monu-
mental und pathetisch erhebt sich in zentraler Lage das Denkmal
für den sowjet-tatarischen Dichter Musa Dschälil, der am
26. August 1944 in Berlin gemeinsam mit zehn Kameraden unter
dem Fallbeil starb.

Zuvor hatten sie als Angehörige einer tatarischen Wider-
standsgruppe von Sowjetsoldaten in deutscher Kriegsgefangen-
schaft versucht, gegen die Instrumentalisierung tatarischer
Kriegsgefangener für die Ziele der Wehrmacht vorzugehen. Das
Denkmal, das den Dichter Musa Dschälil zeigt, wie er sich aus den
Ketten seiner Gefangenschaft erhebt, ist seit vielen Jahren ein
zentraler Erinnerungsort der Hauptstadt der Republik Tatarstan.
Delegationen legen Kränze nieder und junge Paare lassen sich

dort nach der Trauung mit ihren Angehörigen photographieren. Der deutsche Tourist hört an diesem Ort vermutlich zum ersten Mal von der Reisebegleiterin, dass ein gewisser Musa Dschälil, der einzige Schriftsteller der Sowjetunion, dem innerhalb eines Jahres der Leninorden und der Ehrentitel eines Helden der Sowjetunion verliehen wurde, in der Zeit vor seinem Tod in deutscher Gefangenschaft die in zahlreiche Sprachen übersetzen sogenannten „Moabiter Hefte" verfasst hatte.

Auch wenn die tatarische Literatur unter den Literaturen der sowjetischen bzw. russländischen Nationalitäten zu den bedeutendsten zählt und deren Beziehung zu anderen Literaturen vielfältig sein mögen, so ahnt der deutsche Reisende, dass sich die tatarisch-deutschen Beziehungen im Bereich der Literatur bisher vermutlich im Wesentlichen auf diesen Justizmord in der Nazizeit beschränkt haben. Aber es bleibt nur wenig Zeit für die Besichtigung des Denkmals Musa Dschälils und für weitere Erkundigungen. Die Reisebegleiterin sammelt die Gruppe bereits zur Besichtigung des zum UNESCO-Welterbe zählenden Areals des Kazaner Kreml; und schon bald wird der überwältigende Eindruck, den der Rundgang durch das einmalige historische Ensemble des Kremls von Kazan und der Besuch der dortigen Zweigstelle der Sankt Petersburger Eremitage hinterlässt, bewirken, dass sich der Reisende nicht mehr an den Namen des in deutscher Gefangenschaft hingerichteten Dichters erinnern dürfte. Bereits am Abend geht die Fahrt dann mit dem Wolgadampfer weiter nach Nischni Nowgorod. Nach einer atemberaubenden Flussreise erwartet den Reisenden am nächsten Morgen das Geburtshaus Maxim Gorkis – also bekanntere und weniger belastende literarische Sphären.

Wer allerdings die Möglichkeit hat, sich länger und intensiver in Kazan aufzuhalten, dem wird dort der Namen Musa Dschälil immer wieder begegnen. So trägt unter anderem das prachtvolle Opernhaus, dessen Bau unter Beteiligung deutscher Kriegsgefangener in den fünfziger Jahren des 20. Jahrhunderts beendet wurde, den Namen Musa Dschälils. Auch ist die ehemalige Wohnung des Autors und seiner jungen Familie inzwischen in ein Museum umgewandelt worden, in dem über Leben, Wirken und den frühen gewaltsamen Tod des Dichters informiert wird. In

Abb. 10: Stilisierendes Denkmal des Dichters und „Kämpfers gegen den Faschismus" Musa Dschälil vor dem Kreml der tatarischen Hauptstadt Kasan.

allen Buchhandlungen, ja sogar in Souvenirläden, werden dem Reisenden immer wieder Ausgaben von Dschälils „Moabiter

Heften" in tatarischer und russischer Sprache begegnen; ergänzend informieren Sachbücher und Bildbände über das Leben des Dichters. So ist Musa Dschälil in Kazan die am stärksten präsente literarische Gestalt, obwohl sich die Hauptstadt der Republik Tatarstan auch damit rühmen kann, dass sie einst unter anderem für Leo Tolstoi und auch Gorki eine wichtige Station auf ihrem Weg zum Ruhm gewesen war.

Aneignungen eines Helden des Widerstands

Musa Dschälil ist heute besonders in Kazan präsent – daran besteht kein Zweifel –, aber er ist alles andere als eine regionale Persönlichkeit. Der Umstand, dass der Dichter zwölf Jahre nach seiner Hinrichtung in Berlin sowohl mit dem Leninpreis als auch mit dem Ehrentitel eines „Helden der Sowjetunion" ausgezeichnet wurde, verweist auf seine Bedeutung nicht nur für Kazan und die Republik Tatarstan, nicht nur für die Russische Föderation, sondern gerade auch für die gesamte ehemalige Sowjetunion. Nach Musa Dschälil, der ein Symbol des Einstehens nichtrussischer Nationalitäten für die Sowjetunion im „Großen Vaterländischen Krieg" war und ist, wurden überall im Lande Straßen, Siedlungen, Kolchosen und Schiffe benannt. Sein Porträt fand sich auf sowjetischen Briefmarken, auch Literaturpreise wurden nach ihm benannt und Medaillen tragen sein Konterfei. Die Gedichte der „Moabiter Hefte" wurden nicht nur in tatarischer und russischer Sprache publiziert, sondern besonders auch in zahlreiche Sprachen der Völker der UdSSR übersetzt. Über ihre Wiedergabe in Schulbücher fanden sie eine außerordentlich weite Verbreitung. Nicht nur Musa Dschälils Werk wurde im gesamten Land bekannt gemacht, besonders zentral war auch die direkte mediale Vermittlung seines Lebenswegs und seines Schicksals. Davon zeugen besonders der Spielfilm „Das Moabiter Heft" (1968) des sowjetischen Regisseurs Leonid Kvinichidze und die 1957 uraufgeführte Oper ‚Dschälil' des in seiner Heimat sehr geschätzten sowjet-tatarischen Komponisten Nazib Zhiganov.

Auf den ersten Blick hat sich an dem in den 1950er und 1960er Jahren geprägten Bild Musa Dschälils auch zwei Jahrzehnte nach dem Untergang der Sowjetunion nur wenig geändert. Allerdings ist bei genauerem Hinsehen die nationale und religiöse Wiederbesinnung, die viele Teile der russländischen Gesellschaft erfasst hat, nicht spurlos am Bild Musa Dschälils vorbeigegangen. In den Jahren nach 1991 hat der monumentale sowjetisch-heroische Denkmalkomplex für Musa Dschälil und seine in Berlin hingerichteten Genossen einen in arabischer Schrift gemeißelten ergänzenden Schriftzug aus dem Koran erhalten. Im Sinne der islamischen Theologie mag eine solche Hinzufügung korrekt sein. Auch wenn sich Musa Dschälil seit seiner Jugend ausdrücklich in der Sowjetunion für die atheistische Bewegung engagiert hat, so bleibt er doch nach rechtgläubiger Auffassung ein Teil der islamischen Gemeinschaft.

Dennoch, ein koranischer Schriftzug auf einem sowjetischen Ehrenmal ist mehr als nur eine Segensformel; die arabischen Schriftzeichen deuten den radikalen Umbruch in den 90er Jahren des 20. Jahrhunderts an und verweisen darauf, dass auch die Gemeinschaft der tatarischen Muslime Anspruch auf „ihren" Helden Musa Dschälil erhebt. Nicht nur das Denkmal Dschälils wurde in den letzten Jahren islamisiert, islamisiert wurde auch die bauliche Substanz des ehrwürdigen Kazaner Kreml selbst. Auf einem freien Gelände inmitten weltlicher und sakraler historischer russischer Gebäude wurde inzwischen einer der größten Moschee-Komplexe Europas errichtet. Auch wenn die neu erstandene Moschee mit ihrem Namen auf eine bei der Eroberung Kazans durch Iwan den Schrecklichen zerstörte Moschee verweist, die einst unweit des heutigen Neubaus im alttatarischen Kazan stand, ist das schlanke Gebetshaus aus Stahlbeton inmitten des historischen Kreml doch in erster Linie ein Symbol für die wiederbegründete islamische Präsenz und das neue Selbstbewusstsein nichtrussischer Nationalitäten in der Wolga-Region.

Selbst wenn die Islamisierung des kommunistischen Helden, dem inzwischen auch islamische Gebete in dessen Berliner Todeszelle zugeschrieben werden, nicht so weit gehen mag wie die Islamisierung des Kazaner Kremls, so hat sich seit dem Untergang der Sowjetunion doch eindeutig der Fokus auf die tatarische Identität Dschälils verstärkt. Die „Tatarisierung" Dschälils ging dabei einher mit der „Tatarisierung" der Tatarischen Autonomen

Sozialistischen Sowjetrepublik, die nach dem Zerfall der Sowjetunion mit neuen staatlichen Symbolen als „Republik Tatarstan" – zunächst ohne Föderationsvertrag mit Russland – für einige Jahre einen zumindest theoretisch selbstständigen Status besaß. Das neue Tatarstan wurde in diesen Jahren nicht nur ein reales nationales staatliches Gebilde für die dort lebende knappe tatarische Bevölkerungsmehrheit, es wurde auch inoffiziell zur nationalen Heimstätte für die ungefähr sieben Millionen Tataren weltweit. Sie bilden in Russland die größte nationale Minderheit, auch wenn im Ausland von anderen ethnischen Minoritäten Russland sehr viel häufiger die Rede ist. Im Zuge der tatarischen nationalen Wiederbesinnung wurde der Status des Tatarischen als Staatssprache neben dem Russischen festgeschrieben und verbindlicher Schulunterricht im Tatarischen für alle Bürger der Republik eingeführt.

Im Kontext dieser Entwicklung wurde Musa Dschälil verstärkt als ein nationaler tatarischer Schriftsteller gelesen. Die zahlreichen Verweise in seinen „Moabiter Heften" auf die verlorene Heimat wurden nun weniger auf die Sowjetunion als auf Tatarstan bezogen. Auch dort, wo man als Außenstehender kaum etwas anderes als die Lyrik eines patriotischen sozialistischen Realismus im Stile der 40er Jahre des 20. Jahrhunderts erkennen kann, betonen tatarische Literaturwissenschaftler heute einen nationalen tatarischen Subtext. In den heutigen Schulbüchern reiht sich Musa Dschälil ein in die Reihe tatarischer Klassiker, die ohne wesentliche Brüche von den Hofdichtern des Kazaner Khanats über die bürgerlichen Autoren des ausgehenden 19. Jahrhunderts hinein in die Sowjetzeit und bis in die Gegenwart reicht. Diese nationale Umformung des Bildes Musa Dschälils greift auf traditionelle Tendenzen und Entwicklungen in der sowjetischen Nationalitäten-Politik zurück. Die Völker der UdSSR wurden auf dem ihnen zugesprochenen Territorium stark über ihre Identität als Erben einer ethnischen Tradition definiert, die häufig im Sinne des historischen Materialismus als „progressiv" umgedeutet wurde. Bedeutende Persönlichkeiten in der Geschichte der jeweiligen nationalen Gruppen, ja sogar epische Helden wurden so zu Identifikationsfiguren im Sinne der sozialistischen Ideologie geformt, aber auch gleichzeitig zu akzeptablen Helden für eine autonome nationale Geschichte der jeweiligen Minderheit gestaltet.

Die massiven Formungen, die diese Dichter, Forscher, Staatsmänner oder mythische Figuren in diesem Prozess erlebten, wurden dabei im Land selbst kaum wahrgenommen oder hinterfragt. Gerade in Bezug auf Musa Dschälil kann man durchaus von einer Fortführung dieser Tendenzen im postsowjetischen Russland sprechen. Heute ist die Basis für die Rolle Musa Dschälils in der Russischen Föderation auf der einen Seite immer noch ein gesamtrussischer, die ehemalige Sowjetunion einschließender und die ethnische Vielfalt betonender Patriotismus, der sich unter einer gewissen Ausklammerung der einst zentralen sozialistischen Ideen aus den gemeinsamen Erfahrungen von Not und Sieg im „Großen Vaterländischen Krieg" nährt. Als im Jahre 2006 der hundertste Geburtstag des Dichters mit einem Staatsakt der Republik Tatarstan in der nach dem Dichter benannten Kazaner Oper begangen wurde, sorgte die gemeinsame Erinnerung an die Leiden und Siege im „Großen Vaterländischen Krieg" dafür, dass die inzwischen in Russland eingetretenen ökonomischen, sozialen und politischen Veränderungen weitgehend ausgeblendet blieben. Die Ränge der Oper waren gefüllt von ordengeschmückten Veteranen des Krieges und von Vertretern der aktuell politisch und gesellschaftlich relevanten Gruppen im Land.

Der Auftritt des kirgisischen Autors Tschingis Aitmatow (1928–2008), der übrigens mütterlicherseits selbst auf tatarische Abstammung verweisen konnte, evozierte in diesem Kontext keine pantürkischen Emotionen, sondern verband die ältere wie jüngere Generation im Sinne eines gemeinsames sowjet-patriotischen Erbes. Die Anwesenheit einer kleinen Gruppe von Teilnehmern aus den neuen deutschen Bundesländern machte deutlich, wie sehr es auch zwanzig Jahre nach dem Ende der Sowjetunion und des Warschauer Pakts verbindende und verbindliche Formen der Erinnerung für die ehemaligen sozialistischen Länder gab. In diese Formen der Erinnerung fügen sich gewisse religiöse und nationale Umformungen im Bilde Musa Dschälils letztlich beinahe widerspruchslos und unauffällig ein.

Dschälil und die Deutschen

Im heutigen Deutschland gehören die „Moabiter Hefte" Musa Dschälils nicht zu den lieferbaren Büchern. So wird es der eine oder andere Teilnehmer einer Wolga-Kreuzfahrt, der sich den Namen Musa Dschälil rechtzeitig in sein Reisetagebuch notiert hat, nach der Rückkehr nicht ganz einfach haben, mehr über Schicksal und Werk des in Berlin hingerichteten Autors zu erfahren. Wer aber ein wenig hartnäckiger sucht, wird schließlich unter der Schreibung ‚Mussa Dshalil' vergilbte Ausgaben der „Moabiter Hefte" aus Verlagen der Deutschen Demokratischen Republik auf antiquarischem Wege kostengünstig erwerben können und in diesen Editionen mehr über die Erinnerung an Musa Dschälil im Osten des geteilten Deutschlands erfahren. Die DDR folgte dabei in ihrer Praxis der Erinnerung und des Gedenkens an Dschälil weitgehend dem in der Sowjetunion und den anderen sozialistischen Bruderländern entwickelten Muster. So gab es in den Ost-Berliner Bremsenwerken eine „Mussa-Dshalil-Brigade"; auch wurden in ähnlicher Form wie in der Sowjetunion Jubiläumsveranstaltungen zu Ehren des Dichters abgehalten. Zusätzlich war man aber natürlich damit konfrontiert, dass der sowjet-tatarische Dichter sein Leben in Deutschland und von deutscher Hand hatte lassen müssen.

In Deutschland

Bist du das Land, in dem einst Marx geschrieben,
das Schillers Freiheitsglut entfacht?
Gefesselt hat man mich hierher getrieben;
zum Sklaven haben Deutsche mich gemacht.
…
Hab ich dich etwa so mir ausgemalt,
als ich an Goethes Werken mich berauscht?
In welchem Saal in diesem Land erstrahlt
Beethovens Klang, dem ich gebannt gelauscht?
…
Ich seh kein Sonnenlicht, seh Wolken bloß,
seh Blut und Tränen über deinem Land,

kenn deine Schlösser nicht, kenn nur das Schloss
vor Zellen, das auch Thälmann gut gekannt.

Aus dem Geist solcher Gedichte entstand im Jahr 1963 der heute
nahezu vergessene DEFA-Spielfilm „Die rote Kamille" – eine
Anspielung auf den Titel eines Gedichts in den Moabiter Heften –
mit Hilmar Thate in der Rolle des Musa Dschälil. In Abweichung
von dem vermutlichen historischen Geschehen wurde dem in-
haftierten Dichter im ostdeutschen Spielfilm ein deutscher
Kommunist als Helferfigur beigegeben, um den eigenen deutschen Anteil am antifaschistischen Widerstand zu betonen. Nach
der deutschen Wiedervereinigung sind verschiedene Formen der
spezifisch sozialistischen Gedenkkultur an Musa Dschälil in
Deutschland verschwunden oder auf die Ebene von Aktivitäten
verschiedener Veteranenvereine verdrängt worden. Das gilt auch
analog für die gedruckten Ausgaben der „Moabiter Hefte", die
nun auf dem freien Markt nicht mehr genug Käufer fanden.

Nach längerem Drängen aus Kazan wird aber inzwischen
immerhin auf nationaler deutscher Ebene in der Berliner Gedenkstätte Plötzensee an „Tatarische Widerstandskämpfer um
Musa Dshalil" erinnert. Eine gesamtdeutsche, „politisch korrekte" Form des Gedenkens ist damit gefunden. Allerdings
bleiben die „Moabiter Hefte", also das eindrucksvollste Dokument aus dem Wirken dieser tatarischen Widerstandskämpfer,
auf der Dokumentationstafel der Gedenkstätte unerwähnt. Erinnerung und Vergessen liegen auch in diesem Fall eng beieinander.

Auch in der Russischen Föderation und in der Sowjetunion
scheint man in der Gegenwart ein wenig vergessen zu haben, dass
man sich nicht immer gleich intensiv an Musa Dschälil erinnern
wollte oder konnte. Dies hing nicht nur damit zusammen, dass
während der Zeit des Stalinismus im Verständnis der Sowjetunion kriegsgefangenen Sowjetsoldaten grundsätzlich ein Makel
anhaftete. Auch auf den Kriegsgefangenen tatarischer Nationalität lastete der kollektive Verdacht, mit der deutschen Wehrmacht kollaboriert zu haben. Diese Unterstellung war nicht ganz
unbegründet, sah doch die deutsche politische und militärische
Führung besonders in den türksprachig-islamischen, aber auch

in den anderen Nationalitäten des Kaukasus und der Wolga-Region gleichsam „natürliche Verbündete" gegen die „Bolschewisten". Durch sprachwissenschaftliche Forschung und die Erstellung von Lehrmitteln beteiligten sich deutsche Turkologen in jenen Jahren aktiv daran, die Basis für einen Schulterschluss zwischen Nazideutschland und verschiedenen türksprachigen Nationalitäten der Sowjetunion zu schaffen. Im August 1942 wurde von Deutschen schließlich die Legion Idel-Ural (Wolga-Ural) aufgestellt, in der tatarische Kriegsgefangene einen bedeutenden Anteil hatten. Unter den zahlreichen zwangsverpflichteten Legionären gab es auch Einzelpersonen und Gruppen, die aktiv und aus weltanschaulichen Gründen die Zusammenarbeit mit dem Deutschen Reich suchten – aber ebenso Formationen des aktiven antifaschistischen Widerstands, wie die Gruppe um Musa Dschälil.

Der von der sowjetischen Führung genährte Verdacht auf Kollaboration mit den Faschisten konnte in eine kollektive Bestrafung ganzer Völkerschaften umschlagen, die auch aktive Parteimitglieder und andere über jeden Zweifel erhabenen Gruppen mit einbezog. Das zeigt das Schicksal von Tschetschenen, Krimtataren und Russlanddeutschen, die von den Sowjets vorübergehend oder auch auf Dauer sowie ohne Ansehen der Person und nahezu ausnahmslos aus ihren traditionellen Siedlungsgebieten zwangsdeportiert wurden.

Schicksale eines sozialistischen Schriftstellers

Nach dem Ende des Krieges waren die (Wolga-)Tataren zwar von keiner vergleichbaren Maßnahme betroffen. Dennoch senkte sich der Schleier des Schweigens nicht nur über das Schicksal der nun aus deutscher Kriegsgefangenschaft zurückkehrenden Tataren, sondern auch über den von deutscher Hand hingerichteten Dichter Musa Dschälil. Bereits 1947 waren die Originale der „Moabiter Hefte", die Dschälil an zwei seiner Mitgefangenen übergeben hatte, auf verschlungenen Wegen in die Hände sowjetischer Stellen gelangt. Zu einer Veröffentlichung der Hefte in der bekannten Kulturzeitung „Literaturnaja Gazeta" und infolge davon zur unionsweiten Rezeption und Beachtung von Musa Dschälil kam es allerdings erst im Jahr 1953, einige Monate nach dem Tode Stalins – und nach acht Jahren des Schweigens und Vergessens.

Musa Dschälil war bereits sehr früh in seiner Jugend aktiv für die Ziele der russischen Bolschewiki eingetreten, obwohl die soziale Umgebung, in die er 1906 hineingeboren wurde, eine solche politische Orientierung keineswegs nahegelegt hatte. Zur Welt kam er als Sohn einer wenig begüterten tatarischen Familie in Mustafino, einem abgelegenen Ort nahe der tatarisch-kasachisch-russisch geprägten Provinzstadt Orenburg in der grenzenlosen Übergangsregion zwischen Europa und Asien südlich des Ural. Dort besuchte er später eine reformierte tatarisch-islamische Schule, kam aber bereits 1919, also im Alter von 13 Jahren mit der Jugendorganisation der Bolschewiki in Berührung. Zwei Jahre nach der Oktoberrevolution war in seiner Heimatregion der Kampf zwischen den Weißgardisten und den Kommunisten noch immer nicht entschieden. Zu diesem Zeitpunkt hatte der junge Musa Dschälil schon einige Gedichte verfasst. Nach Kazan, das 1920 zur Hauptstadt der Tatarischen Autonomen Sozialistischen Sowjetrepublik geworden war, zog er im Jahr 1922 und nahm dort eine Ausbildung an der Arbeiterfakultät auf. Weiterhin für die kommunistische Jugendbewegung aktiv, verfasste er auch zahlreiche Gedichte im Stil der sowjetischen Avantgarde. Seine Gedichte wurden einzeln oder in Sammlungen zunächst in arabischer Schrift, dann in Lateinschrift und schließlich in kyrillischer Schrift veröffentlicht – ein Ergebnis der abenteuerlichen Sprachpolitik in den ersten Jahrzehnten der Sowjetunion.

Nach weiteren engagierten Jahren für die kommunistische Bewegung wurde Musa Dschälil 1929 Mitglied der KPdSU und arbeitete in Moskau für verschiedene Zeitungen. Nicht nur im Bereich der Lyrik war er literarisch hochaktiv; als er 1939 nach Kazan zurückkehrte, konnte er dort den Posten eines Chefdramaturgen an der Tatarischen Staatsoper einnehmen. Der Höhepunkt seiner Karriere war erreicht, als er noch im selben Jahr zum Vorsitzenden des Schriftstellerverbandes der Tatarischen ASSR gewählt wurde. Musa Dschälil war zu dieser Zeit bereits seit ei-

nigen Jahren verheiratet und Vater einer kleinen Tochter geworden, da nahm sein bis dahin so erfolgreiches und erfülltes
Leben mit dem Einmarsch deutscher Truppen in die Sowjetunion
ein jähes Ende.

Schon bald nachdem er 1942 als Kriegsberichterstatter für eine
Armeezeitung an der Wolchow-Front zum Einsatz kam, geriet er
verwundet und mit zahlreichen Kameraden seiner Einheit in
deutsche Gefangenschaft. Als dann Gruppen sowjetischer Ge-
fangener tatarischer Nationalität zusammengefasst wurden, um
diese als Legionäre auf deutscher Seite gegen die Sowjetunion
einzusetzen, wurde er in einer illegalen tatarischen Wider-
standsgruppe aktiv. Nachdem die Gruppe im August 1943 ent-
tarnt worden war, nahm man ihn und seine Mitstreiter in Haft.
Alle elf Mitglieder wurden nach Monaten der Inhaftierung am
12. Februar 1944 vom Zweiten Senat des Reichskriegsgerichts in
Dresden zum Tode verurteilt und am 25. August 1944 in Plötzensee hingerichtet.

Von Musa Dschälils Gefangenschaft in Deutschland blieben
nur die beiden „Moabiter Hefte". Es handelte sich dabei um zwei
kleine selbstgefertigte Kladden, zusammengeheftet aus Briefbö-
gen der Feldpost und aus anderen Papierresten. In sie hatte der
Autor in arabischer und lateinischer Schrift über hundert tatarische Gedichte notiert, fast randlos und in gedrängtem Zeilen-
abstand. Der Autor widmete die Gedichte, die Elemente eines
zeitgebundenen patriotischen sozialistischen Realismus mit der
unmittelbaren Erfahrung von Haft, Einsamkeit und Hoffnungslosigkeit verbinden, in deutscher Sprache „meinem liebe Freund
Andre Timmermans". Timmermans, ein belgischer Widerstandskämpfer, war es schließlich auch, der nach seiner Befreiung dafür sorgte, dass eines der beiden Hefte in die Hände sowjetischer Behörden gelangte.

Die Basis für das zweite Leben des Musa Dschälil war damit
geschaffen. Aber eines muss deutlich gesagt werden: Musa
Dschälil wurde in der Sowjetunion nicht „zum tragischen
Kriegshelden stilisiert", auch kollaborierte er nicht mit der
deutschen Wehrmacht, wie das von Ilshad Gimadeev und Jan
Plamper in einer jüngeren Studie der deutschsprachigen Osteu-
ropaforschung ohne Berücksichtigung der in Haft entstandenen

Texte formuliert wurde. Musa Dschälil wurde tatsächlich, ganz ohne „Stilisierung", durch sein Leben und sein Schicksal unter den Bedingungen seiner Zeit und der Gesellschaft, in der er lebte, zum „tragischen Kriegshelden". Der „Mythos", der nach 1953 entstand, konnte auf soliden Fakten aufbauen!

> Glaub es nicht!
>
> Sagt man dir, Liebste: „Dshalil war müd,
> man hat ihn kampflos niedergeschlagen."
> Glaub es nicht, Liebste! Glaub kein Wort!
> Kein Freund wird dir so etwas sagen.
>
> Mit Blut hab ich auf die Fahne geschrieben
> den Schwur, immer vorwärts zu gehn.
> Ich habe kein Recht, zu straucheln, zu stürzen,
> ermüdet gar stillezustehen.
>
> Sagt man dir, Liebste: „Dshalil verriet
> die Heimat. Hat Not nicht ertragen."
> Glaub es nicht, Liebste! Glaube kein Wort!
> Kein Freund wird dir so etwas sagen.

Tragisch im eigentlichen Sinne war und ist zum einen, dass man in der stalinistischen Sowjetunion in den ersten acht Jahren nach seiner Hinrichtung die Erinnerung an Musa Dschälil unterdrückte. Zum anderen ist zu bedauern, dass seine „Moabiter Hefte" trotz mehrfach publizierter deutscher Übersetzung heute nicht mehr zu den in Deutschland lieferbaren Büchern gehören.

Weiterführende Literatur

Ilshad Gimadeev/Jan Plamper: Tatarstan. Mythos um Musa Džalil', in: Osteuropa, 57. Jg., Heft 12/2007, S. 97–115.

Mark Kirchner: Zwei Gedichte von Musa Dschälil. Tatarischer Text, Übersetzung, Anmerkungen, in: Börte Sagaster u. a. (Hg.): Hoşsohbet. Festschrift für Erika Glassen, Würzburg 2010.

Mussa Dshalil: Moabiter Hefte. Gedichte, Berlin 1977.

Peter Haslinger

Die Täter und die Opfer

„Heldenplatz" von Thomas Bernhard
(1988)

Wenn wir nach dem Beitrag von Literatur zur Bündelung und Transformierung von Geschichtsbildern fragen, erfüllt der „Heldenplatz" als „Skandalstück" des Jahres 1988, so ein Teil der österreichischen Presse, in mehrfacher Hinsicht die Funktion eines Katalysators. Dabei besteht der Charme der Wirkungsmächtigkeit des Stückes darin, dass sein Höhepunkt im Prinzip bereits erreicht war, bevor der Text in seiner endgültigen Form zur Aufführung kam.

In den historischen Kontext, die Situation in Österreich im Jahr 1988, soll ein Zitat aus dem „Profil" einführen, einer in der österreichischen Medienlandschaft in seiner politischen wie medialen Bedeutung zwischen dem „Spiegel" und der „Zeit" angesiedelten Wochenzeitschrift. Unter dem Titel „Über und unter der Budel" (österreichisch für Ladentisch) beschrieb die damalige Leiterin des Feuilletons, Sigrid Löffler, am 1. August 1988 die in Österreich auf Hochtouren laufende kulturpolitische Grundsatzdebatte: „Seit einem Jahr steigt der Erregungspegel. Seit einem Jahr eskaliert die Debatte von Ereiferung zu Ereiferung. Zeitungen richten der leserbriefschreibenden Volkswut immer neue Freigehege ein [...]. Politiker werfen sich in Positur von Kunstrichtern und Parteisekretäre urteilen über Fragen der Ästhetik. Das Ausland staunt, spottet und verachtet. Der österreichische Kulturkampf tobt." Als die letzten Anlässe nennt Löffler die Auseinandersetzungen um die abgesagte Aufführung eines Oratoriums von George Tabori in der Salzburger Kollegienkirche, ein Interview mit Claus Peymann über seine ersten beiden Jahre als Direktor des Wiener Burgtheaters und den erregt

geführten Streit um den Standort des antifaschistischen Mahn-
mals von Alfred Hrdlicka. Sigrid Löffler bilanzierte:

> „Binnen knapp einem Jahr ist es gelungen, alle gängigen Vorur-
> teilsstereotypen mit passenden Hassfiguren aus der Kunstszene zu
> besetzen und der Öffentlichkeit einzuprägen. […] Der Kampf geht
> um die kulturelle Hegemonie in Österreich. Es ist ein Stellvertre-
> terkrieg. Je mehr Konfliktthemen von der großen Koalition einmütig
> totgeschwiegen und wie auf Kommando aus der politischen Debatte
> herausgehalten werden, desto öfter verlagert sich die unterdrückte
> ideologische Auseinandersetzung in den Kulturbereich, desto ve-
> hementer und verbissener wird im Kulturkampf um Positionen ge-
> rungen."

Als Vorspann zu diesem Rundumschlag erschienen auch erstmals zwölf Textzeilen aus dem Theaterstück „Heldenplatz" von
Thomas Bernhard, einem Auftragsstück zum 100jährigen Bestehen des Hauses an der Wiener Ringstraße und Beitrag des
Burgtheaters zum so genannten „Bedenkjahr", der Erinnerung
an den „Anschluss" Österreichs an das „Dritte Reich" im Jahr
1938. Die am 14. Oktober 1988 geplante Uraufführung schien
durch den Autor des Stückes sowohl aus literarischer wie auch
aus politischer Perspektive die spätere erregte Debatte bereits vor
zu programmieren.

Der Autor als Aufreger

Nicolaas Thomas Bernhard wurde am 9. Februar 1931 in Heerlen
bei Maastricht in den Niederlanden geboren, in einer auf ledige
Mütter spezialisierten Entbindungsanstalt. Seinen Vater hatte
Thomas Bernhard, wie er sich später nennen sollte, nie persönlich kennengelernt, zu seiner Mutter Herta blieb sein Verhältnis
distanziert und komplex. Der junge Thomas Bernhard durchlief
1941/42 ein nationalsozialistisch geführtes Heim für schwerer-
ziehbare Kinder, anschließend ein strenges katholisches Internat
in Salzburg, deren Heimleiter er später in seinen Werken als
aufrechte Nationalsozialisten beschreiben sollte. Im Rückblick
verknüpfte Thomas Bernhard seine Kindheit und Jugend mit

folgender Grundbefindlichkeit: „das Alleinsein, das Abge-
schnittensein, das Nichtdabeisein einerseits, dann das fortgesetzte Misstrauen andererseits, aus dem Alleinsein, Abgeschnit-
tensein, Nichtdabeisein heraus."

Es folgen zunächst nur lose verbundene Lebensstationen, die
jedoch im Werk Bernhards tiefe Spuren hinterlassen sollten: Die
in einem Salzburger Vorstadtbezirk begonnene Kaufmannslehre
wurde 1949 durch eine Tuberkulose unterbrochen, die fast zu
seinem Tode führte und Bernhard bis zum Ende seines Lebens
mit Atembeschwerden kämpfen ließ, als noch eine Immuner-
krankung von Herz und Lunge hinzutrat. In die 1950er Jahre fällt
eine intensive Beschäftigung mit Musik, die sich nicht im Spielen
der Violine und in einem intensiven Gesangsstudium erschöpfte,
sondern Bernhard auch zu einer theoretischen Beschäftigung mit
Musik führte. Vor diesem Hintergrund wird sein Gefühl für die
Musikalität der Sprache und ihre akustische Wirkung verständ-
lich, auf die in der Literaturkritik immer wieder hingewiesen
wird. Schließlich arbeitete Bernhard ab 1952 bei einer Salzburger
Lokalzeitung als freier Journalist unter der Rubrik „aus dem
Gerichtssaal". Dabei fiel er von Beginn an sowohl durch sein
soziales Engagement als auch durch seine sprachliche Nonkon-
formität auf, die in stilistischen Eigenwilligkeiten wie dem Drang
zu drastischen Zuspitzungen und Wortneuschöpfungen ihren
Ausdruck finden und die Beiträge Bernhards immer wieder von
anderen Manuskripten abheben.

1955 wurde er schließlich am Schauspielseminar aufgenommen, wodurch er sich fundierte Kenntnisse in Dramaturgie erwarb, es war aber auch das Jahr eines ersten Zeitungsartikels, der
in einen Prozess wegen Verunglimpfung mündete – wegen der
Formulierung, ein Salzburger Theater sei zum „Rummelplatz des
Dilettantismus" verkommen. Dies bildete den Auftakt für eine
ganze Reihe von Gerichtsklagen, die zum Teil mit einstweiligen
Verfügungen und Bücherverboten endeten. Suitbert Oberreiter
beschreibt den künstlerischen Lebensweg des Autors als „Lebensinszenierung und kalkulierte Kompromisslosigkeit". Bernhard begriff etablierte Strukturen und Deutungskonventionen als
Dogmen und als eine Herausforderung, der vor allem mit
Überzeichnungen, Zuspitzungen und Provokationen zu begeg-

nen sei. Sein Skeptizismus speiste sich dabei aus einer grund-kritischen Haltung gegenüber allen Formen ideologisch herge-leiteter Herrschaft.

Ab den 1960er Jahren kennzeichnete die Sprache Bernhards, so Oliver Bentz, eine „immer schärfer werdende Rhetorik, den Verzicht auf jegliche Gruppenpartizipation und der Ablehnung der im österreichischen Kulturbetrieb vorherrschenden politi-schen Gesinnungspräsentation". Entsprechend fiel er immer häufiger durch Tabubrüche und Brüskierungen von Politikern, Honoratioren und Schriftstellerkollegen wie etwa Elias Canetti auf. Als er im März 1968 in einer feierlichen Zeremonie den Kleinen Österreichischen Staatspreis entgegen nehmen sollte, bezeichnete er in seiner Dankesrede die Österreicher als apa-thisch und als „Geschöpfe der Agonie": „der Staat ist ein Gebilde, das fortwährend zum Scheitern verurteilt, das Volk ein solches, das ununterbrochen zur Infamie und zur Geistesschwäche ver-urteilt ist. Es ist nichts zu loben, nichts zu verdammen, nichts anzuklagen, aber es ist vieles lächerlich; es ist alles lächerlich, wenn man an den Tod denkt." Es mag bereits damals zum Kalkül Bernhards gehört haben, dass der österreichische Unterrichts-minister Theodor Piffl-Perčević mitten in dieser Dankesrede unter dem Protestruf „Wir sind aber trotzdem stolze Österrei-cher" den Saal verließ. Den renommierten Anton-Wildgans-Preis, der ihm im selben Jahr zugesprochen wird, erhielt Bern-hard nur mehr per Post zugestellt.

Der vergangenheitspolitische Kontext

Von nicht unwesentlichem Stellenwert für das Stück „Helden-platz" waren die Attacken Bernhards gegen Bruno Kreisky, den österreichischen Bundeskanzler von 1970 bis 1983, den der Schriftsteller öffentlich als „süßsaure Art von Salzkammergut-und Walzertito" und „rosaroten Beschwichtigungsonkel" be-zeichnet. Bereits in diesen Jahren häuften sich Auseinanderset-zungen um die Deutung der NS-Vergangenheit in Österreich, doch erreichten sie im Jahr 1986 aus drei Gründen eine neue Qualität. Zum einen übernahm Claus Peymann, der seit 1970 die meisten Stücke Bernhards uraufgeführt hatte, von Bochum aus die Direktion des Wiener Burgtheaters. Wesentlicher für den Kontext des Stückes „Heldenplatz" sind jedoch zwei politische Ereignisse: Die Wahl Kurt Waldheims zum österreichischen Bundespräsidenten und die Wahl Jörg Haiders zum neuen Vorsitzenden der Freiheitlichen Partei Österreichs (FPÖ).

Die Zeitschrift „Profil" veröffentlichte im März 1986 Dokumente, denen zufolge der ehemalige UNO-Generalsekretär Kurt Waldheim einst Mitglied der SA und des Nationalsozialistischen Deutschen Studentenbundes gewesen war und seine Karriere bei der Wehrmacht nur lückenhaft dokumentiert hatte. Tags darauf folgten die „New York Times" und eine Presseerklärung des „World Jewish Congress". Auf das Dementi Waldheims hin entspann sich in Österreich eine Auseinandersetzung und Polarisierung um die „Rückkehr" des Zweiten Weltkrieges und den eigenen Anteil am Holocaust. Zwar hatte es auch in Österreich einige Prozesse wegen Kriegsverbrechen gegeben, die Strategie einer Verlagerung von Verantwortung für Verbrechen des Nationalsozialismus in Richtung Deutschland verfing jedoch nicht nur außenpolitisch. Sie äußerte sich auch in einer sehr zurückhaltenden Entschädigung gegenüber verfolgten Juden und wurde Teil des geschichtspolitischen Grundkonsenses der Zweiten Republik: Der Staatsvertrag, der am 15. Mai 1955 unterzeichnet wurde, der die West-Ost-Teilung Österreichs rückgängig machte und dem Land einen neutralen Status eröffnete, kanonisierte die Politik der weitgehenden Ausblendung der Kriegszeit aus der „eigenen" österreichischen Geschichte. Mit der Einschätzung, er hätte durch seinen Kriegseinsatz nur „seine Pflicht" getan, ging Waldheim während seines Präsidentschaftswahlkampfs deshalb konform mit dem Geschichtsbild eines Großteils der Soldatengeneration des Zweiten Weltkrieges. Die Wahl Waldheims folgte auf eine mit antisemitischen Untertönen versetzte Jetzt-erst-recht-Kampagne. Helmut Gruber meinte zur Langzeitwirkung des Wahlkampfs, dass zum Schluss bereits „die Anspielung auf eine Anspielung" genügt habe, „um Antisemitismus transportieren zu können."

Das zweite Ereignis, das das Jahr 1986 innenpolitisch prägte, stand hiermit in einem direkten Wirkungszusammenhang: Gemeint ist das Ende des liberalen Kurses in der Führung der FPÖ und die tumultartige Wahl Jörg Haiders auf dem Innsbrucker Parteitag im September 1986. In den Monaten nach seiner Wahl an die Spitze der FPÖ vollführte Haider einen taktischen Schlingerkurs zwischen etablierten liberalen und deutschnationalen Positionen und Milieus. Tabubrüche, die mit einer Annäherung an rechtsextreme Positionen gleichgesetzt wurden, waren im Juli 1987 das zwar geheime, aber in den Medien publik gewordene Versöhnungstreffen Haiders mit Norbert Burger, dem Vorsitzenden der neonazistischen, 1988 behördlich aufgelösten Splitterpartei „Nationaldemokratische Partei Österreichs" (NDP), sowie ein Fernsehinterview vom 18. August 1988, in dem Haider mit folgender Formulierung provozierte: „Das wissen Sie ja so gut wie ich, dass die österreichische Nation eine Missgeburt gewesen ist. [...] Man hat ja versucht, nach 1945, um hier die besondere Distanz zur Vergangenheit zu wahren, diese österreichische Nation zu schaffen, damit einen Bruch der jahrhundertelangen Geschichte vollzogen." Dieser Aussage folgte in Österreich eine erregt geführte Debatte, ein kalkulierter Skandal, der Haiders populistischen Kalkülen durchaus entsprach.

Das Stück

Nur wenige Wochen zuvor waren die ersten Passagen des Stücks „Heldenplatz" publiziert worden, und die Zeitschrift „Profil" brachte am 19. September 1988 weitere Textteile. Der Folgeskandal, der sich nun an dem Stück entzünden sollte, fand jedoch erst Anfang Oktober seinen Ausgang, einen Monat vor der Premiere. Diese war inzwischen auf den 4. November verschoben worden, da vier Schauspieler von ihren Rollen zurückgetreten waren, nicht zuletzt aus Protest gegen die ihnen in den Mund gelegten Textzitate. Am 7. Oktober brachte die „Wochenpresse", das der konservativen Österreichischen Volkspartei (ÖVP) nahe stehende Gegenstück zum „Profil", weitere Fragmente des Texts, ebenso die „Neue Kronen Zeitung", ein in Duktus und Themenbreite mit der „Bild" in Deutschland vergleichbares Boulevardblatt. Die nun folgenden Passagen umfassen etwa die Hälfte der in beiden Medien vorab publizierten Textstellen und sind nur um kleine Abweichungen zum endgültigen Text bereinigt:

> Österreich selbst ist nichts als eine Bühne // auf der alles verlottert und vermodert und verkommen ist // eine in sich selbst verhasste Statisterie // von sechseinhalb Millionen Alleingelassenen // sechseinhalb Millionen Debile und Tobsüchtige // die ununterbrochen aus vollem Hals nach einem Regisseur schreien. Der Regisseur wird kommen und sie endgültig in den Abgrund hineinstoßen [...].

> Oxford ist mir ein Albtraum // aber Wien ist mit jedem Tag // der viel größere Albtraum // ich kann hier nicht mehr existieren // ich wache auf und habe es mit der Angst zu tun // die Zustände sind ja wirklich heute so // wie sie achtunddreißig gewesen sind // es gibt jetzt mehr Nazis in Wien // als achtunddreißig [...] // In Österreich musst du entweder katholisch // oder nationalsozialistisch sein // alles andere wird nicht geduldet // alles andere wird vernichtet [...].

> Aber was *diese* Leute aus Österreich gemacht haben // ist unbeschreiblich // eine geist- und kulturlose Kloake // die in ganz Europa ihren penetranten Gestank verbreitet // und nicht nur in Europa // dieser größenwahnsinnige Republikanismus // und dieser größenwahnsinnige Sozialismus // [...] was die Sozialisten hier in Österreich aufführen // ist ja nichts als verbrecherisch // aber die Sozialisten sind ja keine Sozialisten mehr // die Sozialisten sind im Grund nichts anderes // als katholische Nationalsozialisten // [...] diese sogenannten Sozialisten haben ja den heutigen Nationalsozialismus // möglich gemacht [...].

> Der Staat eine Kloake stinkend und tödlich // die Kirche eine weltweite Niedertracht // [...] der Bundespräsident ein verschlagener verlogener Banause // und alles in allem deprimierender Charakter // der Kanzler ein pfiffiger Staatsverschacherer [...] // der Bundeskanzler tritt im Nadelstreifanzug an das Podium // und faselt von Genossen // die Gewerkschaftsführer jonglieren // in ihren Salzkammergutvillen mit Milliarden // und sehen ihre Hauptaufgabe in skrupellosen Bankgeschäften [...].

> Die Zeitungsredaktionen in Österreich // sind ja nichts als skrupellose parteiorientierte Schweineställe // Alles unqualifizierte Leute // die nicht denken und daher nicht schreiben können // Bei dieser stumpfsinnigen Leserschaft // die die anspruchsloseste in Europa ist

kein Wunder [...].

Die heutigen Universitätslehrer // sind von einer unglaublichen Primitivität // [...] Wenn Sie bedenken dass an unseren Universitäten // die wichtigsten Lehrstühle mit Tiroler und Salzburger Nazis besetzt sind // kann das ja nur katastrophal sein // ein unerträgliches Banausentum unterrichtet // nurmehr noch den alpenländischen Schwachsinn nichts sonst [...].

Aber weil Sie einmal in einem Gasthaus gut essen // oder in einem Kaffeehaus einen guten Kaffee trinken // dürfen Sie doch nicht vergessen // dass Sie sich in dem gefährlichsten aller europäischen Staaten befinden // wo die Schweinerei oberstes Gebot ist // und wo die Menschenrechte mit Füßen getreten werden [...].

Ein unerträglicher Gestank breitet sich aus // [...] *(ruft aus)* Dieser kleine Staat ist ein großer Misthaufen.

Der Text des von Peymann selbst inszenierten Stücks war eigentlich streng unter Verschluss gehalten worden, und alle Schauspieler mussten sich per Unterschrift zur Verschwiegenheit verpflichten. Der Suhrkamp-Chef Siegfried Unseld, der Verleger des Stückes, gab nun sofort bekannt, bei dem gestohlenen Text handele es sich um eine veraltete Version, die sich in vielen Kleinigkeiten vom endgültigen unterscheide.

Sofort meldeten sich jedoch Politiker zu Wort, gewohnt provokant natürlich Jörg Haider, aber selbst der Wiener Bürgermeister Helmut Zilk von der regierenden „Sozialistischen Partei Österreichs" (SPÖ) bezeichnete das Stück „Heldenplatz" als „paranoide Selbstdarstellung eines Menschen, der ein Leben lang nicht mit sich selbst fertig geworden ist." Der in den Passagen kritisierte Bundespräsident Waldheim ließ verlautbaren: „Ich halte dieses Stück für eine grobe Beleidigung des österreichischen Volkes und lehne es daher ab." Zurückhaltung übte nur der ebenfalls persönlich angegriffene Bundeskanzler Franz Vranitzky: Trotz des literarischen Rundumschlags solle man nicht vom Prinzip Freiheit der Kunst zu einem Zensur- und Verbotssystem übergehen; er selbst fühle sich nicht gekränkt: „Manche Leute können mich nicht beleidigen."

Die einzige, die zunächst für Bernhard und Peymann das Wort ergriff, war die für die Bundestheater zuständige Unterrichtsministerin Hilde Hawlicek (SPÖ): „Der Bundespräsident kann der Meinung sein, dass das Burgtheater für den Heldenplatz nicht die geeignete Bühne ist, ich vertrete die Meinung, dass es das Recht des Direktors ist, zu bestimmen, was am Burgtheater aufgeführt wird. Zensur wird es in Österreich nicht geben, auch nicht in der indirekten Weise, dass man an Stelle des Stückes den Direktor absetzt." Am 12. Oktober folgte ihr die Wiener Kulturstadträtin Ursula Pasterk, die als erste in der öffentlichen Debatte auf die Funktionsgrundlage der präsentierten Textteile hinwies: „Wer auf Grund von ein paar aus dem Zusammenhang gerissenen Zitaten das ganze Stück verdammt, verrät eine erschreckende Verständnislosigkeit der Kunst gegenüber: Es ist nicht Herr Bernhard, der hier zu den Menschen spricht, sondern es sind imaginäre Theaterfiguren – eine erfundene jüdische Familie – die in einem Theaterstück miteinander reden."

Im weiteren Verlauf der Debatte empfanden einige Kommentatoren es als besondere Perfidie Bernhards, dass er die Österreich-Beschimpfungen durch eine jüdische Familie präsentieren ließ und damit, so die „Wiener Zeitung", „unter dem Schutz von Auschwitz einen Einwand dagegen abblockt". Vor allem die „Kronen Zeitung" hielt unbeirrt an ihren Vorwürfen fest, aus Steuergeldern werde eine Staatsbeschimpfung finanziert, und das auf einer der wichtigsten Bühnen des deutschsprachigen Raums und einem Aushängeschild österreichischer Kultur. Dabei reproduzierte Peter Gnam in einem Kommentar am 9. Oktober fast unverändert eine Grundaussage der zitierten Textpassagen: Wäre Vranitzky „nur einmal in seinem Leben SPÖ-Kassier gewesen und von Tür zu Tür gegangen, dann wüsste er heute, was die Leute wirklich über die Besudelung ihres Landes durch sogenannte Künstler denken und was sie von jenen Politikern halten, die sich derartiges gefallen lassen. [...] In den Parteilokalen [...] wüsste man schon die richtige Antwort auf Peymann, Bernhard und Co."

Aus vielen Leserbriefen und anonymen Zuschriften, die das Burgtheater 1990 in einem eigenen Band publizierte, ist noch heute die Rhetorik der Kriminalisierung und Pathologisierung

Bernhards mit Händen zu greifen – ebenso wie das Sich-in-Rage-Reden zum Erhalt des eigenen Geschichtsbilds um fast jeden Preis. Handfeste Beschimpfungen finden sich ebenso wie Mord- und Gewaltandrohungen für Bernhard und Peymann. Angesichts der offen zu Tage tretenden Feindschaft äußerte Siegfried Unseld in der „Frankfurter Allgemeinen Zeitung" nicht zu Unrecht die Befürchtung, „dass die Realität Österreichs die Realität des Stückes überholt. Denn meine Erfahrungen, die ich hier in Wien machte, zeigen ja, wie sehr dieses Stück von Thomas Bernhard die Realität trifft." Wiederum war es Sigrid Löffler, die am 17. Oktober im „Profil" die treffendste Zwischenbilanz des Theaterskandals bot:

> „Ward je einem Dichter ein solcher Allmachtsrausch beschert? Hat je ein Autor zu seinem Größenwahn erleben dürfen, dass sich ein ganzes Land aufs Wort seinen finstersten Phantasien anverwandelt? Daß sich ein Nest auf Geheiß seines ärgsten und berühmtesten Nestbeschmutzers selbst ankleckert? […] Österreich [ist] gegenwärtig mit nichts so sehr beschäftigt wie damit, Bernhards schlimmste Übertreibungen und gemeinste Verzerrungen nicht Lügen, sondern Wahrheit zu strafen. Österreich führt sich auf, als sei es eine Bernhard-Inszenierung. […] Mehr ist auf Österreichs Kosten selten gelacht worden. Tobsüchtiger und debiler hat sich der öffentliche Diskurs selten aufgeführt."

Die Premiere

Der Vorverkauf für die ersten Vorstellungen von „Heldenplatz" lief am 28. Oktober an und traf auf ungewöhnlich großes Interesse; die ersten beiden Vorstellungen am 4. und 5. November waren rasch ausverkauft, wobei für die Premiere von den knapp 1000 Karten 130 an Medienvertreter und 148 von der Direktion persönlich ausgegeben worden waren. An jenem Abend wurde ein besonderer Polizeischutz aufgeboten, da man Aktivitäten rechtsradikaler Aktivisten und damit einen zusätzlichen internationalen Imageschaden nach der Waldheimdebatte befürchtete. Die Protestaktionen vor dem Theatergebäude hielten sich jedoch in Grenzen – so kippte ein eigens gegründetes Komitee in

Anspielung auf das Misthaufen-Zitat eine Ladung Stalldung vor
das Haus am Ring. Und deutlich wurde auch Unterstützung für
Peymann und Bernhard, die sich in spontanem Applaus beim
Eintreffen den beiden und vor allem auch in der Sitzverteilung
beider Gruppen im Publikum widerspiegelte: Im Parkett waren
die pro-Bernhard-Vertreter deutlich in der Überzahl, in der 6.
Reihe saß Thomas Bernhard selbst. Störaktionen wie Buhrufe,
Trillerpfeifen, das Entrollen von Österreich-Fahnen und patriotischen Transparenten kamen vor allem von der Galerie.

Was bekam jedoch das Publikum in den folgenden vier
Stunden, die nur von einer einzigen Pause unterbrochen waren,
zu sehen? Der Plot der Stücks „Heldenplatz" ist schnell erzählt:
Die zentrale Figur ist Universitätsprofessor Josef Schuster, der
wegen seiner jüdischen Herkunft 1938 nach Oxford fliehen
musste, in den 1950er Jahren auf Einladung des Wiener Bürgermeisters aber nach Österreich zurückkommt und sich in Wien
eine Wohnung kauft, deren Fenster auf den Heldenplatz gerichtet
sind. Angesichts des wachsenden Antisemitismus entscheidet er
sich im Frühjahr 1988, nach Oxford zurückzukehren, und begeht
kurz vor der neuerlichen Emigration Selbstmord, indem er sich
aus dem Fenster seiner Wohnung stürzt. Die Bühnenhandlung
setzt nach diesem Selbstmord ein, dennoch ist der Tote omni-
präsent, da alle Personen in ihren Sprechakten auf Josef Schuster
bezogen sind.

Dies trifft vor allem auf den ersten Akt zu, in dem die Haushälterin und Hausgehilfin die Sprechmuster ihrer „Herrschaften"
reproduzieren. In ausführlichen Schilderungen zeichnen sie ein
wenig sympathisches Bild vom Professor als Pedanten und Fa-
milientyrannen. Die Haushälterin, Frau Zittel, ist zugleich Opfer
und Täterin, reproduziert sie doch das System materiell-
sprachlicher Abhängigkeit und patriarchalischer Machtmecha-
nismen auf das ihr unterstellte Hausmädchen Herta. Die Botschaft des ersten Aktes war eine eher indirekte und unter-
schwellige, so Dirk Jürgens in seiner Analyse, dass sich nämlich
„an überkommenen Herrschaftsstrukturen, von denen der Nationalsozialismus die radikalste Ausprägung ist, nichts ändert
[...]. Indem in Heldenplatz ein Figurenensemble die Bühne betritt, das die großbürgerlichen Rituale vergangener Zeiten

nachspielt, streicht das Stück heraus, wie sehr die Geschichte in der Gegenwart nachlebt."

Zwar enthält bereits der erste Akt einige wenige der inkriminierten Zitate – nicht zuletzt die Beschimpfungen von Graz, der Hitler den Ehrentitel „Stadt der Volkserhebung" verlieh, als absolute Unstadt und als „Nazinest". Die langen Monologe und die Handlungsarmut wirkten auf das Premierenpublikum jedoch sichtlich desorientierend, da es seine weit gespannten Erwartungen nicht bedient sah. Der zweite Akt spielt im Anschluss an das Begräbnis Schusters im Volksgarten, einer Parkanlage an der Wiener Ringstraße, die zwischen Heldenplatz, Parlament und dem Burgtheater gelegen ist, das auf der Bühne in der Ferne zu sehen war. Hier reflektieren die nächsten Verwandten des Toten über die aktuelle politische Lage: der Bruder Rudolf Schuster, auch er Professor in Oxford, und die beiden Töchter Anna, die sich überwiegend kritisch äußert, und Olga, die defätistisch argumentiert. Rudolf Schuster schwankt zwischen diesen beiden Positionen – zwischen Resignation und scharfem analytischem Zynismus – und bringt tatsächlich eine Reihe der vorab kolportierten Skandalzitate.

Aus der Pause nach dem zweiten Akt kommentierte der führende Theaterkritiker des Österreichischen Fernsehens, Karl Löbl, live im ORF, dass es sich seiner Ansicht nach um „ein ungeheuer wehmütiges Stück" handle. Da die bisher aufgetretenen Personen auch einander beschimpften, sei „diese Beschimpfung Österreichs und Wiens sehr relativ zu nehmen." Vor allem thematisierte Löbl die Wirkung auf das Publikum:

> „Im Verlauf der Aufführung hat man bemerkt, dass einige Leute herinnen sind, die dankbar dafür sind, wenn sie jene Stellen wieder erkennen, die sie in den letzten Wochen durch Veröffentlichungen in Tages- und Wochenzeitungen kennengelernt haben. Es sind Leute, die eigentlich nicht zuhören, in welchem Zusammenhang diese Sätze fallen; man merkt die Freude des Wiedererkennens, man merkt es auch an manchmal leider sehr peinlichen und sehr geistlosen Zwischenrufen und Zwischenbemerkungen."

Der nun folgende dritte Akt spielt während des letzten Mittagessens, das in der Wohnung der Familie Schuster am Heldenplatz stattfindet, zu dem auch zwei befreundete Ehepaare eingeladen sind. Das Bühnenbild rahmte das Geschehen ein wie eine Abendmahls-Darstellung der abendländischen Kunst, mit der erstmals in Erscheinung tretenden Witwe Schusters an der Stelle des Jesus. Die beiden Haushälterinnen sind nun wieder schweigende oder flüsternde Dienstboten, und die Auseinandersetzung unter den Anwesenden um die in Österreich herrschenden Zustände mündet erneut in sarkastischen Überspitzungen. Die Szene endet damit, dass die Witwe als einzige die mehr und mehr anschwellenden, per Band eingespielten „Heil"-Rufe des 15. März 1938 wahrnimmt und schließlich leblos auf den Esstisch zusammensinkt.

Nach diesem Ende blieben bei der Premiere die Proteste und Buhrufe deutlich in der Minderheit, stehende Ovationen für den Regisseur, die Schauspieler und auch für den Autor, der auf die Bühne geholt wurde und seinen Erfolg sichtlich genoss, dominierten die Publikumsreaktionen. Im Schlusskommentar kurz vor Mitternacht nahm Karl Löbl nun auch zum Stück selbst Stellung: „Thomas Bernhard schreibt immer über sich selbst und schreibt immer über das, was er sich denkt, und er denkt sich zu Österreich seit vielen Jahren immer dasselbe, das ist für manche auch ermüdend." Nach dem Roman „Auslöschung" kenne man sehr viele der kritischen, auf Österreich bezogenen Passagen schon recht genau. „Hier sind sie in ein Theaterstück verpackt, hier sind sie viel insistierender und hier sind sie vor allem von Menschen von der Bühne herab ins Publikum gesprochen. Wenn man zu Hause ein Buch liest, ärgert man sich in seinen eigenen vier Wänden; wenn man sich im Theater geärgert fühlt, dann gibt es so etwas wie ein Gemeinschaftserlebnis." Dennoch waren das „Deprimierendste des Abends" für Löbl die Reaktionen eines Teils des Publikums, „weil ich eine solche Respektlosigkeit gegenüber schauspielerischen Höchstleistungen noch nie in meinem Leben gesehen und gehört habe."

In den Tagen nach der Aufführung waren sich die meisten Kritiker in dem Punkt einig, dass die Regie von Claus Peymann, die Schauspieler und das Bühnenbild als großer künstlerischer Erfolg zu bewerten seien. Die Aufnahme des Stücks im Feuilleton war jedoch gespalten. Vielfach hieß es, dieses sei mit vier Stunden deutlich zu lang, und trotz der schauspielerischen Leistungen gebe es keine Feinzeichnung der Figuren. Kritik verband sich vor allem mit der monologisierenden Sprache. In den Folgejahren hat die Literaturwissenschaft auf eine Kreisstruktur in vielen Stücken Bernhards hingewiesen, die, so Eckhart Gropp, „keinen progressiven Handlungsverlauf und keinen wirklichen Erkenntnisprozess" erlaube. Personen reagierten nur in den seltensten Fällen aufeinander und verkörperten vielmehr Einzelschicksale, „ohne jedoch ausgeprägt individualistisch zu sein." Dieses scheinbar statische Geschehen auf der Bühne entwickle jedoch eine Dynamik durch das Kommunizieren mit dem Publikum. Dies gilt auch für den „Heldenplatz": Vielfach bauten Bernhard und Peymann in die Erregungsszenen bewusst Pausen ein, in denen sich Publikumsprotest Bahn brechen konnte, um dann durch die Fortführungen des Sprechtexts bei den Bernhard-Anhängern entlarvende Heiterkeit oder Beifall hervorrufen.

Nachwirkungen

Thomas Bernhard überlebte seinen letzten Triumph nur wenige Monate: bei der Premiere gesundheitlich bereits schwer gezeichnet, starb er am 12. Februar 1989. In seinem Testament verbot er jede Neuinszenierung, wenn auch nicht die Aufführung, seiner Stücke in ganz Österreich – ein Umstand, der der weiteren Wirksamkeit des „Heldenplatzes" sicher im Wege stand. Der kultur- und innenpolitische Skandal um das Stück, der Österreich im Herbst 1988 publizistisch in Atem hielt, erfüllte jedoch in zwei Richtungen die Funktion eines Katalysators: Für eine kritische, für Neudeutungen der eigenen Vergangenheit und die Annahme historischer Verantwortlichkeit offene Generation bedeutete sie einen wesentlichen Ansporn. Als sich am Abend des 23. Januar 1993 bei einer Großdemonstration unter dem Motto „Lichtermeer" über 300.000 Teilnehmer, unter ihnen viele Jugendliche, auf der Wiener Ringstraße einfanden, um gegen ein von der FPÖ initiiertes ausländerfeindliches Volksbegehren „Österreich zuerst" zu protestieren, war der Ausgangspunkt auch hier der symbolträchtige Heldenplatz. In Anspielung an den

März 1938 hielt André Heller von der Bühne aus unter dem Jubel der versammelten Menge fest: „Dies ist die größte Demonstration, die jemals am Heldenplatz stattgefunden hat!"

Die Wahlen zum Nationalrat 1994 führten jedoch zu starken Verlusten für die SPÖ auf Kosten der Partei Haiders. Bei den Gemeinderatswahlen in Wien im Jahr 1996, bei denen es der FPÖ gelang, Erfolge in bisher sozialdemokratischen Wählermilieus zu erzielen, warben die Freiheitlichen auf einem Wahlplakat schließlich mit dem Slogan: „Lieben Sie Scholten, Jelinek, Häupl, Peymann, Pasterk … oder Kunst und Kultur? Freiheit der Kunst statt sozialistische Staatskünstler". Auf die Bildung der Koalition zwischen der konservativen ÖVP und der FPÖ im Jahr 2000 folgten scharfe Sanktionen der Europäischen Union, der Österreich gerade erst beigetreten war, und eine erneute, nun antieuropäische Jetzt-erst-recht-Durchhaltekampagne der Regierung.

An dieser Stelle lässt sich mit einem Zitat Thomas Bernhards nur mehr bilanzieren: „Um Katastrophen braucht man sich eigentlich eh nicht zu sorgen, die kommen schon. Aber vielleicht muß man sie heraufbeschwören, zeitweise, weil von selbst dauert's zu lang. Und dann […] ist es halt nicht mehr lustig."

Weiterführende Literatur

Oliver Bentz: Thomas Bernhard: Dichtung als Skandal, Würzburg 2000.
Eckhard Gropp: Thomas Bernhards „Heldenplatz" als politisches Theater. Postmoderne Literatur im Deutschunterricht, Bad Honnef, Zürich 1994.
Helmut Gruber: Antisemitismus im Mediendiskurs. Die Affäre „Waldheim" in der Tagespresse, Wiesbaden 1991.
Heldenplatz. Eine Dokumentation, Wien 1990.
Dirk Jürgens: Das Theater Thomas Bernhards, Frankfurt/Main 1999.
Manfred Mittermayer: Thomas Bernhard. Leben, Werk, Wirkung, Frankfurt/Main 2006.
Suitbert Oberreiter: Lebensinszenierung und kalkulierte Kompromisslosigkeit. Zur Relevanz der Lebenswelt im Werk Thomas Bernhards, Wien, Köln, Weimar 1999.
Peter Stachel: Ein österreichischer „Gedächtnisort". Der „Heldenplatz" als historisches Symbol und politische Metapher, in: Jeff Bernard/Peter Gzrzybek/Gloria Withalm (Hg.): Modellierung von Kultur und Geschichte. Bd. 2, Wien 2000, S. 555–572.

Claus Leggewie

Globaler Kulturkampf um einen „blasphemischen" Roman

„Die Satanischen Verse" von Salman Rushdie (1988)

Das Wichtigste zuerst: Salman Rushdie hat den Mordauftrag überlebt, den Ayatollah Chomeini am 14. Februar 1989 gab. Der ganz unpassend „Rushdie-Affäre" genannte Vorgang bezeichnet den Skandal des (bis heute nicht revidierten) Todesurteils, das der geistliche Führer der iranischen Revolution per Fatwa über den britischen Schriftsteller verhängte, wegen dessen angeblich koran- und islamfeindlichem Roman „Satanische Verse", der im Herbst zuvor erschienen war.

1. Der Roman des Anstoßes

Die „Satanic Verses" sind erst einmal (nur) ein großartiges Buch, das man mit Recht der Weltliteratur des späten 20. Jahrhunderts zuordnet. Der Verfasser, Ahmed Salman Rushdie, wurde am 19. Juni 1947 in Bombay, dem heutigen Mumbai, geboren. Er lebt seit seiner Jugend in England und schreibt in englischer Sprache: Schon vor diesem Roman zählte er zu den Großen der zeitgenössischen Literatur. International bekannt wurde er durch die bei Publikum und Kritik höchst beliebten „Mitternachtskinder" (1981). Rushdie war auch als Essayist und *public intellectual* scharfzüngig, angriffslustig und an vielen Fronten tätig: Er legte sich mit den politischen Führungen Indiens und Pakistans an, titulierte Maggie Thatcher wegen ihrer Menschenrechtsverletzungen als „Mrs. Torture", kritisierte die Außenpolitik der USA vor allem in Mittelamerika und klagte die Perversion der iranischen Revolution an, die er zunächst – wie so manche andere Linksintellektuelle – begrüßt hatte.

Literarisch sind die „Satanischen Verse" ein Beispiel für den „magischen Realismus", eine Erzählform, in der die Wirklichkeit – hier die kulturelle Hybridität einer globalen Immigrationsgesellschaft – märchenhaft verfremdet wird, um sie so nur noch deutlicher zu machen. Zwei Erzählstränge hat Rushdie in dem inkriminierten Roman kunstvoll zusammengeführt: die Erlebnisse indischer Einwanderer im Großbritannien der Gegenwart und das Leben des Propheten Mohamed. Die Hauptfiguren des Romans sind zwei aus Bombay stammende Muslime, Saladin Chamcha und Gibril Farishta, die nach der Explosion eines entführten Jumbo-Jets an der englischen Küste vom Himmel fallen. Beide überleben und verwandeln sich: Gibril, ein beliebter Bollywood-Darsteller in indischen *theologicals* (Seifenopern mit religiösem Hintergrund), bekommt einen Heiligenschein, Saladin, der als Stimmenimitator in Werbesendungen brilliert, nimmt mit Fell, Hörnern und Schwanz die Gestalt eines Teufels an. Dieser satanischen Verwandlung korrespondiert Gibrils Wahn, eine Inkarnation des gleichnamigen Erzengels zu sein. Saladin flüstert ihm „satanische Verse" ein, weil er ihn im Stich gelassen hatte.

Womit man zum Propheten Mohamed (im Roman Mahound) und der Bedeutung der (zuerst vom Islamwissenschaftler William Muir so genannten) „satanischen Verse" kommt: Angesprochen ist damit eine bereinigte Koran-Passage aus Sure 53 Vers 19 f., in der es um die Göttinnen Al-Lat, Uzza und Manat im vorislamischen Mekka geht, deren Existenz weder mit dem Monotheismus-Gebot des Islam noch mit der patriarchalischen Geschlechterordnung arabischer Gesellschaften in Einklang zu bringen war. Einem Erzähler wie Rushdie, der im muslimischen Milieu aufgewachsen und mit der reichhaltigen Überlieferung vertraut war, wurde daher vorgehalten, er verketzere Mohamed zu einem Geschichtenerzähler, der sich die Offenbarung womöglich selbst ausgedacht haben könnte („Wie praktisch, ein Prophet zu sein") – und schlimmer noch: der die Worte Allahs nicht von Gabriel (Gibril), sondern vom Satan (Saladin) offenbart bekommen habe. „Aus meinem Munde stammen Rede und Widerrede, Verse und Antiverse, Welten und Gegenwelten, alles,

und wir alle wissen, wer sich an meinem Mund zu schaffen gemacht hat."

Der Vorwurf der Blasphemie ließ da nicht lange auf sich war-
ten, zumal Gibril in zwei weiteren, als Träume deklarierten
Handlungssträngen des Romans auftritt: bei der Mekka-Fahrt
(Hadsch) eines kleinen südindischen Dorfes, das sich gegen
einen ungläubigen Großgrundbesitzer auflehnt, und in der Ge-
schichte eines im Exil lebenden „bärtigen, beturbanten" Imams.
Die „Besetzung" muslimischen Personals trägt unverkennbar
parodistische Züge: der Geschäftsmann Mahound ist eine Kari-
katur des Propheten, die Stadt Mekka heißt im Roman Jahilia
(Zeit der Unwissenschaft) und Schark (eine Verballhornung des
Stamms, aus dem Mohamed stammte) bedeutet Götzendiener.
Dem unflätigen Baal, einem *alter ego* des Propheten wie des
Autors, dichtet Rushdie die prophetischen Worte an: „Dichter
und Dirnen – wir sind es, denen du nie vergeben kannst" und:
„Verbrennt die Bücher und vertraut dem BUCH!"

Es geht in dem im wahrsten Sinne fantastischen Buch ganz
offenbar (und typisch für die Romantradition) um den Stellenwert des Zweifels an sowie der Illusion in der menschlichen
Existenz allgemein und speziell in religiösen Fragen. Heilige
Texte wie der Koran werden entmystifiziert, analog zum Verfahren der historisch-kritischen Analyse von Offenbarungen in
den Religionswissenschaften. Und der absolute Wahrheitsan-
spruch monotheistischer Religionen wird unterlaufen durch die
Offenlegung der oftmals polytheistischen Substruktur wirklicher
Religionsgemeinschaften. Das alles ist schwer auszuhalten für
monotheistische Religionen und deren Repräsentanten, die in
der Regel wenig Spaß verstehen und in allen Varianten zu orthodoxen, wenn nicht fundamentalistisch-wortgetreuen Ausle-
gungen neigen. Beleidigt zeigten sich freilich weniger die Gläu-
bigen als die Funktionäre und Eiferer. Leicht zu identifizieren
sind der Ayatollah Khomeini, dessen Leben im Exil karikiert
wird, und Bilal X als der zum Islam konvertierte Sänger Cat
Stevens alias Yusuf Islam.

2. Ein klassischer Fall von Blasphemie?

Die gewalttätige Über-Reaktion des Iran und in Großbritannien auf diesen Roman-Plot war eine politische, weniger eine religiöse. Als gläubiger Mensch oder religiöser Verband kann man auf zwei Weisen auf eine solche Provokation reagieren: Souverän in der Festigkeit gesicherten Glaubens (und stets im Bewusstsein, dass Zweifel zum Glauben gehört), oder aber empört über die ungeheuerliche Lästerung Gottes und die Beleidigung einer Religionsgemeinschaft als Ganzer. Im Fall Rushdie überwog eindeutig letzteres. So waren die „Satanischen Verse" mehr als ein klassischer Fall von Blasphemie. Die Kulturgeschichte kennt unendlich viele Anmaßungen religiöser Instanzen, Werke der Literatur und der Bildenden Kunst, auch Filme oder Werbung wegen ihres vermeintlich oder tatsächlich „blasphemischen" Inhalts zu zensieren und zu zerstören. Bücherverbrennungen und Repressalien gegen Schriftsteller sind seit dem Apostel Paulus in Ephesos Legion, schon die frühe christliche Kirche maßte sich also ein Wahrheits- und Auslegungsmonopol an. Ähnliches galt für den Islam, der sich früh auf die „Ausführung und Variierung vorgegebener Schemata" (Gustav von Grunebaum) zurückzog und den dichterischen Facetten der Offenbarung ebenso wenig Raum ließ wie ihrer Modernisierung durch theologische Interpretation.

Erstarrung und Intoleranz erfasste alle Religionsgemeinschaften und ebenso atheistische und politische Weltanschauungs-Kollektive, welche die „reine Lehre" gegen Häresie und Abweichung schützen wollten. 1242 kam es in Paris zu einer ersten Talmud-Verbrennung, Vorzeichen eines zunächst christlichen Judenhasses, der im 19. Jahrhundert in generalisierten und mörderischen Antisemitismus überging. 1498 wurden in Florenz durch den Bußprediger Girolamo Savonarola „unehrbare Bücher" auf den Scheiterhaufen geworfen, eine frühe „PorNo-Kampagne", die bis in Aktionen gegen „Schmutz und Schund" in der Gegenwart reichte. 1520 folgte die Papst-Bulle „Exsurge Domine" gegen Martin Luthers reformatorische Schriften, als Front im innerchristlichen Konfessionskrieg. Um 1650 kam es zur ersten Bücherverbrennung in den USA durch bibelfanatische Protestanten. 1560 brannten Maya-Schriften im mexikanischen

Mani, 1793 religiöse Bibliotheken in Paris, eine Begleiterscheinung der *terreur* und Ausdruck eifernden, quasi-religiösen Atheismus. Antifranzösische Bücherverbrennungen im Jahr 1817 kommentierte Heinrich Heine mit den Worten: „Auf der Wartburg herrschte jener beschränkte Teutomanismus, der viel von Liebe und Glaube greinte, dessen Liebe aber nichts anderes war als Hass des Fremden, und dessen Glaube nur in der Unvernunft bestand, und der in seiner Unwissenheit nichts Besseres zu erfinden wusste als Bücher zu verbrennen!" 1933 kulminierten viele dieser Tendenzen in den Bücherverbrennungen der deutschen Studentenschaft. Auch nach 1945 gab es Zensur und Bücherverbrennungen, darunter in Demokratien; 1965 warfen „Entschiedene Christen" Romane von Günter Grass und anderen ins Feuer, 2001 wurden Harry-Potter-Jugendbücher angezündet. Die Bücherverbrennungen der Roten Khmer in Kambodscha und die Bombardierung der Bibliothek in Sarajevo sind Beispiele für aktuelle Bibliozide, die in beiden Fällen wieder mit genozidalen Handlungen verbunden waren – ganz im Sinne der leider zu Tode zitierten Vorhersage Heines, dass dort, wo Bücher brennen, einmal auch Menschen brennen.

Die „Satanischen Verse" reihen sich in diese lange und offenbar nicht enden wollende Geschichte von Zensur und Bücherverbrennung, Kunstverachtung und Intellektuellenverfolgung ein. Aber nie zuvor hatte sich staatlicher Terror in dieser Massierung gegen einen Romanautor in einem fremden Staat gerichtet, niemals auch war ein schlichtes Buch Auslöser einer schweren internationalen Krise gewesen. Für den amerikanischen Schriftsteller Eliot Weinberger war Rushdie der erste Vogelfreie im globalen Dorf – „ein Mensch, für den es kein Exil mehr gibt".

Im Iran war der Mordaufruf gegen Rushdie Teil einer generalisierten Zensur und der breiten Unterdrückung von Meinungs-, Kunst- und Religionsfreiheit im Inneren. Die Restriktionen betreffen Lehre und Forschung an den Universitäten und anderen Bildungseinrichtungen, Herstellung und Zirkulation politischer Schriften, die Arbeit von Menschenrechtsgruppen und Nicht-Regierungs-Organisationen. Aber Zensur trifft heute auch Google-Seiten, Mode-Zeitschriften, populäre Musik und

Kultur, Handy-Nachrichten, Satellitenfernsehen und so weiter. Regelmäßig sind Kulturschaffende Ziel der Repression eines Regimes, das eine theokratische Legitimation für sich in Anspruch nimmt, dabei aber nicht in der Lage ist, die einfachsten weltlichen Bedürfnisse der Bevölkerung zufrieden zu stellen.

3. Weltkulturkämpfe

Doch noch einmal zurück zum 14. Februar 1989: Der genaue Wortlaut des Bannstrahls aus Ghom/Teheran lautete (in Englisch):

> „In the name of God the Almighty. We belong to God and to Him we shall return. I would like to inform all intrepid Muslims in the world that the author of the book Satanic Verses, which has been compiled, printed, and published in opposition to Islam, the Prophet, and the Qur'an, and those publishers who were aware of its contents, are sentenced to death. I call on all zealous Muslims to execute them quickly, where they find them, so that no one will dare to insult the Islamic sanctity. Whoever is killed on this path will be regarded as a martyr, God-willing. In addition, if anyone has access to the author of the book but does not possess the power to execute him, he should point him out to the people so that he may be punished for his actions. May God's blessing be on you all." (Ruhollah Musavi Chomeini)

Ein Buch „gegen den Islam, den Propheten und den Koran" war in Chomeinis Augen so verbrecherisch, dass er die Muslime in aller Welt zur Vollstreckung der tödlichen Fatwa aufrief und ein Kopfgeld von drei Millionen US-Dollar aussetzen ließ. Eine Fatwa ist genau genommen nur das wenig verbindliche Rechtsgutachten eines muslimischen Juristen. Dieses aber sollte den Apostaten und seine Anhänger weltweit dem Mob und Mörderbanden ausliefern. Folgerichtig kam es an diesem historischen „Valentinstag" 1989 in der englischen Stadt Bradford zu inszenierten Tumulten und zur öffentlichen Verbrennung der „Satanischen Verse", die mehr als drei Monate zuvor – genau am 26. September 1988 – vom Penguin Verlag in London ausgeliefert worden waren.

Unmittelbar danach gab es zwar schon vereinzelte Beschimpfungen und Morddrohungen gegen Rushdie, aber keinen größeren, schon gar nicht spontanen „Volkszorn". In Großbritannien hatte am 20. Oktober 1988 die von radikalen Funktionären
beherrschte *Union of Muslim Organisations* die Forderung nach
einer Zensur erhoben, der am 2. Dezember 1988 eine erste inszenierte Bücherverbrennung im britischen Bolton gefolgt war.
Parallel war das Buch im Oktober und November 1988 in Indien,
Pakistan, Südafrika und Saudi-Arabien gebannt worden; auch
hatten Gelehrte der Al Azhar-Universität in Kairo, der sunniti-
schen Autorität in der arabischen Welt, sich gegen die „Satanischen Verse" artikuliert, Chomeinis Todesurteil aber für un-
koranisch und nicht legal erklärt. Politisierung und Gewaltes-
kalation erfolgten nicht seitens „der Muslime" in Großbritannien
oder anderswo, von denen die wenigsten überhaupt von Roman
und Fatwa Kenntnis hatten, in deren Namen aber immer gesprochen wurde. Sie wurde vielmehr ausgelöst und angestachelt
durch die organisierte Lobby der Immigranten in Großbritannien sowie durch Regierungen von Ländern, in denen Muslime
die Mehrheit der Bevölkerung oder nennenswerte Minderheiten
stellen. Nach Chomeinis „satanischer Fatwa" setzte eine Khor-
dad-Stiftung ein hohes, 1991 noch einmal erhöhtes Kopfgeld auf
den Schriftsteller aus. Bedroht wurden außer dem Autor alle, die
an der Verbreitung und Übersetzung der „Satanischen Verse"
beteiligt waren. Den Ernst der Lage unterstrich, dass es An-
schläge auf Verlage und Buchhandlungen gab; 1991 bzw. 1993
kam es zu Attentaten auf die Rushdie-Übersetzer Hitashi Ig-
arashi, der auf seinem Campus in Japan ermordet wurde, und
Ettore Capriolo und William Nygaard, die durch Messerstiche
schwer verletzt wurden.
Der Iran hatte schon im März 1989 die diplomatischen Beziehungen zu Großbritannien abgebrochen. Auch dieser Akt
symbolisierte eine neue Ära internationaler Konflikte und führte
vor, wie religiöse Antriebe (oder deren Instrumentalisierung)
diese eskalieren lassen. War das ein Fall für Samuel Huntington,
eine Bestätigung seiner These, dass bis dato politisch-ideolo-
gisch-militärische Konflikte nach dem Ende des Kalten Krieges in
religiös-kulturelle umschlagen, vornehmlich an den „blutigen

Grenzen des Islam"? Nicht wirklich. Es handelte sich keineswegs um einen „Clash" zwischen christlicher und islamischer Zivilisation, sondern eher um die ewige Konfrontation zwischen der Freiheit des Einzelnen und einer Diktatur, die sich im Fall des Iran freilich theokratisch legitimiert fühlt und dabei weder Menschenrechte noch nationale Souveränitäten respektiert. Und Chomeinis Übergriff sorgte auch für Irritationen und Konflikte innerhalb der islamischen Welt. Bei der Islamischen Konferenz im März 1989 haben alle Mitgliedsstaaten der Organisation der Islamischen Konferenz dem Iran in Sachen Fatwa widersprochen.

Dennoch: Mit der ungewöhnlichen Kriegserklärung des Iran, der damals (ähnlich wie heute) mit dem Rücken zur Wand stand, machten religiös eingefärbte Kulturkonflikte Schule. Die Morddrohung gegen Rushdie ist niemals zurückgenommen, sondern zuletzt (anlässlich der Erhebung Rushdies in den englischen Ritterstand) im Jahr 2007 noch einmal erneuert worden. Aus diesem Anlass demonstrierten vor allem in Pakistan erneut Tausende gegen Rushdie, der seit Ende der 1990er Jahre, als im Iran unter der Präsidentschaft Mohammad Khatamis zeitweise eine gewisse Mäßigung und Liberalisierung eingetreten war, wieder ein öffentliches, zum Teil recht glamouröses Leben führte und über die Jahre der Verfolgung hinweg weiterhin Romane und Essays vorlegte. Morddrohungen extremistischer Muslime zielten auch auf andere Autoren wie die aus Bangladesh stammende Taslima Nasrin. Bei einem alevitischen Kulturfestival im türkischen Sivas legte dabei 1993 ein Mob von 2000 Menschen Feuer in einem Hotel, bei dem 35 Menschen starben, während der besonders ins Visier genommene Übersetzer der „Satanischen Verse", Aziz Nesin, dem Brandanschlag entkam.

Ausschreitungen anlässlich der 2005 in westlichen Zeitungen, zuerst im dänischen Blatt „Dagens Nyheter", erschienenen „Mohamed-Karikaturen" trieben die gegen Rushdie begonnene Hexenjagd auf die Spitze, und es ist für autoritäre Regime der islamischen Hemisphäre kein Problem, reale Diskriminierung und gefühlte Minderwertigkeit der Massen auf jeden beliebigen Beleidigungsakt „des Westens" zu lenken und damit von ihrer eigenen Unfähigkeit abzulenken. Solche Vorkommnisse können

zwar nicht als Belege für den „Clash of Civilizations" herange-
zogen werden, lassen ihn aber wie eine selbsterfüllende Prophezeiung wirken.

Auch im Westen verlaufen nämlich die Konfliktlinien zwischen denen, die Meinungs- und Kunstfreiheit höher bewerten
als die Romanen und Karikaturen unterstellte „Beleidigung religiöser Gefühle", und denen, die das Blasphemieverbot für ein
friedensstiftendes Mittel im interreligiösen Dialog halten. Schon
seit den 1970er Jahren hat sich die Linke, zu der sich Rushdie
einmal rechnete, sehr zu ihrem Schaden in einen universalisti-
schen und einen multikulturalistischen Flügel gespalten, und bei
den Christen streiten sich Integristen, die den Islam als Rivalen
bekämpfen, und Integralisten, die ihn in die Auseinandersetzung
mit dem Atheismus, Säkularismus und Laizismus als Bündnis-
partner einbeziehen. In diesem Sinne sprach sich das Patriarchat
der rumänisch-orthodoxen Kirche 2008 gegen die Übersetzung
des Romans aus. Gemeinsam mit dem rumänischen Mufti und
der iranischen Botschaft begrüßten die Orthodoxen das Gesetz,
das in Rumänien „jegliche Handlungen religiöser Verunglimpfung und die öffentliche Beleidigung religiöser Symbole" unter
Strafe stellt. Es ist zu erwarten, dass der Schutz religiöser Gefühle
nicht nur von Muslimen, sondern mit demselben (Un-)Recht von
allen anderen Bewohnern des religiösen Supermarkts in Anspruch genommen wird, eventuell sogar in einer panreligiösen
Allianz gegen die säkulare Moderne und deren Trennung von
Religion und Politik.

Auch in Europa mangelt es also oft entschieden an Zivilcourage. Es war nicht verwunderlich, dass sich 1989 in Deutschland
kein einzelner Verlag bereitfand, „Die satanischen Verse" in
Übersetzung zu verlegen. Allerdings gründete eine Arbeitsge-
meinschaft der deutschen Verlage einen „Artikel 19 Verlag", der
die übersetzte Fassung herausbrachte. Manche westliche
Schriftstellerkollegen und Kulturpolitiker konnten sich nicht zu
einer Solidaritätsadresse an Rushdie verstehen, mäkelten dafür
aber an seinem Schreib- und Lebensstil herum; westliche Di-
plomaten krochen zu Kreuze, während Blasphemie-Verbote auch
in liberalen Demokratien wie Norwegen und den Niederlanden
seither wiederauflebten. Und der Gipfel der Feigheit war erreicht,

als Random House im vorauseilenden Gehorsam die Veröffentlichung des Romans „The Jewel of Medina" von Sherry Jones
zurückzog, weil eine amerikanische Gutachterin darin beleidi-
gende Inhalte witterte. Hinzu kommt, dass es keine Schlagzeilen
mehr macht, wenn ein couragierterer Verleger, der das Werk
dennoch publiziert, unter Polizeischutz gestellt werden muss,
weil sich der Mob dann pflichtgemäß beleidigt fühlt.

Ein durch Theorien des Postkolonialismus unterfütterter Af-
fekt gegen „den Westen" könnte diese Tendenz verstärken, die
heute in einer Vielzahl von Fällen zur antizipierten Selbstzensur
aus freien Stücken geführt hat, wenn immer sich „Muslime"
(welche? wo? warum?) durch Theater- und Opernaufführungen,
Gemälde und Karikaturen, Songs und Konzerte, Kabarett und
TV-Shows, Modeschauen und Werbung etc. beleidigt fühlen
könnten. Hochproblematisch ist jedenfalls, wenn in einer
transnationalen Revision der im säkularen Staat in gemäßigter
Form aufrecht erhaltene Schutz vor Blasphemie in Gestalt eines
nun „antirassistisch" gerahmten Schutzes vor Diskriminierung
wiederauferstünde. Die klassische Formulierung eines Blasphe-
mie-Verbots lautete beispielsweise im „Strafgesetzbuch für das
Deutsche Reich" von 1920: „Wer dadurch, dass er öffentlich in
beschimpfenden Äußerungen Gott lästert, ein Ärgernis gibt,
oder wer öffentlich eine der christlichen Kirchen oder eine andere mit Korporationsrechten innerhalb des Bundesgebietes
bestehende Religionsgesellschaft oder ihre Einrichtungen oder
Gebräuche beschimpft, insgleichen wer in einer Kirche oder in
einem anderen zu religiösen Versammlungen bestimmten Orte
beschimpfenden Unfug verübt, wird mit Gefängnis bis zu drei
Jahren bestraft." In der Bundesrepublik sind unter dem Dach der
positiven und negativen Religionsfreiheit nach Artikel 4 und 9
des Grundgesetzes Strafbewehrungen bestehen geblieben gegen
die „Störung des öffentlichen Friedens durch die Beschimpfung
eines religiösen und weltanschaulichen Bekenntnisses" (§ 166
StGB), die „Störung der Religionsausübung" (§ 167 StGB) und
allgemein von Beleidigungen (§ 185 StGB).

Forderungen nach Einschränkung der Redefreiheit zum
„Schutze" religiöser Gefühle und zur Eindämmung der „Islamophobie" greifen weit darüber hinaus und sind mittlerweile

supranational auf die Agenda der Vereinten Nationen gerückt. Auf Betreiben der Staaten der *Organisation der Islamischen Konferenz* hat im Dezember 2009 die UN-Vollversammlung eine Resolution zur „Bekämpfung der Diffamierung von Religionen" verabschiedet, in der konkret von den Religionen nur der Islam erwähnt wird, nachdem der UN-Menschenrechtsrat eine Reihe ähnlicher Resolutionen verabschiedet hatte. Ein „Sonderbe-richterstatter zur Beförderung und zum Schutz der Meinungs- und Ausdrucksfreiheit" soll demnach „über Fälle [...] berichten, in denen der Missbrauch der Redefreiheit den Tatbestand der rassistischen oder religiösen Diskriminierung erfüllt". Es fragt sich, ob die Vereinten Nationen damit nicht von § 19 der allge-meinen Menschenrechtserklärung abrücken, die 1989 noch zum Schutz Rushdies dienen konnte. Damit würde sich die kulturre-lativistische Auffassung durchsetzen, die in einer multikulturel-len und multireligiösen Gesellschaft bereit ist, die Redefreiheit religiösen Gefühlen unterzuordnen und sich aus Respekt vor einer statuierten „kulturellen Identität" Schweigen und Kritik-verzicht auferlegt. Diese Auffassung könnte sich durchsetzen, wenn eine vermeintliche „Islamophobie", die es in gewissen Fällen und bei rechtspopulistischen Bewegungen und Parteien in Europa durchaus gibt, Muslimen eine besondere Verletzlichkeit einräumte.

4. Lernen aus der Geschichte?

Rushdie lebt und schreibt, und nicht minder bedeutsam war, dass er den Muslimen im Westen demonstrierte, dass umfassende Religionsfreiheit einzig im Westen und im Rahmen einer frei-heitlichen Demokratie zu garantieren und auch dort immer neu zu erkämpfen ist. Bedroht bleibt diese, weil mit der Internatio-nalisierung der islamischen Revolution globale Differenzen zu-nehmend als religiöse, somit unteilbare Konflikte „ums Ganze" ausgedeutet werden. Die Autodafés im englischen Bradford haben in die Vorstädte vieler westlicher Demokratien überge-griffen, wo auch Einwandererkinder, die des Lesens fähig sind, an den radikalen Islamismus verloren gegangen sind. Dafür war die

Rushdie-Affäre eine Ouvertüre. Ihnen mit kulturellem Relativismus und einer Verschärfung tot geglaubter Zensur- und Blasphemie-Paragraphen entgegenzukommen, bedeutet jedoch eine geistige Kapitulation vor den Verächtern und Zerstörern geistiger Freiheit.

Religiös gewendet: Die wahren Gotteslästerer sitzen in den Hochburgen religiösen Dogmatismus und Fanatismus; ihnen müssten – als Gedankenspiel – freiere Gesellschaften geradezu ein Blasphemie-Gebot entgegensetzen, auf dass die Frommen lernen, in der Festigkeit ihres Glaubens, die (Selbst-)Zweifel nicht ausschließt, auch obszöne und geschmacklose Religionskritik souverän auszuhalten. Die Wehleidigkeit und Gewaltanfälligkeit der organisierten islamistischen Internationale demonstriert doch, wie schwach sie im Glauben ist; auch der türkisch geführte Dachverband Türkisch-Islamischer Union der Anstalt für Religion e.V. fühlte sich durch den 2007 im Rahmen des Kölner Moschee-Konflikts geäußerten Vorschlag des Schriftstellers Günter Wallraff brüskiert, die „Satanischen Verse" – in Wahrheit ein religionsoffenes und eher islamfreundliches Werk – in einer Moschee zu rezitieren.

Eine nicht unerhebliche Rolle spielt in diesem Zusammenhang, ob Salman Rushdie selbst ein gläubiger Mensch war oder ist – oder besser, wie es seine Kritiker und Unterstützer sehen wollen, obwohl es sie genau genommen gar nichts angeht, weil Religion in modernen Gesellschaften so lange Privatsache ist, wie eine/r damit nicht selbst an die Öffentlichkeit geht und dort ein Bekenntnis ablegt. Dazu ist Rushdie gezwungen worden – und natürlich erhält man keine ganz klare Auskunft. Die Antworten, die er selbst gegeben hat, kommen apodiktisch daher: „To put it as simply as possible: I am not a Muslim", schrieb er 1990, ohne in seinem Werk verheimlicht zu haben, dass es der islamischen Welt entstammt, also eine Art Kulturmuslim ist. Sein Elternhaus, erinnerte er sich einmal, war muslimisch „in der nachlässigen, unbeschwerten Weise der Menschen von Bombay". Im Mai 1991 erklärte er dann ebenso entschieden: „Ich bin ein Muslim", fügte aber hinzu: „Das ist eine Sache des Bewusstseins und kann von keinem anderen Menschen in Frage gestellt werden." Religion als Privatangelegenheit und Herzenssache – das ist in den Augen fundamentalistischer Gotteskrieger der Gipfel der Blasphemie, denn ihr Verständnis von Religion läuft auf soziale Kontrolle und Gemeinschaftszwang hinaus.

Auch für intellektuelle Unterstützer Rushdies im Westen war diese Wendung ein Kniefall vor der Übermacht, eine Identifikation mit dem Aggressor, zumal der Autor sich zwischenzeitlich für mögliche Verletzungen durch seinen Roman entschuldigt hatte und bereit war, weitere Übersetzungen und Ausgaben zu stoppen. Westliche Islamkritiker konnten sich die „Rushdie-Affäre" nur als Standardfall, als *cause celèbre* des Kampfes gegen Aberglauben und Klerikalismus vorstellen, als einsamen und engagierten Kampf der universalen Vernunft gegen alle Partikularismen, in die Rushdie als Moslem wieder einzutauchen schien. Nicht der zweifelsfreie westliche Säkularfundamentalismus aber kam für Salman Rushdie in Frage. Ihn bewegte, jedenfalls eine Zeit lang, die Frage: „Kann eine religiöse Denkweise ohne Dogma und Hierarchie bestehen?" Und, darf man hinzufügen, eine Religion, deren Offenbarung Poesie nicht ausschließt und für Interpretation offen ist, die das Dogma der Schriftreligion bezweifelt, nicht aber das Erhabene an sich. Der Dichter Salman Rushdie wollte „eine muslimische Kultur begründen [...] helfen, von der ich geträumt hatte, die fortschrittliche, respektlose, skeptische, streitlustige, spielerische und angstfreie Kultur, die ich immer als Freiheit begriffen hatte." Rushdie wäre nicht er selbst, wenn er diese Rolle tatsächlich übernommen und damit akzeptiert hätte, dass andere dauerhaft von seiner Person als einem Repräsentanten Besitz ergreifen könnten. So erklärte er seine Hinwendung zum Islam rückblickend zu einem Fehler und – die Liebe für wichtiger als Religion.

5. Die Tragödie als Farce?

Von einem berühmten Religionskritiker, Karl Marx, stammt das Diktum, eine Tragödie wiederhole sich in der Geschichte oftmals als Farce. Diesen Eindruck konnte man gewinnen, als Anfang des Jahres 2010 der schwedische Karikaturist Lars Vilks um sein Leben fürchten musste, weil die zum Islam konvertierte US-

Muslima Colleen LaRose, auch als „Dschihad Jane" und „Fatima LaRose" bekannt, dazu aufgerufen hatte, ihn zu ermorden. Der Grund: Vilks hatte sich an einer Ausstellung zum Thema *Hunden in Konsten* („Der Hund in der Kunst") im schwedischen Tällerud mit drei Federzeichnungen beteiligt, die den Propheten als „Rondellhund" abbilden. Die Organisatoren hatten Angst vor der eigenen Courage bekommen und die Blätter aus „Sicherheitsbedenken" entfernt, doch eine Zeichnung war dann in der Zeitung *Nerikes Allehanda* in Örebro in einem Leitartikel über Selbstzensur und Religionsfreiheit abgedruckt worden. Im August 2007 hatten 60 Muslime vor dem Redaktionsgebäude gegen die „Beleidigung der Muslime" demonstriert, Vilks erhielt Morddrohungen. Bald darauf war die schwedische Geschäftsträgerin in Teheran zum Außenministerium einbestellt worden, um eine Protestnote der iranischen Regierung entgegenzunehmen. Der iranische Präsident Mahmud Ahmadinedschad hatte „Zionisten" hinter den Zeichnungen vermutet, und Pakistan schloss sich dem Protest an. Das schwedische Außenministerium hatte verlautbart, es tue dem Land leid, „wenn die Veröffentlichung muslimische Gefühle verletzt habe", aber auf den hohen Stellenwert der Pressefreiheit in der Verfassung verwiesen. Im September 2007 hatte ein irakischer Ableger des Terrornetzwerks Al Qaida per Videobotschaft ein Kopfgeld von 100.000 Dollar auf Lars Vilks ausgesetzt: „Wir erhöhen die Belohnung auf 150.000 Dollar, wenn er geschlachtet wird wie ein Lamm". Diese Drohung sollte Anfang 2010 offenbar wahr gemacht werden. In Irland wurden vier Männer und drei Frauen auf Hinweise aus Geheimdiensten hin festgenommen und wegen des Mordkomplotts gegen den in Århus lebenden Künstler im März 2010 vor Gericht gestellt.

Aussagen in ihrem eigenen Blog zufolge war „Dschihad Jane" zum Islam konvertiert, weil sie sich in ihrer amerikanischen Provinz so gelangweilt hatte und fürchterlich wütend geworden war. Vilks' Zeichnung war von bescheidener Qualität – was auch ein Kriterium für Veröffentlichung bleiben sollte, diese aber natürlich nicht prinzipiell ausschließen darf. Die Attentäter hatten vermutlich keinen Schimmer von Salman Rushdie und vom Wert eines Romans oder Kunstwerks. Weltweit wird der Fall Vilks in

Blogs debattiert, überwiegend als weiterer Beweis für den „Islamofaschismus", was in Gegen-Blogs wiederum als Ausdruck von Islamphobie gegeißelt wird. Sind wir also in das Stadium der Farce eingetreten, oder beginnt die Mordtragödie erst richtig?

Salman Rushdie meint übrigens, dass es noch etwas Wichtigeres gibt als das schiere Überleben eines Autors: Dass seine Werke gelesen und diskutiert werden. Die „Satanischen Verse" – ein großes Werk der Weltliteratur, das Weltgeschichte schrieb – gibt es als Taschenbuchausgabe für weniger als zehn Euro. Es zu lesen und zu verbreiten und ihm Werke gleichen Ranges in ähnlicher Qualität an die Seite zu stellen, wo immer sich religiöse Bigotterie und Intoleranz breit machen, ist die beste Antwort.

Weiterführende Literatur

Salman Rushdie: Imaginary Homelands, London 1991.
Claus Leggewie: Alhambra – Der Islam im Westen, Reinbek 1993.
Daniel Pipes: The Rushdie Affair. The Novel, the Ayatollah, and the West, 3. Aufl. New Brunswick 1997.
Kenan Malik: From Fatwa to Jihad: The Rushdie Affair and its Legacy, London 2009.

Bildnachweis

Herausgeber und Verlag danken für die Überlassung von Bildvorlagen und die Erteilung von Publikationsgenehmigungen. Der Verlag hat sich entsprechend den gesetzlichen Bestimmungen des Urheberrechts bemüht, die Copyrights bei den Besitzern der Werke und den Urhebern der fotografischen Aufnahmen einzuholen und abzugelten. Nicht in allen Fällen ist es gelungen, die Inhaber der Copyrights ausfindig zu machen; der Verlag ist jedoch selbstverständlich bereit, berechtigte Ansprüche abzugelten.

Abbildung 1   picture-alliance / akg-images.
Abbildung 2   Bijzondere Collecties, Universiteit Amsterdam
Abbildung 3   picture alliance / united archives.
Abbildung 4   picture-alliance / akg-images / Israelimages.
Abbildung 5   picture-alliance / Mary Evans Picture Library / (c) Illustrated London News Ltd.
Abbildung 7   picture-alliance / akg-images.
Abbildung 8   picture-alliance / akg-images.
Abbildung 9   picture-alliance / akg-images.
Abbildung 10 picture-alliance / akg-images / Jürgen Sorges.

Die Autoren

Hans-Jürgen Bömelburg (* 1961) ist Professor für Osteuropäische Geschichte an der Justus-Liebig-Universität Gießen.

Frank Bösch (* 1969) ist Professor für Fachjournalistik Geschichte an der Justus-Liebig-Universität Gießen.

Raimund Borgmeier (* 1940) ist em. Professor für Neuere Englische und Amerikanische Literatur an der Justus-Liebig-Universität Gießen.

Sascha Feuchert (* 1971) ist Akademischer Rat an der Justus-Liebig-Universität Gießen und Honorarprofessor am Department of World Languages (German Section) der Eastern Michigan University.

Peter Haslinger (* 1964) ist Direktor des Herder-Instituts Marburg und Professor für die Geschichte Ostmitteleuropas am interdisziplinären Gießener Zentrum Östliches Europa.

Mark Kirchner (* 1960) ist Professor für Turkologie an der Justus-Liebig-Universität Gießen.

Dirk van Laak (* 1961) ist Professor für Zeitgeschichte an der Justus-Liebig-Universität Gießen.

Claus Leggewie (* 1950) ist Professor für Politikwissenschaft an der Justus-Liebig-Universität Gießen und Direktor des Kulturwissenschaftlichen Instituts Essen.

Erwin Leibfried (* 1942) ist em. Professor für Allgemeine Literaturwissenschaft an der Justus-Liebig-Universität Gießen.

Friedrich Lenger (*1957) ist Professor für Mittlere und Neuere Geschichte an der Justus-Liebig-Universität Gießen.

Rainer Liedtke (* 1967) ist Privatdozent an der Justus-Liebig-Universität Gießen und Gastprofessor an der Technischen Universität Darmstadt.

Anne C. Nagel (* 1962) ist apl. Professorin im Bereich der Zeitgeschichte an der Justus-Liebig-Universität Gießen.

Günter Oesterle (* 1941) ist em. Professor für Literaturwissenschaft und Kulturpoetik an der Justus-Liebig-Universität Gießen und Fellow am Internationalen Forschungszentrum Kulturwissenschaften in Wien.

Vadim Oswalt (* 1957) ist Professor für Didaktik der Geschichte an der Justus-Liebig-Universität Gießen.

Jürgen Reulecke (* 1940) ist em. Professor für Zeitgeschichte an der Justus-Liebig-Universität Gießen.

Dietmar Rieger (* 1942) ist Professor für romanische Literaturwissenschaft an der Justus-Liebig-Universität Gießen.

Volker Roelcke (* 1958) ist Professor für Geschichte der Medizin an der Justus-Liebig-Universität Gießen.

Winfried Speitkamp (* 1958) ist Professor für Neuere und Neueste Geschichte an der Universität Kassel.

Wenn Sie weiterlesen möchten ...

Dieter Lamping
»Wir leben in einer politischen Welt«
Lyrik und Politik seit 1945

Von Brechts »An die Nachgeborenen« bis zu Harold Pinters »American Football«, von Hiroshima bis Nine-eleven: die Zeitstimmen der Dichter.

»Jedem, der sich für die Lyrik aus der zweiten Hälfte des vergangenen Jahrhunderts interessiert, dürfte dieses Buch hochwillkommen sein; denn daran, dass diese Zeit eine Hochphase politischer Lyrik verschiedenster Art war und dass in ihr auch weltliterarisch Bedeutendes entstanden ist, kann kein Zweifel bestehen.« *IASLonline*

»Eine konzise, methodisch wie stilistisch souveräne ... Einführung in die Entwicklung des komplizierten Zusammen- und Gegeneinander-Spiels von Poesie und Politik seit 1945« *literaturkritik.de*

»prägnante und kluge Darstellung« *Frankfurter Allgemeine Zeitung*

Matthias Schöning
Versprengte Gemeinschaft
Kriegsroman und intellektuelle Mobilmachung in Deutschland 1914–33

Dieses Buch geht den Spuren der Sehnsucht nach Gemeinschaft in der Kriegsliteratur der Weimarer Republik nach.

»Für die Erkundung der ideologischen Gemengelage der Weimarer Republik und der Kriegsliteratur in ihr bedeutet [Schönings] Arbeit einen Meilenstein.« *Frankfurter Allgemeine Zeitung*

»... viele kluge Einzelanalysen zu einhundert deutschen Kriegsbüchern ...« *H-Soz-u-Kult*

»... vorbehaltlos zur Lektüre zu empfehlen.« *Historische Zeitschrift*

Matthias Lorenz
Literatur und Zensur in der Demokratie
Die Bundesrepublik und die Freiheit der Kunst

UTB 3266

Eine Zensur findet gelegentlich durchaus statt, wie die Literaturgeschichte auch der Bundesrepublik zeigt.

»Matthias N. Lorenz hat ein interessantes Buch über ein wichtiges und gern verdrängtes Thema geschrieben: die Zensur in der Demokratie.« *www.kulturbuchtipps.de*

Literatur und Zeitgeschichte

V&R

Hans Jörg Schmidt /
Petra Tallafuss (Hg.)
Totalitarismus
und Literatur

Deutsche Literatur im 20. Jh. – Literarische Öffentlichkeit im Spannungsfeld totalitärer Meinungsbildung

Schriften des Hannah-Arendt-Instituts für Totalitarismusforschung, Band 33.
2007. 208 Seiten, gebunden
ISBN 978-3-525-36909-8

Wie reagierte die deutsche Literaturwelt auf die Totalitarismen des 20. Jahrhunderts, auf die stets präsente machtpolitische Okkupation des Geisteslebens?

Dieser Band untersucht Genese und Auswirkungen totalitärer Denkweisen in der deutschen Literatur der Zeit und fragt nach den Entstehungsbedingungen von Literatur im Totalitarismus, ihrer Wegbereiterrolle und der Bedeutung literarischer Agitation. Zensurmechanismen und Repressalien werden dabei ebenso behandelt wie Strategien zeitnahen Reagierens in Widerstand und Exil und Bewältigungsversuche nach dem »Neuanfang« 1945. Ergänzt durch Fallstudien zu Werken von Johannes R. Becher, Bertolt Brecht, Hermann Broch, Thomas Mann, Ernst Jünger, Christoph Hein und Christa Wolf.

Erhard Schütz /
Wolfgang Hardtwig (Hg.)
Keiner kommt davon
Zeitgeschichte in der Literatur nach 1945

2008. 287 Seiten mit 6 Abb., gebunden. ISBN 978-3-525-20861-8

Was sind die besonderen Bedingungen von Literatur in ihrem Verhältnis zur Zeitgeschichte? Kann man sie loslösen vom Diskurs über Gedächtnis und Erinnerung? Was kann und darf Gegenwartsliteratur gegenüber wissenschaftlicher Geschichtsschreibung? Und welches Interesse kann diese an jener nehmen? Im Grenzbereich von Literatur und Zeitgeschichte entsteht ein interessantes Spannungsfeld.

»... [es] handelt [...] sich um ›Keiner kommt davon‹ um einen äußerst anregenden Band, der völlig zu Recht das ins Zentrum stellt, worauf es bei der gewählten thematischen Ausrichtung ankommt: die Literatur.« *www.literaturkritik.de*

»Außerdem erweist sich der Sammelband in vielem als Reflex der deutschen generationellen Befindlichkeit und ist für Historiker, Literaturwissenschaftler und Landeskundler Fundus und Hinweis auf Desiderate gleichermaßen.« *InfoDaF*

Vandenhoeck & Ruprecht

Krieg und Medien

Claudia Glunz / Thomas F. Schneider (Hg.)

Wahrheitsmaschinen

Der Einfluss technischer Innovationen auf die Darstellung und das Bild des Krieges in den Medien und Künsten

Krieg und Literatur / War and Literature
Schriften des Erich Maria Remarquearchivs,
2010, 328 Seiten mit zahlr. farbigen Abbildungen, kartoniert
€ 41,00 D / € 42,20 A / SFr 67,00
Preis bei Abnahme der Reihe:
€ 37,00 D / € 38,10 A / SFr 60,00
ISBN 978-3-89971-590-3

Das Bild des Krieges in den Medien

Technische Innovationen haben zweifellos seit der Antike unmittelbaren Einfluss auf die Darstellung des Krieges in den Medien und Künsten ausgeübt. Doch haben sich tatsächlich die Strukturen und Inhalte der Kriegsberichterstattung in den Produkten verändert, die mit diesen Innovationen erstellt wurden? Haben von der Antike bis zur Gegenwart des 21. Jahrhunderts Flugschriften, Schlachtengemälde, Fotografien, Radioberichte und Hörspiele, Wochenschauen und Kriegsfilme, Fernsehnachrichten oder Internetvideos zu einem Mehr an Informationsgehalt geführt? Haben sie die unfassbare Realität des Grauens der Schlachten nachvollziehbar gestaltet, oder sind die Manipulationswege und die den Bildern eingeschriebenen Diskurse unverändert geblieben? Sind die Medien »Wahrheitsmaschinen« im doppelten Sinne?

Dies waren die zentralen Fragestellungen der Tagung »Wahrheitsmaschinen. Der Einfluss technischer Innovationen auf die Darstellung und das Bild des Krieges in den Medien und Künsten«, die vom 3. bis 6. September 2009 an der Universität Osnabrück stattfand und deren Beiträge im vorliegenden Band versammelt sind.

V&R unipress

www.vr-unipress.de | Email: info@vr-unipress.de | Tel.: +49 (0)551 / 50 84-301 | Fax: -333